YOUTH RULE OF LAW RESEARCH
2023

青少年
法治研究
2023

总第2卷

唐稷尧　全　亮／主　编
张光云　李长城／副主编

法律出版社
LAW PRESS·CHINA
北京

图书在版编目(CIP)数据

青少年法治研究. 2023 : 总第2卷 / 唐稷尧, 全亮主编 ; 张光云, 李长城副主编. -- 北京 : 法律出版社, 2023

ISBN 978-7-5197-8668-7

Ⅰ. ①青… Ⅱ. ①唐… ②全… ③张… ④李… Ⅲ. ①青少年法-中国-文集 Ⅳ. ①D922.74-53

中国国家版本馆 CIP 数据核字(2023)第237388号

青少年法治研究 2023(总第2卷)
QINGSHAONIAN FAZHI YANJIU 2023
(ZONG DI-2 JUAN)

唐稷尧　全　亮　主　编
张光云　李长城　副主编

责任编辑 张红蕊
装帧设计 汪奇峰

出版发行 法律出版社
编辑统筹 法规出版分社
责任校对 陈昱希
责任印制 耿润瑜
经　　销 新华书店

开本 710毫米×1000毫米　1/16
印张 17　　**字数** 248千
版本 2023年12月第1版
印次 2023年12月第1次印刷
印刷 北京新生代彩印制版有限公司

地址:北京市丰台区莲花池西里7号(100073)
网址:www.lawpress.com.cn
投稿邮箱:info@lawpress.com.cn
举报盗版邮箱:jbwq@lawpress.com.cn

销售电话:010-83938349
客服电话:010-83938350
咨询电话:010-63939796

书号:ISBN 978-7-5197-8668-7　　**定价**:68.00元

凡购买本社图书,如有印装错误,我社负责退换。电话:010-83938349

2023 卷首语

2023 年，我国的青少年法治事业又取得了长足的进步。2 月份，最高人民检察院发布了《大数据赋能未成年人检察监督典型案例》，展示了智慧司法时代未成年人保护工作的新路径。4 月份，《未成年人司法社会工作服务规范国家标准》发布，未成年人司法社会支持体系进一步完善。5 月，最高人民法院、最高人民检察院《关于办理强奸、猥亵未成年人刑事案件适用法律若干问题的解释》和最高人民法院、最高人民检察院、公安部、司法部《关于办理性侵害未成年人刑事案件的意见》出台，以实体与程序并进的方式，强化了未成年人人身安全和身心健康的底线保障。6 月，《未成年人检察工作白皮书（2022)》首次披露了检察机关强化“四大检察”融合履职，深化未成年人全面综合司法保护的新成就。7 月，人民数据研究院发布了《我国未成年人数据保护蓝皮书（2023)》，凸显了我国 2020 年修订后的《未成年人保护法》实施以来在未成年人网络保护方面打开的新局面。9 月，《未成年人网络保护条例》经国务院第 15 次常务会议通过，该条例的出台必将有助于将《未成年人保护法》中的网络保护规定落到实处。这些新气象让我们深深感到，青少年法治研究工作一定大有可为、必有大为。

2023 年 5 月 31 日，习近平总书记到北京育英学校考察时强调，少年儿童是祖国的未来，是中华民族的希望。党中央始终关心关怀少年儿童的健康成长，采取了一系列政策举措，努力为孩子们健康成长创造更好环境。新时代，如何为未成年人健康成长创造更好的法治环境，如何将未成年人保护融入全面依法治国战略，如何落实习近平总书记的殷切期望，每一位法治工作者都重任在肩。四川师范大学和青少年法治教育中心正式基于这样的使命感和责任感，积极结合自身所长，创办《青少年法治研究》以努力践行党中央的要求。

《青少年法治研究2022》一经推出便受广泛好评，让我们备受鼓舞，也坚定了我们继续办好本系列图书的信心和决心，因此我们如约推出了《青少年法治研究2023（总第2卷）》。修订后的《未成年人保护法》和《预防未成年人犯罪法》已实施两年多，随着新的文本落实到行动中，一些新的问题已经显现出来，一些旧的问题也以新的面孔出现。因此我们专门组织了“两未法”实施专题的讨论，以期进一步推动《未成年人保护法》和《预防未成年人犯罪法》的贯彻落实。宪法法律教育是我们青少年法治教育中心的主责主业，本卷特意安排了“青少年法治教育”专题来回应我们的任务和使命。在上一卷中，我们从立法层面组织讨论了青少年法律保护问题。本卷我们从执法层面延续这一讨论，并从实体法和程序法两个角度打造两个品牌栏目——“青少年刑法”和“青少年司法”。检察机关在未成年人保护问题上的急先锋角色，让“未成年人检察”专题已经成为我们的“拳头产品”，本卷继续为大家奉上这一专题，请读者诸君批评指正。

再次感谢各位撰稿人以及各界人士对我们的大力支持，有了你们的鼎力相助，我们的《青少年法治研究》一定会越办越好！

编　者

2023年12月16日

目　录

青少年刑法

未成年人检察

“两末法” 实施专题

论我国未成年人罪错行为分级干预之完善*

李长城**

摘　要　未成年人罪错行为分类干预的理论基础是罪错行为的科学分类、多元化分流、针对性矫治以及多机构合作。我国未成年人罪错行为分级干预存在分类不科学、法律条文中干预措施的施行与否并不确定、实务中对未成年人的严重不良行为缺乏干预、有关未成年人罪错行为干预主体的定位与职能不完全匹配、对未成年人罪错行为分级干预的有效机制尚未充分建立等问题。因此，应当更新我国未成年人罪错行为分级干预的理念，对我国未成年人的罪错行为和干预措施进行科学分类，适当调整主体定位，建立未成年人罪错行为分级干预的有机体系。

关键词　未成年人　罪错行为　分级干预

一、引语

一个国家对青少年问题处理的情况，在很大程度上决定了未来犯罪的状况。我国正处在社会转型期，青少年犯罪已经成为一个严峻的社会问题。我国青少年犯罪总数已经占到全国刑事犯罪总数的70%以上，十五六岁的少年

* 项目来源：四川省犯罪防控中心课题“罪错未成年人分级处遇体系的完善”（项目编号：FZFK200708）。

** 李长城，四川师范大学法学院教授、四川师范大学少年司法研究与服务中心主任，法学博士。

犯罪案件又占到青少年犯罪案件总数的 70% 以上，并且被法院判处过刑罚的青少年罪犯的再犯率在 85% 以上。[①] 曾任中国法学会犯罪学研究会会长的王牧教授指出："减少犯罪的根本出路在于未成年人，而如何有效地减少我国的犯罪，对未成年人不良行为、违法、犯罪行为的处理，是最关键的问题。"[②]《未成年人保护法》和《预防未成年人犯罪法》于 2020 年修订后，我国进一步加强了对未成年人的保护和未成年人犯罪的预防。

未成年人罪错行为的干预近年来一直是我国学界的研究热点。例如，狄小华教授提出，对存在演进关系的少年不良行为、严重不良行为和犯罪行为应当进行一体化处理，少年司法干预措施应当在机构与非机构处遇之间权衡；[③] 姚建龙教授提出，对于未成年人虞犯行为，我国应当建立以非正式干预为重点、行政干预为纽带、司法干预为保障的"漏斗式"早期干预模式；[④] 高继超法官提出，我国未成年人犯罪预防机制缺乏专门机构、社会力量参与不足，制约了罪错行为未成年人的预防保护，应当建立"五位一体"的保护预防网络；[⑤] 宋英辉教授提出，应当建立少年保护处分与刑罚共存的制度，可以在进行整合的基础上形成分级处遇的保护处分体系。[⑥]

也有人指出，目前我国未成年人案件（涉罪）仍以刑事处理为主，帮教保护不足。一方面，罪错未成年人在刑事诉讼中得到再社会化矫正，继而回归社会的比例很低；另一方面，违反《治安管理处罚法》（涉法）的未成年人保护处分机制不完善，一般不实施行政拘留，同时缺乏专业矫治力量的介入，导致其违法因素较难消除，存在再犯风险。司法机关在教育挽救罪错未

---

① 《青少年犯罪占全部犯罪 70%！什么样的家庭容易培养出问题孩子?》，载 https：//baijiahao.baidu. com/s? id = 1653171791022922251&wfr = spider&for = pc，2023 年 11 月 1 日访问。

② 参见王牧：《独立的少年司法制度是刑法现代化的重要标志》，载《检察风云》2011 年第 11 期。

③ 参见狄小华：《社会应对少年罪错的问题与对策》，载《青少年犯罪问题》2017 年第 1 期。

④ 参见姚建龙、李乾：《论虞犯行为之早期干预》，载《东南大学学报（哲学社会科学版）》2017 年第 3 期。

⑤ 参见高继超：《未成年人罪错行为预防机制的改革与完善——以"枫桥经验""群众说事、法官说法"为视角》，载《青少年犯罪问题》2018 年第 5 期。

⑥ 参见宋英辉、苑宁宁：《完善我国未成年人法律体系研究》，载《国家检察官学院学报》2017 年第 4 期。

成年人过程中受到专业、资源的限制。[①]

针对我国未成年人罪错行为分级干预的相关问题，本文首先探析未成年人罪错行为分类干预的理论基础，其次分析我国未成年人罪错行为分级干预的现状，最后有针对性地提出我国未成年人罪错行为分级干预的完善建议。

二、未成年人罪错行为分级干预的理论基础

笔者认为，从现代少年司法产生以来的立法和实践发展来看，未成年人罪错行为分类干预的理论基础主要为以下四个方面。

（一）未成年人罪错行为科学分类

现代未成年人司法的核心是要对未成年人的罪错行为进行针对性的矫治，因此，首先需要对未成年人的罪错行为进行适当的分类，然后在此基础上采取相应的干预措施。

未成年人罪错行为的分类涉及国家对未成年人罪错行为进行干涉的年龄起点和未成年人的行为种类。在对未成年人不良行为进行干涉的年龄起点上，域外的普遍规定是低于刑事责任年龄，即对于实施了有关不良行为、未达到刑事责任年龄的未成年人，也会进行相应的干预。例如，我国台湾地区“少年不良行为及虞犯预防办法”第二条规定，对于7岁以上未满12岁之人，有不良行为或触犯刑罚法律之虞者，将采取相应的干预处置措施。我国台湾地区“少年事件处理法”第三条明确规定，少年有触犯刑罚法律的行为以及存在保障其健全自我成长必要情形的，由少年法院依法处理。

对未成年人不良行为进行分类的科学标准应当包含下列因素：易于识别和区分，有针对性，可操作性强。域外少年法治发达国家和地区对未成年人的不良行为分类一般采取两分法，即虞犯行为和触犯刑法的行为。例如，我国台湾地区“少年不良行为及虞犯预防办法”第三条指出，该规定所称少年

---

① 参见李丽华、宋英辉：《构建未成年人综合司法保护机制——以未成年人综合司法保护委员会为平台》，载《人民检察》2020年第20期。

不良行为，指以下行为之一：与有犯罪习性之人交往；出入妨害身心健康场所或其他少年不当进入之场所；逃学或逃家；无正当理由携带具有杀伤力之器械、化学制剂或其他危险物品；深夜游荡；对父母、尊长或教师态度傲慢，举止粗暴；于非公共场所或非公众得出入之职业赌博场所，赌博财物；以猥亵之言语、举动或其他方法，调戏他人；持有猥亵图片、文字、录影带、光碟、出版品或其他物品；加暴行于人或互相斗殴未至伤害；无正当理由跟追他人，经劝阻不听；无端滋扰住户、工厂、公司行号、公共场所或公众得出入之场所；吸烟、嚼槟榔、饮酒或在公共场所高声喧哗；无照驾驶汽车、机车；其他有妨害善良风俗或公共秩序之行为。少年虞犯，即指有少年不良行为之一者。[①]

我国台湾地区“少年事件处理法”第三条规定，两类少年由少年法院依法处理：第一，实施了触犯刑罚的法律行为的少年；第二，有相关行为，依其性格与环境，其行为有触犯刑罚法律之虞的少年（虞犯）。[②]

（二）多元化分流

人们希望，通过少年事件的多元化处理来实现更少的耻辱。如果一名实施了犯罪行为的青少年没有经历过完整的刑事诉讼程序，而是被使用不固定的措施进行教育，他（她）会产生较少的耻辱感。[③] 就此方面而言，程序分流与所谓的“去除标签理论”的关系是显而易见的。分流作为少年法院独立运行的核心理念，符合青少年成长的现代理论，也与青少年罪错回应的程序公正及均衡原则相适应，在少年司法制度的发展历史中保持了连续性和稳定性。[④]

美国学者提出，应当限制少年司法干预的范围，将罪错少年转离少年司

---

① 我国台湾地区“少年不良行为及虞犯预防办法”第四条。

② 我国台湾地区“少年事件处理法”第三条第一项、第二项、第三项、第五项与“少年不良行为及虞犯预防办法”第三条第一项至第四项相同。

③ Ostendorf, Jugendstrafrecht, 5. Auflage, Nomos, 2009, S. 113 – 114.

④ 参见［美］玛格丽特·K. 罗森海姆、［美］富兰克林·E. 齐姆林等编：《少年司法的一个世纪》，高维俭译，商务印书馆 2008 年版，第 74 – 76 页。

法系统。例如，对于法定应进入司法程序的，酌情不进入；对于已进入司法程序的犯罪者予以暂停或中止；或者将犯罪者安置到非司法的机构进行管理、教育和矫治。①

德国青少年程序分流的刑事策略学自美国的分流项目，但是在后来的发展中发生了进一步的变化，如加入了法官的职权指示等，司法实务中支撑青少年刑事程序分流实施的依据是德国《青少年法院法》。② 从 1990 年德国《青少年法院法》第一次修订以来，青少年刑事程序中止的可能性得到了扩展，尤其是最近二十年以来德国的青少年刑事程序分流有了大量的运用。德国的青少年刑法已经发展出一种独有的刑事策略，即在一个刑事指控提起以及刑事判决作出前，追诉程序具有暂时中止的可能性。③

（三）针对性矫治

从实践来看，罪错少年的行为往往是一个逐渐升级的过程。不良行为往往是少年犯罪的前奏，刚开始只是一般不良行为，如果不能得到有效遏制，就会继续发展为严重不良行为、触犯刑法的轻微行为直至触犯刑法的严重行为（只是由于少年尚未达到刑事责任年龄）。如果从早期阶段就介入少年的不良行为的矫治，就会有效中断不良行为不断升级的发展态势，从而有效实现青少年犯罪的预防。

对于未成年人的不同罪错行为应当采取相应的矫治措施。例如，我国台湾地区"少年事件处理法"规定，对于少年事件采取少年保护事件和少年刑事案件两类程序，④ 其中，对于未触犯刑法的 12 岁以上的少年采取相应的保护处分措施，其内容包括以下六类：第一，训诫。第二，交付保护管束并得

---

① 参见［美］玛格丽特·K. 罗森海姆、富兰克林·E. 齐姆林等编：《少年司法的一个世纪》，高维俭译，商务印书馆 2008 年版，第 142 - 144 页。

② 德国《青少年法院法》第一条明确规定，本法的适用范围是实施了可能受到刑事处罚的违法行为的 14 岁以上不满 18 岁的青少年以及实施行为时 18 岁以上 21 岁以下尚未完全成年人（Heranwachsendev）。

③ Vorlesung Jugendstrafrecht von Pro. Kinzig, WS 2017/2018, S. 235.

④ 我国台湾地区"少年事件处理法"第三章、第四章。

为劳动服务，期限为 1 年以上 3 年以下，少年需要每月向少年法官报到，接受监督与辅导。第三，交付安置于适当之福利或教养机构辅导，时间为 2 年以下。第四，令少年入感化教育场所施以感化教育。感化教育是一种收容性处分，人身自由最为约束，交由法务部门所属辅育院或矫正学校为 3 年以下的隔离矫治。第五，少年有吸毒成瘾、酗酒习惯情形者，入所实施禁戒。第六，少年身体或精神状态有缺陷者，令入适当场所治疗。[①] 对于犯罪时已满 14 周岁的少年刑事案件，少年法院经过调查，认少年触犯刑罚法律，且犯最轻本刑为 5 年以上有期徒刑者或者事件系属后已满 20 岁者，则裁定移送有管辖权之法院检察署检察官提起公诉。[②]

未成年人罪错行为矫治的质量与青少年再犯的减少直接相关。青少年罪犯的再犯率居高不下的原因之一显然在于，罪错少年并没有得到良好的矫治。这就引起人们反思，青少年刑事司法不应仅着眼于将罪犯定罪判刑，而更应当注重从根本上解决罪错少年存在的问题，通过从思想认识、价值观念、生存能力等方面对罪错少年进行针对性矫正，使其能够恢复到正常公民的生活状态之中。

（四）多机构合作

面对少年罪错恶化的现实，家庭与社区这类传统社会控制机制的作用开始被发现和认识。实证犯罪学派指出，家庭、教育、社会环境等外部因素是导致少年犯罪的关键性因素。[③] 单纯依靠少年司法并不能有效地防止少年罪错，也不能实现对少年的有效控制。

伴随着少年司法的转型，非正式社会控制机制在少年罪错控制中的作用和地位逐渐得到强化。家庭在少年犯罪控制中的地位得到复兴，日益被广泛吸收参与少年司法的运作；社区在少年罪错控制中的作用也日益受到重视，传统的以少年矫正机构为依托的少年司法逐渐向以社区为依托的少年司法转

---

① 我国台湾地区“少年事件处理法”第四十二条。

② 我国台湾地区“少年事件处理法”第二十七条、第六十五条。

③ 参见姚建龙：《超越刑事司法：美国少年司法史纲》，法律出版社 2009 年版，第 111 页。

型。例如，交付观护一般是美国各州少年法院的首选决定。此外，社区在少年罪错预防中的作用也日益受到重视。①

实际上，平衡与恢复性司法的新理念试图纠正少年司法在预防和震慑效果上的不足，以及忽视被害人、犯罪人和社区之间所存在的真正问题。在美国，很多州立法重新确立了少年法院的目的：强调公众安全，对青少年进行惩罚，犯罪者应当承担责任。早期干预、预防和家长管理的计划正变得更加普及，公众支持政府的这些努力并认为它们是成功的。②

在多个参与主体中，一般以青少年法院为中心。例如，我国台湾地区"少年事件处理法"第十八条规定，检察官、司法警察或法院执行职务时，发现少年有虞犯行为或触犯刑法行为时，应当移送有管辖权的少年法院；对于少年有监督权的人、学校或从事少年保护事业的机构，发现少年有虞犯行为，也应当请求法院处理。少年法官对少年事件经过调查之后，作出相应的裁定：对于未触犯刑法的12岁以上的少年采取训诫、交付保护管束、交付安置于适当之福利或教养机构辅导、令少年入感化教育场所施以感化教育等；③ 对于犯罪时已满14周岁的少年刑事案件，少年法院经过调查，认为少年触犯刑罚法律，且犯最轻本刑为5年以上有期徒刑，则裁定移送有管辖权之检察署提起公诉。④

在某些国家，检察院也是裁处中心主体之一，如德国。德国青少年刑事司法中相关的参与主体包括警察、青少年检察官、青少年法官、辩护人、法庭之友、未成年人的法定代理人、辅佐人以及鉴定人，其中检察官可以根据未成年人案件的情况附条件地中止追诉程序，其法律依据包括德国《刑事诉讼法》和《青少年法院法》等。

---

① 参见姚建龙：《超越刑事司法：美国少年司法史纲》，法律出版社2009年版，第174-176页。

② 参见［美］玛格丽特·K. 罗森海姆、富兰克林·E. 齐姆林等编：《少年司法的一个世纪》，高维俭译，商务印书馆2008年版，第67-68页。

③ 我国台湾地区"少年事件处理法"第四十二条。

④ 我国台湾地区"少年事件处理法"第二十七条、第六十五条。

三、我国未成年人罪错行为分级干预的现状

根据我国涉及未成年人的有关法律和实践，[①] 我国未成年人罪错行为分级干预的现状可以概括为以下几个方面。

第一，未成年人的罪错行为分为一般不良行为、严重不良行为和犯罪行为。我国《预防未成年人犯罪法》第二十八条规定："本法所称不良行为，是指未成年人实施的不利于其健康成长的下列行为：（一）吸烟、饮酒；（二）多次旷课、逃学；（三）无故夜不归宿、离家出走；（四）沉迷网络；（五）与社会上具有不良习性的人交往，组织或者参加实施不良行为的团伙；（六）进入法律法规规定未成年人不宜进入的场所；（七）参与赌博、变相赌博，或者参加封建迷信、邪教等活动；（八）阅览、观看或者收听宣扬淫秽、色情、暴力、恐怖、极端等内容的读物、音像制品或者网络信息等；（九）其他不利于未成年人身心健康成长的不良行为。"第三十八条规定，本法所称严重不良行为，是指未成年人实施的有刑法规定、因不满法定刑事责任年龄不予刑事处罚的行为，以及严重危害社会的行为，并对严重不良行为的类型进行了列举。我国《刑法修正案（十一）》中规定："已满十二周岁不满十四周岁的人，犯故意杀人、故意伤害罪，致人死亡或者以特别残忍手段致人重伤造成严重残疾，情节恶劣，经最高人民检察院核准追诉的，应当负刑事责任。"

第二，对未成年人罪错行为有干预职责的主体包括家庭、学校、社会、政府、公安司法机关等。2020 年修订的《未成年人保护法》和《预防未成年人犯罪法》加强了父母或其他监护人的监护职责、加强了学校法治教育和早期干预的职责、加强了政府预防青少年犯罪的职责、加强了公安机关对不良行为少年干预处分的职责。《预防未成年人犯罪法》第四条第一款规定："预防未成年人犯罪，在各级人民政府组织下，实行综合治理。"对未成年人一般

---

① 我国涉及未成年人的有关法律主要是《治安管理处罚法》、《未成年人保护法》、《预防未成年人犯罪法》、《刑法》（包括修正案）、《刑事诉讼法》中的有关规定以及有关的司法解释和部门规章。

不良行为的干预以学校为主，对于夜不归宿、离家出走的，可以向公安机关报告；[①] 对于未成年人的严重不良行为，由公安机关采取相应的矫治教育措施。[②] 在2012年《刑事诉讼法》修正之后，根据办理未成年人刑事案件的专业化要求，全国各地检察机关均成立了专门的未成年人案件办理机构，配备了专门的办案人员，未成年人检察工作得到较大推进。对于大多数犯罪情节轻微、确有悔罪表现的涉罪未成年人，检察机关依法适用"少捕、慎诉、少监禁"的刑事政策，积极探索多元化的柔性处理方式。

第三，对未成年人的不同罪错行为规定了相应的干预措施。例如，《预防未成年人犯罪法》第三十一条规定，学校对有不良行为的未成年人应当采取适当的管理教育措施，如训导、要求遵守特定行为规范、参加特定专题教育、接受专业心理辅导和行为干预。对有严重不良行为的未成年人，公安机关可以根据具体情况，采取予以训诫、责令具结悔过、责令不得实施特定行为、接受心理辅导、行为矫治、接受社会观护等适当的教育矫治措施。[③] 国家加强专门学校建设，对有严重不良行为的未成年人进行专门教育。[④]

四、我国未成年人罪错行为分级干预存在的问题

在2020年修订《未成年人保护法》和《预防未成年人犯罪法》后，我国未成年人的保护与犯罪预防工作取得了较大的成效，但是任何事业都不是一蹴而就的，我们还必须清醒地看到我国未成年人犯罪预防与矫治工作中面临的困难。笔者认为，我国未成年人罪错行为分级干预在以下几个方面还存在较为突出的问题。

第一，我国未成年人罪错行为的分类不科学。具体体现为：其一，法律规定的一般不良行为与严重不良行为之间存在交叉。例如，《预防未成年人犯罪法》第三十八条第三项中的"殴打、辱骂、恐吓"、第四项中的"盗窃、

---

① 《预防未成年人犯罪法》第三十五条。

② 《预防未成年人犯罪法》第四十一条至第四十四条。

③ 《预防未成年人犯罪法》第四十一条。

④ 《预防未成年人犯罪法》第六条第一款。

哄抢、抢夺”等“严重不良行为”因为程度轻、次数少等因素完全可能属于“一般不良行为”。

其二，把未成年人的“不良行为”区分为“一般不良行为”与“严重不良行为”，可能错过对少年不良行为进行早期干预的关键时机。有研究指出，少年不良行为往往是少年犯罪的前奏，二者没有本质上的不同，不宜截然分开。[①] 有些少年事件看来似乎轻微，但是可能已经显现出少年较深的犯罪性，有必要在详细调查之后，采取适当措施加以预防。[②] 如果刚开始少年的一般不良行为不能得到有效遏制，就会继续发展为严重不良行为，乃至触犯刑法的行为。从早期阶段就对少年的不良行为进行干预，就会中断不良行为不断升级的发展态势，有效预防未成年人犯罪。显然，把未成年人的“不良行为”区分为“一般不良行为”与“严重不良行为”，容易导致把关注重点集中于未成年人的“严重不良行为”，而忽视对“一般不良行为”的早期干预。

其三，《预防未成年人犯罪法》第三十八条把未成年人的涉罪行为与其他严重危害社会的行为这两类不同性质的行为都归入“严重不良行为”，不利于不同罪错行为的分级干预。未成年人实施的有刑法规定、因不满法定刑事责任年龄不予刑事处罚的行为属于涉罪行为，而《预防未成年人犯罪法》第三十八条中的“严重危害社会的行为”属于违反《治安管理处罚法》的涉法行为，这两类不同性质的罪错行为所需要的干预措施显然存在较大差异，把这两类不同性质的罪错行为都归入同一条文中的“严重不良行为”，不利于不同罪错行为的分级干预。

第二，《预防未成年人犯罪法》中有关条文的规定使干预措施的执行与否并不确定。我国《预防未成年人犯罪法》有关条文中，负有干预责任的主体对于未成年人的罪错行为只是“可以”而非“应当”采取相应的干预措施，使干预措施的执行与否并不确定，实务中相关主体没有采取相应干预措施屡

---

① 参见高晓莹：《少年司法制度论纲》，载《中国刑事法杂志》2010 年第 7 期。

② 参见刘建利：《日本少年司法制度及其对我国的启示》，载《青少年犯罪问题》2013 年第 2 期。

见不鲜。例如,《预防未成年人犯罪法》中规定,对未成年人一般不良行为的干预以学校为主,对于夜不归宿、离家出走的,可以向公安机关报告。① 对有严重不良行为的未成年人,未成年人的父母或者其他监护人、所在学校无力管教或者管教无效的,可以向教育行政部门提出申请,经专门教育指导委员会评估同意后,由教育行政部门决定送入专门学校接受专门教育。② 对于严重不良行为的未成年人,公安机关可以根据具体情况,采取予以训诫、责令具结悔过、不得实施特定行为、接受心理辅导、行为矫治、接受社会观护等适当的教育矫治措施。③ 未成年人实施刑法规定的行为,因不满法定刑事责任年龄不予刑事处罚的,经专门教育指导委员会评估同意,教育行政部门会同公安机关可以决定对其进行专门矫治教育。④

第三,实务中对于不满 14 周岁未成年人的严重不良行为缺乏干预。虽然《预防未成年人犯罪法》规定,对于严重不良行为的未成年人,公安机关可以根据具体情况,采取予以训诫、责令具结悔过、不得实施特定行为、接受心理辅导、行为矫治、接受社会观护等适当的教育矫治措施,⑤ 但是由于我国并未建立专业的少年警察队伍以及缺乏相关资源,目前实务中对于不满 14 周岁未成年人的严重不良行为仍然缺乏干预。

司法实践中,一些未成年人多次实施盗窃等严重不良行为,根据目前的法律规定,他们不负刑事责任,公安机关也对其无可奈何,大多数情况下对其进行言语教育(训诫)后将其释放或者通过救助站遣回原籍。但是,这些少年一旦养成习惯性的犯罪,必将在犯罪的道路上越走越远,直至达到刑事责任年龄、犯下更为严重的罪行,最后被法院判处刑罚,一切都不可逆转。

有人指出,我国违反《治安管理处罚法》(涉法)的未成年人保护处分机制不完善,一般不实施行政拘留,同时又缺乏专业矫治力量的介入,导致

---

① 《预防未成年人犯罪法》第三十五条。
② 《预防未成年人犯罪法》第四十三条。
③ 《预防未成年人犯罪法》第四十一条。
④ 《预防未成年人犯罪法》第四十五条第一款。
⑤ 《预防未成年人犯罪法》第四十一条。

其违法因素较难消除，存在再犯风险。[①] 笔者认为，行政处罚措施对罪错未成年人并不适合，因为对于罪错未成年人进行干预重要的并不在于处罚，而在于实施针对性的干预措施。即使送到看守所关押，如果不针对未成年人的罪错行为产生的原因进行针对性矫治，未成年人出所之后仍然很可能继续走上犯罪的道路。

在少年法治发达的国家和地区，对罪错少年的训诫往往在少年法庭内以当面劝导的方式郑重进行，告诉少年错在哪里，以及如何改过等；训诫措施往往同时伴以假日生活辅导，由少年保护官利用假日进行个别或群体辅导，一般次数为 3 次到 10 次。[②]

第四，有关未成年人罪错行为干预主体的定位与职能不完全匹配。具体而言，体现在以下几个方面。

其一，领导主体和责任主体不明确，即缺乏预防矫治未成年人犯罪的具体的领导部门。《预防未成年人犯罪法》第四条第一款规定，预防未成年人犯罪，在各级人民政府组织下实行综合治理。第五条规定，各级人民政府在预防未成年人犯罪方面的工作职责包括：制定预防未成年人犯罪工作规划；组织公安、教育、民政、网信、卫生、司法行政等有关部门开展预防未成年人犯罪工作；为预防未成年人犯罪工作提供政策支持和经费保障；对《预防未成年人犯罪法》的实施情况和工作规划的执行情况进行检查；组织开展预防未成年人犯罪宣传工作；其他预防未成年人犯罪工作职责。然而，具体由政府的哪个部门来承担领导责任，并未明确。实际上，确定统筹负责预防未成年人犯罪的专门机构是决定《预防未成年人犯罪法》的有关规定能否在实践中得到有效实施的基础和前提。[③] 相比之下，德国在政府机构中设有专门的青少年管理局，负责处理青少年犯罪预防矫治的相关事务，因而能够专业和高效地完成相关工作。

---

① 参见李丽华、宋英辉：《构建未成年人综合司法保护机制——以未成年人综合司法保护委员会为平台》，载《人民检察》2020 年第 20 期。

② 我国台湾地区“少年事件处理法”第四十二条。

③ 参见姚建龙、柳箫：《〈预防未成年人犯罪法〉的修订及其进步与遗憾》，载《少年儿童研究》2021 年第 5 期。

其二，《未成年人保护法》第九条规定由县级以上人民政府承担统筹、协调、督促和指导有关部门的未成年人保护工作，协调机制具体工作由民政部门承担，符合民政部门作为困境未成年人救助机构的性质；不过，在预防矫治未成年人犯罪方面，民政部门显然并不专业，也不具备领导、组织其他部门开展青少年犯罪预防矫治工作所需要的能力。

其三，检察机关在预防矫治未成年人犯罪预防工作中具有重要地位，在现行法中却没有得到足够的确认乃至进一步的提升。2012 年《刑事诉讼法》中专章规定了未成年人刑事案件诉讼程序后，我国各地检察机关的未成年人检察机构的专业化建设取得很大进展，检察机关因而成为未成年人犯罪预防矫治的所有机关中专业化程度最高的机构。我国检察机关在未成年人案件的工作处于优势地位，理论上应当有更大的空间与作为，但是在 2020 年修订的《未成年人保护法》和《预防未成年人犯罪法》中并未明确“检察主导”的原则。

第五，对未成年人罪错行为进行分级干预的有效机制尚未充分建立。实践中掌握不良行为未成年人信息较多的是学校和教育部门，掌握涉法未成年人信息较多的是公安机关，[①] 检察机关主要负责涉罪未成年人的干预矫治，但是在各部门之间缺乏相关数据信息的共享，相关部门没有形成联动机制，各地普遍缺乏辅助配套的社会支持体系，[②] 总体上尚未充分形成积极干预、有效应对未成年人罪错行为的机制。

五、我国未成年人罪错行为分级干预的完善建议

从我国未成年人立法和司法的现状出发，结合未成年人罪错行为分类干预的基本规律，笔者认为，应当从以下三个方面进行完善。

---

① 参见宋英辉、尹冷然：《为未成年人构筑保护处分体系》，载《检察日报》2017 年 9 月 7 日，第 3 版。

② 参见张建升、张志杰等：《健全机构提升素能　加强未检工作专业化建设》，载《人民检察》2016 年第 5 期。

（一）更新我国未成年人罪错行为干预的理念

其主要包括以下两个方面。

第一，我国未成年人罪错行为分类干预应当把预防犯罪和减少再犯作为根本目标。我国青少年服刑人员再次犯罪的比例较高，这已经成为一个严重的社会问题。青少年刑法和刑事诉讼法的目的是修复因青少年的刑事行为而被破坏的刑事社会秩序，在这一过程中对青少年采用什么方式处理，以及这种处理方式所产生的后续影响，是一个不容忽视的重要问题。人们必须注意到，青少年犯人如果改造不好，将会对社会产生更大的危害。原因很简单，普通成年犯人刑满释放年龄很可能已经在 40 岁之后，而年轻的青少年犯人刑满释放、进入社会很可能只有 20 多岁，就要多出 20 多年的时间。

第二，对未成年人的行为进行干预应当贯彻“解决问题式司法”的理念。我国在司法实践中应当注重落实对青少年的矫治和帮助。青少年犯罪的原因有很多，常见的如心理疾病、价值观畸形、家庭管教以及情感缺失、缺乏社会谋生技能等。在对犯罪青少年进行惩戒的过程中，如果忽视了探寻其走向犯罪的根本原因，必然难以从根本上解决问题。“解决问题式”司法要求司法官员不是只简单地套用法律条文，而是聚焦于解决嫌疑人/被告人、被害人和社区的问题，力求在最大程度上帮助当事人解决问题、修复被破坏的社会秩序。“解决问题式司法”关注公共安全，① 将司法工作延伸到政府和非营利机构，提高了罪犯和服务提供者的责任。②

（二）对我国未成年人的罪错行为和干预措施进行科学分类

其主要包括以下三个方面。

第一，通过进一步修改法律，明确规定我国未成年人的罪错行为分为不

---

① See *Collaborative Justice in Conventional Courts*, Research Report 2004, p. 37. http://www.courtinnovation.org, last visited Aug. 10, 2010.

② See Greg Berman, *Redefining criminal courts: Problem - solving and The Meaning of Justice*, American Criminal Law Review, Vol. 41, p. 1313 (2004).

良行为和犯罪行为两类。首先，在法律上取消“一般不良行为”和“严重不良行为”的区分，注重对不良行为的早期干预。其次，把刑事责任年龄统一规定为12周岁，12周岁以上实施了违法犯罪行为的少年必须接受适当的干预矫治措施。

第二，在《预防未成年人犯罪法》中增加一条“虞犯未成年人的处置”。具体内容为：其一，明确“虞犯”指实施不良行为、具有高度犯罪危险的未成年人。其二，加强少年警察对虞犯未成年人的干预，注重运用心理辅导、行为矫治、社会观护等教育矫治措施，必要时成立帮教小组，制订改正计划，跟踪帮教。公安机关将虞犯少年的信息同步报告检察机关。

第三，修改《预防未成年人犯罪法》中有关条文的备选性用语，落实未成年人罪错行为的相应干预措施。例如，对未成年人一般不良行为的干预以学校为主，对于夜不归宿、离家出走的，应当向公安机关报告；有严重不良行为的未成年人，未成年人的父母或者其他监护人、所在学校无力管教或者管教无效的，应当向教育行政部门提出申请，经专门教育指导委员会评估同意后，由教育行政部门决定送入专门学校接受专门教育；对于严重不良行为的未成年人，公安机关应当根据具体情况，采取予以训诫、责令具结悔过、不得实施特定行为、接受心理辅导、行为矫治、接受社会观护等适当的教育矫治措施；未成年人实施刑法规定的行为、因不满法定刑事责任年龄不予刑事处罚的，经专门教育指导委员会评估同意，教育行政部门会同公安机关应当决定对其进行专门矫治教育。

（三）调整主体定位，建立未成年人罪错行为分级干预的有机体系

其主要包括以下三个方面。

第一，在《未成年人保护法》和《预防未成年人犯罪法》中明确规定“检察主导”的原则。与域外少年司法“法院中心”不同，我国少年司法制度实行“检察主导”更符合现实国情，更具备基础积累，更具有现实可行性，也与我国检察机关“法律监督机构”的宪法定位相符合。我国未成年人检察机关作为未成年人犯罪预防与矫治的技术主体，能够有效主导和监督未成年

人案件的侦查、起诉、审理以及执行，应当增强未成年人刑事检察机构的专业性、独立性以及观护基地在内的社会支持体系。

第二，作为进一步的改革，我国可在各级政府机构中设立专门的青少年管理局，整合相关社会资源，担当救助管理和犯罪预防的专门职责，专业管理和协调有关青少年工作的事务。我国各级地方政府具有较强的资源链接能力，应当为未成年人罪错行为的分级干预动员和协调相关资源。具体而言，由各级政府的青少年管理局负责制定预防未成年人犯罪工作的规划，组织、协调公安、教育、民政、司法行政等政府有关部门和其他社会组织进行未成年人犯罪预防和未成年人罪错行为分类干预的配合工作。

第三，应当以不良行为少年的数据信息共享为基础，建立不同阶段多家主体有机参与的未成年人罪错行为综合矫治体系。具体而言，各学校、教育局要及时将在学及辍学的不良行为少年名单传递给公安部门。对于在办案中发现的虞犯未成年人，公安机关要积极与该未成年人的监护人、学校、社区、专业社会组织等进行协调，采取适当的方式对未成年人进行干预矫治，同时将有关情况向同级未成年人检察机构报告，以便接受监督。在案件由检察机关处理的阶段，可以采取附条件不起诉为主要方式进行分流。少年法院审理未成年人刑事案件的重点应当包括未成年人的犯罪事实和是否具有将来再犯的危险性两个方面，查明未成年人所存在的性格和环境上的问题，积极寻求有效的干预措施。司法部门应当对每一个接受社区矫正的未成年人制定个别化的针对性矫治方案，力求从根源上解决罪错少年的具体问题，使未成年人尽快回归到正常生活轨道。

我国罪错未成年人教育矫治模式的时代转型*

马　迅**　朱海燕***

摘　要　罪错未成年人传统教育矫治模式存在矫治理念偏移、干预功能渐弱和社会支持乏力的局限，难以满足新时代未成年人违法犯罪治理需求，亟须通过全景式的过程论视角予以精准干预，探索未成年人教育矫治新模式。在不良行为、违警行为、触法行为与犯罪行为的“四分法”谱系下，源头预防确保不良行为防控职责的合理配置，重申家庭监护的基础地位，明确国家监护的补位功能；分级干预实现违警行为、触法行为和犯罪行为矫治的科学接续，违警行为的矫治侧重于行为干预的精细化，触法行为的矫治着眼于专门学校的制度探索，犯罪行为的矫治则立足于重视个别和有效恢复两个基本点；合作治理倡导社会支持体系的有效激活，在明晰体系结构和工作主线的前提下，健全组织机构和人员配置，不断完善服务质量和保障机制。

* 基金项目：国家社科基金青年项目“行政法视野下公共惩罚结构失衡之调适研究”（项目编号：21CFX064）。

** 马迅，法学博士，华东政法大学纪检监察学院讲师，政府法制研究院研究员。研究方向：公法治理。

*** 朱海燕，华东政法大学博士研究生，政府法制研究院科研助理。研究方向：青少年法治。

关键词 罪错未成年人 教育矫治 源头预防 分级干预 合作治理

引 言

对于罪错未成年人，我国长期奉行“教育、感化、挽救”的方针和“以教育为主、惩罚为辅”的原则，坚持少捕慎诉慎押与强化帮教的基本立场。《法治中国建设规划（2020—2025 年）》特别指出，要加强青少年宪法法律教育，增强青少年的规则意识、法治观念，健全未成年人司法保护体系。随着我国未成年人刑事司法制度的逐步完善，未成年人犯罪治理取得长足进步。然而，最高人民检察院发布的《未成年人检察工作白皮书（2022）》显示，已满 14 周岁未满 16 周岁的未成年人犯罪数量在连续多年下降趋于平稳后又有所回升，新时期未成年人犯罪呈现出作案人员低龄化、犯罪性质暴力化、犯罪手段智能化、作案方式“帮会化”等倾向，尤其是未成年人实施的故意杀人、强奸等恶性刑事案件受到新闻媒体和社会公众的高度关注。其中，以未达刑事责任年龄的低龄未成年人群体为例，由于传统的司法干预、收容教养和工读学校等教育矫治措施作用的有限性，降低刑事责任年龄成为刑事立法回应民意的无奈之举。① 为此，未成年人领域两部基础性法律于 2020 年年底迎来重要调整：2020 年修订的《未成年人保护法》将对特定的有严重不良行为的未成年人实施的专门教育纳入国民教育体系，修订的《预防未成年人犯罪法》则确立了专门的矫治教育制度，备受诟病的收容教养制度正式退出历史舞台。此外，2021 年 10 月，第十三届全国人大常委会第三十一次会议表决通过了《家庭教育促进法》，规定家庭教育承担培育、引导、影响未成年人形塑良好思想、品行和行为习惯的基础责任，国家和社会在一般情况下为家庭教育提供指导支持服务，在家庭教育缺位或监护人履行家庭教育责任困难等特殊情况下承担保障救济的补位责任。实践表明，传统教育矫治模式在实现教育挽救罪错未成年人与维护社会安全稳定的“双向目标”时产生实效性梗

① 参见刘俊杰：《论降低刑事责任年龄起点的不可行性》，载《法学杂志》2020 年第 7 期。

阻，亟须探索和形塑罪错未成年人教育矫治新模式，以适应新时代未成年人违法犯罪治理的发展需求。

一、罪错未成年人传统教育矫治模式面临的困局

我国在未成年人基本刑事政策上长期秉持从宽处理精神，公、检、法机关各有侧重，对少年犯罪适用非犯罪化、非刑罚化和非监禁化措施。[①] 传统教育矫治模式下主要采取责令严加管教、工读教育、社区矫正和收容教养等措施，实践中暴露出诸多不足。

（一）矫治理念偏移

传统教育矫治模式重惩罚而轻教育、重事后制裁而轻事前干预。设立教育矫治措施的宗旨“不是惩罚，而是矫正；不是令其堕落，而是令其振奋；不是镇压，而是发展；不是令其成为罪犯，而是令其成为值得尊敬的公民”[②]。简言之，罪错未成年人的悔改和社会复归，需要通过恢复性的帮扶措施来实现。然而，建基于责任报应观之上的刑罚体系使未成年人处遇不可避免地带有浓郁的惩罚性色彩，加上历史上重刑主义思想的影响，以降低法定刑事责任年龄为代表的严惩主义思想逐渐偏离宽宥处遇和教育感化罪错未成年人的矫治初衷，教育和惩罚的主辅地位本末倒置。教育矫治理念的偏移，直接导致教育矫治方式、内容等方面的成人化和简单化倾向，抑制甚至冲抵了矫治措施的教育功能。譬如，部分地区工读教育发展呈现出刑事监狱化趋势，军事化管理、强制化入学以及发放“罪行卡”等规训色彩浓郁的管教措施很难达到预期目标。[③] 收容教养也逐渐演变为限制未成年人人身自由的行政处罚，

---

① 参见李伟主编：《少年司法制度》，北京大学出版社 2017 年版，第 64 页。

② 参见［美］富兰克林·E. 齐姆林：《美国少年司法》，高维俭译，中国人民公安大学出版社 2010 年版，第 8－13 页。

③ 参见姚建龙、孙鉴：《从“工读”到“专门”——我国工读教育的困境与出路》，载《预防青少年犯罪研究》2017 年第 2 期。

违背联合国《儿童权利公约》所确立的未成年人监禁不得已原则。[①] 由此可见，传统教育矫治模式鲜有关注未成年人罪错行为因何而生等源头性问题，缺乏违法犯罪治理长远规划。

（二）干预功能渐弱

联合国《少年司法最低限度标准规则》规定，对罪错未成年人作出的任何处遇均应与违法行为情况相称。按照相称性原则的要求，未成年人教育矫治应充分考虑未成年人独特的生理、心理特征，尤其要根据未成年人行为的罪错程度形成轻重有别的干预措施。由于尚未形成科学系统且层次清晰的未成年人罪错行为界分标准，我国在未成年人教育矫治的一般预防和再犯预防方面存在明显短板。官方统计数据显示，2014—2019 年，未成年人重新犯罪率自 3.02% 攀升至 3.83%，其间虽有小幅波动，但总体呈缓慢上升趋势。此外，传统教育矫治模式在实效性保障上也较为欠缺。以针对一般不良行为的家庭教育为例，传统教育矫治要求罪错未成年人监护人对其“严加管教”，但是对于管教效果的督导、考核和评估却难以跟进。虽然国家和社会层面业已实施强制亲职教育制度，但依托亲职教育推动罪错未成年人教育矫治的效果并不理想。[②]

（三）社会支持乏力

未成年人教育矫治需要司法干预与非司法干预共同协作，兼顾办案专业化和帮教社会化。自 1984 年起，我国开始探索未成年人刑事司法社会支持体系，但推进效果至今仍不理想。[③] 社会支持体系的不健全在一定程度上制约着教育矫治模式正向功能的发挥。（1）统筹性上。各方对社会支持体系的构建

---

① 参见陈泽宪主编：《行政处罚与羁押制度改革研究》，中国政法大学出版社 2016 年版，第 128－139 页。

② 参见吴宗宪、张雍锭：《未成年缓刑犯社区矫正中强制亲职教育的制度构建》，载《江西社会科学》2018 年第 8 期。

③ 参见张鸿巍、果晓峰：《未成年人司法社会支持体系之回顾、反思与建构——基于服务集成的视角》，载《青少年犯罪问题》2020 年第 2 期。

要素、工作主线等框架内容的理解不一，社会支持体系建设面临的一大误区是，认为只要教育矫治工作有社会力量参与，就完成了社会支持体系的平台搭建。[①] 受制于此，社会支持体系工作平台的统筹建设与更新换代步履维艰，碎片化、临时化、松散化的社会力量难以真正凝聚，同时在一定程度上造成了社会资源的浪费。（2）专业性上。传统教育矫治实践中，检察机关通过与学校、社区、社会组织、观护基地等签订合作协议的方式来寻求社会资源的支持，但由于专业人员配置不足，教育矫治所需的心理治疗、认知行为干预和个人角色重塑等专门手段作用不到位，仅靠热心公益事业的志愿者难以为行为人的有效社会复归提供周延保护。（3）联动性上。目前，检察机关、政府部门与社会组织三者之间的多向联动不足，异地办案、跨区域资源共享与协调配合机制尚需探索。[②] 不难发现，未成年人教育矫治社会支持体系亟须从统筹建设、专业支持和多元互动等方面，充分运用社会力量介入罪错未成年人教育矫治过程，以期有效实现再犯预防。

综上所述，传统教育矫治模式在制度定位、矫治理念和干预功能上的缺陷，导致“教育、感化、挽救”方针以及“教育为主、惩罚为辅”原则等未成年人刑事司法政策未能在罪错未成年人处遇过程中得到真正贯彻。未成年人罪错行为的发展是一个动态过程，相较于孤立、静止、片面地关注罪错行为的末端治理，由全景式的过程论视角观察罪错行为由轻及重的不同发展阶段并施以精准干预更有利于实现最佳治理目标。下文将立足保护主义立场，结合法律制定或修订的最新旨趣，根据罪错行为危害程度和性质差异作出进一步细分，从源头预防、分级干预和合作治理三个维度因应不良行为、违警行为、触法行为及犯罪行为的教育矫治难题，全面阐释罪错未成年人教育矫治模式转型的基本图景。

---

① 参见席小华、史卫忠：《建构未成年人司法社会支持体系的理论框架与实践路径》，载《预防青少年犯罪研究》2020 年第 5 期。

② 参见刘仁琦：《嵌入、契合与实效：我国少年司法转介机制研究——附条件不起诉社会支持体系的完善》，载《青少年犯罪问题》2018 年第 4 期。

二、源头预防：罪错未成年人不良行为防控职责的合理配置

关于未成年人罪错行为的分类问题，2020 年修订的《预防未成年人犯罪法》采“三分法”立场，将罪错行为分为不良行为、严重不良行为与犯罪行为，不良行为即该法第二十八条规定的“未成年人实施的不利于其健康成长的”行为，严重不良行为即该法第三十八条规定的“未成年人实施的有刑法规定、因不满法定刑事责任年龄不予刑事处罚的行为，以及严重危害社会的”行为。理论界对严重不良行为这一分类的争议较大，主要原因在于，2020 年修订的《预防未成年人犯罪法》对严重不良行为的内涵与外延界定仍然过于笼统，将两种分别具有治安违法性与刑事违法性的行为合二为一，实际上造成对应法律程序和干预措施的适用混淆。因此，主流观点主张将严重不良行为再次细分为“违警行为”（对应治安违法行为，其在违法性程度上尚未达到刑法所规定的标准）与“触法行为”（对应因未达刑事责任年龄而不予刑事处罚的行为），即将罪错行为整合为不良行为、违警行为、触法行为与犯罪行为的“四分法”谱系。[①] 一般而言，对不良行为，通常采取前期预防和干预措施；对包括违警行为和触法行为在内的严重不良行为，则主要在行政体系中处理。[②] 基于此，罪错未成年人教育矫治模式的转型必须首先关注不良行为的预防问题，合理配置家庭与国家的监护职责。

（一）重申家庭监护的基础地位

“家庭是人生的第一个课堂，父母是孩子的第一任老师。”[③] 作为构建基层社会治理新格局的重要一环，家庭教育在未成年人不良行为的预防问题上起着基础性作用。在法律依据上，《家庭教育促进法》关于家庭教育责任的规定是基础，2020 年修订的《未成年人保护法》和《预防未成年人犯罪法》关

---

① 参见姚建龙：《未成年人罪错“四分说”的考量与立场——兼评新修订〈预防未成年人犯罪法〉》，载《内蒙古社会科学》2021 年第 2 期。

② 参见刘艳红、阮晨欣：《新法视角下罪错未成年人司法保护理念的确立和展开》，载《云南社会科学》2021 年第 1 期。

③ 习近平：《习近平谈治国理政》（第二卷），外文出版社 2017 年版，第 396 页。

于家庭监护对未成年人罪错行为的干预责任规定则是基础之上的延伸，三者共同构成罪错行为早期干预的“职责要求束”。结合以上新法对家庭监护责任的递进规定，重塑家庭监护的基础地位不仅应以未成年人权利保障为核心，重点关注家庭在未成年人生存权、发展权、受保护权等权利保护上的第一责任，还要以教育挽救罪错未成年人为宗旨，强调家庭对未成年人不良行为教育矫治的刚性义务。

就未成年人权利保障的基础职责要求而言，家庭监护应为未成年人提供健康的家庭环境、稳定的家庭结构和正向的角色模范。第一，未成年人成长需要家庭监护给予亲密的情感联系和积极的情感影响，未成年人在其成长早期从家庭环境中获得的温情、关怀与信任能够促使其形成健康人格。根据2020年修订的《未成年人保护法》第十六条之规定，父母应当给予未成年人安全、和谐、积极向上的成长氛围，为未成年人提供生活、健康、安全等方面的保障。具体而言，家庭应善于体察未成年人日常生活中的具体问题，在其成长过程中提供物质上的抚养和情感上的关爱，保证未成年人享有并依法接受义务教育，促进未成年人健全人格的养成。第二，家庭应尽可能为未成年人提供稳定的成长环境，最大限度地降低破碎的家庭结构和持续的家庭冲突给未成年人带来的负面影响。2020年修订的《未成年人保护法》第二十二条第一款要求未成年人的监护人完全履行监护职责，即使存在法定情形不宜或不能履行监护职责的，也应委托具有照护能力的完全民事行为能力人代为照护。该法第二十四条同时要求父母离异时应妥善处理未成年人的抚养、教育等事宜，避免破碎家庭给未成年人造成情感创伤或行为失范问题。第三，在未成年人模仿父母行为的社会学习过程中，家庭监护人应为未成年人树立正向的角色模范以助推未成年人形成良好守法意识与社会化行为。家庭作为未成年人接受教育的第一课堂，应着重培养未成年人良好的思想品德和行为习惯，做到智育和德育并重。根据《家庭教育促进法》第二条之规定，家庭教育是指父母或者其他监护人为促进未成年人全面健康成长，对其实施的道德品质、身体素质、生活技能、文化修养、行为习惯等方面的培育、引导和影响。

就未成年人不良行为教育矫治的刚性义务而言，家庭监护应在不良行为形成早期结合其成因、表现有针对性地实施心理和行为矫治。第一，对未成年人加强基础安全教育和预防犯罪教育。研究表明，实施严重暴力犯罪的未成年人在较早年龄阶段就开始表现出行为问题和罪错倾向。[①] 当未成年人有实施诸如抽烟、饮酒、旷课、逃学等对其身心健康成长不利的不良行为的可能时，父母或者其他监护人应对未成年人进行安全教育，提高未成年人自我保护意识和能力，不得放任未成年人接触可能有害身心健康的不良人员、网络信息或娱乐场所。第二，检视不良行为产生根源。当未成年人已经实施不良行为时，父母或其他监护人应密切关注不良行为的发展态势，及时制止、主动反思行为成因并进行适当的约束管教。若未成年人行为失范与亲情缺失、过度溺爱或不当管教等家庭内生原因相关，则应通过修复家庭关系、弥补情感关怀、更新教育观念或修正家庭教育方法等途径纠正偏差行为。第三，履行法定的配合、支持义务。2020 年修订的《预防未成年人犯罪法》“对不良行为的干预”一章中规定，家庭不仅对未成年人不良行为的早期干预负有管理教育和劝诫引导义务，还应配合学校开展管理教育工作，及时向公安机关报告不良行为涉嫌违法犯罪团伙的情况，2020 年修订的《预防未成年人犯罪法》第三十七条规定，涉及未成年人组织或参加实施不良行为的团伙案件，未成年人的父母或者其他监护人应立即向公安机关报告。

（二）明确国家监护的补位功能

国家负有给予未成年人特殊保护的职责，国家有权力也有义务为未成年人利益采取特别保护措施。对于父母监护缺位、监护不当以及监护能力不足等情形，《民法典》第三十一条、第三十四条和第三十六条共同规定了以民政部门为责任主体的国家监护制度。譬如，在紧急情况下，民政部门应为危困未成年人安排临时生活照料措施；在监护人确定有争议时，民政部门应当尊重未成年人意愿并为其指定监护人；在监护人行为严重损害未成年人身心健

---

① 参见梅传强主编：《犯罪心理学》，法律出版社 2003 年版，第 176 页。

康时，民政部门可向人民法院申请撤销监护人资格。2020年修订的《未成年人保护法》第九条和第九十四条进一步细化上述规定，将县级以上人民政府作为未成年人保护工作的责任承担者，同时增设由民政部门承担长期监护的情形。由此形成在纵向上以县级以上各级人民政府为核心，从中央到基层全覆盖，在横向上以政府职能部门中的民政部门为牵头、统筹，横向联合、督促和指导其他政府职能部门（如财政、教育、卫健部门等）履行未成年人保护职责的国家监护体系。简言之，当家庭监护在罪错未成年人教育矫治中缺位，或者家庭监护无法实现罪错未成年人的教育矫治功能时，以儿童福利论为核心的国家监护应当及时补位，综合运用福利倾斜和亲职教育等手段，明晰国家监护出现的必要场合。

一方面，针对"问题家庭"给予福利倾斜。"问题家庭"表现为家庭结构的异化或失常，包括松散型、流动型和残缺型三种。相较于在完整的家庭结构中成长的未成年人，"问题家庭"难以为未成年人提供稳定、持续和健康的生活环境，在此类家庭中成长的未成年人出现不良行为的可能性更大。[①] 国家介入因"问题家庭"所导致的未成年人越轨案件时，应当坚持"儿童利益最大化原则"，有针对性地、倾斜性地给予福利保障，并推动实现家庭政策的适度普惠性。譬如，以留守儿童家庭为代表的松散型家庭需要的是稳定的物质保障和紧密的家庭内部关系，福利政策应着重于填补家庭职能，优先落实诸如接受教育、保障基本生活的公共服务；以进城务工者举家迁入城市为代表的流动型家庭结构主要面临城乡二元分割结构和户籍制度所造成的壁垒，该类家庭需要的是"就业"与"落户"并行的能够促进其实现"家庭化移民"的政策；以丧父、丧母或父母有在监狱服刑情况为代表的残缺型家庭结构，国家监护权的干预应当着重于解决监护权的转移难题。[②] 福利政策除提供未成年人生存所需物质救助保障之外，还应当培育社会支持体系（如社区、

① 参见金一虹、史丽娜主编：《中国家庭变迁和国际视野下的家庭公共政策研究》，南京师范大学出版社2014年版，第26页。

② 参见张丽君：《国家亲权理念下服刑人员未成年子女监护干预浅析》，载《预防青少年犯罪研究》2015年第5期。

社会福利机构等）以保障未成年人身心健康发展。

另一方面，针对“问题父母”强化亲职教育。亲职教育是对父母实施的教育，其目的是改变或加强父母的教育观念，使父母获得抚养、教育子女的知识和技能。[①] 我国的亲职教育发展起步较晚，目前尚未制定专门的亲职教育法，《刑法》、《刑事诉讼法》和《预防未成年人犯罪法》中对罪错未成年人监护人的职责要求过低，仅有“责令严加管教”和由公安机关对失职监护人“予以训诫”等原则性规定，缺乏对失职监护人的刚性惩处。诸如教育部印发的《关于加强家庭教育工作的指导意见》等规范性文件中虽然存在家庭教育指导的相关规定，但远未形成系统性和专业化的家庭教育指导服务体系。因此，亲职教育立法应当规定更加明确的家庭教育指导和监护职责要求，在家庭教育指导的培训、实施与管理，以及家庭教育指导网络的建立健全方面提高其科学性。

三、分级干预：罪错未成年人违法犯罪矫治的科学接续

未成年人教育矫治的最理想状态是，家庭监护和国家监护在源头治理中发挥预期作用，有效控制影响未成年人不良行为的危险因素，防止不良行为恶化或者演变为更加严重的犯罪。然而，近年来频发的未成年人违法犯罪案件表明，未成年人教育矫治是一项具有过程性特征的系统工程，源头预防只是这一系统工程的首要环节，家庭监护和国家监护并不能包治百病。对未成年人“严重不良行为”的教育矫治，应结合 2020 年修订的《预防未成年人犯罪法》、《治安管理处罚法》与《刑法》的规定精细区隔违警行为和触法行为，并配置轻重强度不同的处遇措施。对犯罪行为的矫治，则应在恢复性司法理念指引下寻求“保护”与“惩罚”的恰当平衡。

（一）违警行为：行为干预的精细化操作

在违法性程度上，违警行为属于行政违法范畴。基于我国违法与犯罪的

① 参见顾明远主编：《教育大辞典》（增订合编本），上海教育出版社 1998 年版，第 386 页。

二元区隔体系，未成年人违警行为的矫治应当区别于犯罪行为。现存的问题是，2020年修订的《预防未成年人犯罪法》第三十八条并未对严重不良行为加以精细区分，导致其项下违警行为与触法行为相应的干预措施存在混淆适用问题。据此，宜将违警行为与触法行为从2020年修订的《预防未成年人犯罪法》第三十八条中剥离，以行政违法性为标准确立违警行为的独立分级地位，在此基础上将2020年修订的《预防未成年人犯罪法》和《治安管理处罚法》规定的教育矫治类和治安处罚类措施进行体系整合，以“教育为主、惩罚为辅”为指引确定训诫教育、行为限制、心理矫护、社会控制四种措施，深度干预违警行为的教育矫治过程。

首先，将违警行为从2020年修订的《预防未成年人犯罪法》第三十八条规定的严重不良行为中剥离。2020年修订的《预防未成年人犯罪法》第三十八条与《治安管理处罚法》《刑法》均存在不同程度的竞合，将其与《治安管理处罚法》《刑法》进行对照可以发现，除2020年修订的《预防未成年人犯罪法》第三十八条第九项规定的“其他严重危害社会的行为”外，第三十八条第一项至第八项与《治安管理处罚法》的规定高度竞合，这表明，违警行为的行政违法性特征较为突出，故违警行为的干预和控制主要在行政体系中处理。相较之下，除卖淫、嫖娼、吸毒、参与赌博外，严重不良行为若在本质上符合《刑法》规定的犯罪构成要件要素，《刑法》也会对其进行否定性评价，只是因为未达刑事责任年龄而不予谴责，即触法行为的评价涉及案件事实和犯罪构成要件要素的实质判断，即使触法行为人进入专门学校接受教育矫治的结果由行政程序运作产出，其行为的违法性和社会危害性评价的实质内容主要在刑法框架下展开。基此，违警行为是2020年修订的《预防未成年人犯罪法》第三十八条第一项至第九项列举的治安违法行为，对违警行为的干预应排除《刑法》的适用，以助力罪错未成年人规范内化为目标甄别2020年修订的《预防未成年人犯罪法》和《治安管理处罚法》规定的教育矫治措施。

其次，以2020年修订的《预防未成年人犯罪法》规定的教育矫治类措施为主展开违警行为的干预工作。根据2020年修订的《预防未成年人犯罪法》

第四十一条的规定，结合实践中开展违警行为干预工作的实际情况，违警行为的教育矫治类可以分为以下四类：一是训诫教育。训诫的对象包括罪错未成年人及其监护人。针对罪错未成年人开展训诫教育的主要内容包括法律、道德、社会主义核心价值观等，旨在帮助行为人认识到违法行为的危害性并具结悔过，纠偏越轨行为。针对监护人的训诫旨在纠正错误的家庭教育方式、责令其履行监护职责、督促其接受亲职教育等，《家庭教育促进法》与 2020 年修订的《预防未成年人犯罪法》规定公检法可以视情形对实施严重不良行为的未成年人的父母或者其他监护人予以训诫。二是行为限制。通过限制交友、限制实施特定行为、限制出入特定场所，阻断未成年人接触不良人员和不良场所的可能性。三是心理矫护。违警行为相较于不良行为的违法性程度更高，因心理问题实施违警行为的未成年人有必要接受心理治疗或心理矫正指导，通过专业的心理测评和疏导逐步改变不良认知和行为习惯。四是社会控制。社会控制的本质是对罪错行为人进行再社会化，譬如责令参加社会服务活动、责令接受社会观护等。

最后，慎用《治安管理处罚法》中规定的罚款、拘留等治安处罚类措施，突出违警行为干预措施的教育性特征。应着眼于罪错未成年人的教育，结合违警行为产生动机和表现形式制定个别化的教育改造内容，弱化训诫等治安处罚类干预措施的权威惩戒和报应主义色彩，譬如将带有批评、制裁性的训诫改造为劝诫教导，实施时可联合家庭监护和学校教育密切跟进未成年人违警行为的改正情况。

（二）触法行为：专门学校的创新性探索

未成年人触法行为在客观上已经具备刑事违法性和法益侵害性，只是由于刑事责任年龄的法律拟制事由阻却了刑罚适用。对于此类行为，一味降低刑事责任年龄的简单化思维并不可取。在适用《刑法修正案（十一）》所规定的已满 12 周岁不满 14 周岁的人应当负刑事责任条款时，应当严格把控适用罪名和相关情节，谨防滑入刑罚万能主义的深渊。对此，美国法中的“米勒规则”确立了“就判刑目的而言，儿童与成年人在宪法上相区别”的思想；

“青少年的独特特征削弱了对少年犯判处最严厉刑罚的刑罚理由，即使他们犯下了可怕的罪行……如果认定一个少年犯将永远对社会构成危险，就需要判断他是无可挽救的，而无可挽救与年轻人是不一致的。没有假释的生活完全抛弃了矫治的思想。”[①] “米勒规则”常被援引用作为考察恶性未成年人犯罪的量刑决定“是否违反分级和比例的正义原则、是否违反禁止残酷与不寻常惩罚原则”等实质正义的要求。申言之，根据“当重则重”治理理念，确有必要对犯下恶性刑事案件的未成年人施加刑罚时，应当在综合考量犯罪性质、情节、刑事责任能力和基本受审能力等因素的基础上进行量刑，[②] 但刑罚并不是目的，触法行为的规制重心仍要落在专门学校等配套措施的执行优化上。

根据《刑法》和2020年修订的《预防未成年人犯罪法》对罪错未成年人收容教养制度的调整，专门学校要进一步深化在教育方式、矫治强度和机构职能等方面的创新探索。首先，承继原先由收容教养承担的部分矫治职能。收容教养制度在法律属性上是一项保护性教育管束措施，[③] 专门学校的建立应当秉持保护性和福利性的初衷。其次，克服收容教养“重罚轻教”的弊端。送至专门学校接受教育矫治的罪错未成年人，应根据其所实施行为的严重程度、作出决定之时人身危险性大小、开展矫治的难易程度以及家庭监管条件等因素进行综合评估，评估结果通过分值量化，最终决定矫治强度。同时，为了避免罪错未成年人之间的交叉感染，[④] 专门学校应结合评估结果实施分类分级和区别化教育管理。再次，补齐工读教育在污名化和标签化上的短板。传统的工读教育偏重封闭管理和劳动改造，矫治措施较为粗放、单一。[⑤] 专门

---

① Beth Caldwell, *Miller v. Alabama as a Watershed Procedural Rule: The Case for Retroactivity*, Harvard Law and Policy Review Online, Vol. 10: 1, p. 1 – 10 (2016).

② 参见姜敏：《〈刑法修正案〉（十一）新增最低刑龄条款的正当根据与司法适用》，载《中国刑事法杂志》2021年第3期。

③ 参见唐稷尧：《论我国收容教养制度的定位及适用条件——以〈中华人民共和国预防未成年人犯罪法〉修订为背景》，载《中国青年社会科学》2020年第4期。

④ 参见路琦、郭开元等：《新时期专门学校教育发展研究》，载《中国青年研究》2018年第5期。

⑤ 参见于阳、徐翠红：《惩治未成年人违法犯罪：工读学校构建与工读教育完善》，载《预防青少年犯罪研究》2019年第2期。

学校是未成年人犯罪预防的重要基地，应倡导陪伴式教育，致力于纠正罪错未成年人的偏常心理和越轨行为，探索更加契合矫治对象的思想文化教育、道德教育、法治教育和职业技术教育等教育方式，增强学生在结束矫治之后重新进入社会的适应性。最后，弥合工读教育在触法行为矫治上的断层。工读教育发展的一大“瓶颈”是生源短缺，且存在顾及地方利益、排斥外来儿童的痼疾。[①] 对此，教育主管部门要通盘考量城乡和地域差异，从最有利于触法未成年人接受良好教育矫治的角度出发，合理规划协调专门学校的招生地域和招生范围。

（三）犯罪行为：“重视个别、有效恢复”

当未成年人的严重不良行为构成犯罪而不得不进入刑事司法程序时，司法处遇环节的教育矫治工作应主要围绕“重视个别”和“有效恢复”两个维度展开。

“重视个别”强调关注罪错未成年人的个人背景，背景分析的重点内容是：“他是什么人”“他怎样变成现在这样的人”“为了他的利益和国家的利益，最好做些什么，才能使他从一个堕落的生涯中解脱出来”[②]。具体而言，未成年人犯罪行为教育矫治的个别化至少包括以下三个层面。一是“诊断”的个别化：诊断即归因，这也是关注和控制未成年人犯罪行为风险因素的初级要求。二是“处方”的个别化：对未成年人犯罪行为进行司法调查的最终目的，是制定一项合理的干预方案。比如，根据犯罪严重性的评估决定是否采取监禁措施以及监禁期限的长短。若采取非监禁措施，譬如送至专门学校进行教育矫治，则应当根据受教育程度选取难易程度不同的教材、根据教育和改造的需求设计有针对性的课程内容。三是“预后”的个别化：预后的个别化包括诉讼和社区矫正期满后两个阶段。在诉讼阶段，人民法院应当“寓教于审”，人民检察院应当在附条件不起诉程序中对特定未成年人开展必要的

---

① 参见鞠青主编：《中国工读教育研究报告》，中国人民公安大学出版社 2007 年版，第 85 页。

② Barry C. Feld, *The Juvenile Court Meets the Principle of Offense*: *Punishment*, *Treatment*, *and the Difference It Makes*, Boston University Law Review, Vol. 68: 821, p. 821 –916 (1988).

训诫教育、心理疏导，有利于教育、感化罪错未成年人的近亲属或者教师可以经法院、检察院的邀请出席。社区矫正期满后的预后责任主要由安置帮教部门承担，通过妥善解决就学、就业等问题促使其生活回归正轨。

“有效恢复”发端于以受害者为导向、注重平衡协调的恢复性司法理念。在恢复性司法理念发展较为成熟的国家，该理念实施的具体路径包括“被害人与犯罪人调解模式”“家庭小组会议模式”“社区修复委员会模式”。[①] 前两种模式有赖于专门性调解和刑事司法力量的介入，而第三种模式则依托高度自治的社区结构和发达的社区组织。结合我国基层社会治理的实际情况，在社区修复委员会模式实行的社会基础还不成熟的前提下，有效恢复的最优方案是将被害人与犯罪人调解模式和家庭小组会议模式的制度精髓融入中国特色的刑事和解制度之中，打造以法院为主导的“恢复性教育矫治模式”。其中，被害人实质权益是恢复性教育矫治的首要关注重点。“原则上说，任何犯罪（如家庭暴力或者那些与仇恨有关的犯罪），只要被害人感到他们有可能从该路径中获益，那么就没有理由排除这类案件适用恢复性司法路径的资格。”[②] 未成年人犯罪案件中修复被害人实质性权益，最为有效的方式是邀请被害人参与决定过程，诸如叙述其或其家人受到犯罪侵害的具体情况、态度和经历，通过司法裁判的强制力保障其合法权益，进而有效安抚其内心恐惧或弥补因犯罪遭受的物质损失。就权利保障的公平性而言，为避免过于苛刻的不适当结果，被害人提出的权益修复要求不宜超过刑罚或者非刑罚处遇措施规定的上限。当然，恢复性教育矫治并非任何涉及未成年人严重或暴力犯罪案件的唯一处理方法，它不能替代刑事司法程序的固有功能，而是需要借助健全的社会支持体系以更好地发挥作用。

四、合作治理：罪错未成年人教育矫治社会支持体系的有效激活

《中共中央关于制定国民经济和社会发展第十四个五年规划和二〇三五年

---

① 参见何勤华主编，张进德等著：《法律文明史：现代公法的变革》（下卷），商务印书馆 2017 年版，第 613－614 页。

② ［英］詹姆斯·迪南：《解读被害人与恢复性司法》，刘仁文等译，中国人民公安大学出版社 2009 年版，第 221 页。

远景目标的建议》提出，要“健全学校家庭社会协同育人机制”。“社会承担着为其成员提供福利的责任，并通过支持和养育所有未成年人的家庭、社区、学校和社会机构来做到这一点，而不是愤世嫉俗地监禁处境最不利的儿童。”① 在罪错未成年人教育矫治中，公私合作治理成为模式转型的重要向度，鼓励社会各方主体有序参与，通过构建社会支持体系助推法治国家、法治政府和法治社会一体建设，以法治中国的善治理念反哺罪错未成年人教育矫治的现代化转型。

（一）明晰社会支持体系内在结构和工作主线

2018 年 2 月，最高人民检察院和共青团中央共同签署《关于构建未成年人检察工作社会支持体系合作框架协议》，力图以未成年人检察工作社会支持体系为突破口，渐进形成“检察保护—司法保护—国家保护”日趋完备的未成年人教育矫治社会支持体系。在这一螺旋式上升的发展过程中，检察保护是近景目标，司法保护是中景目标，国家保护则是远景目标。② 当务之急是以未成年人检察工作为核心，建构未成年人教育矫治社会支持体系的初步框架，明晰体系内在结构和工作主线。

在未成年人检察工作社会支持体系中，检察机关与共青团组织处于该体系结构的顶端，检察机关根据未成年人检察工作在罪错未成年人心理评估、人格甄别、行为干预、帮教计划制定等方面的具体委托需求，与共青团组织对接并组建指导未成年人司法社会服务机构。社会服务机构是社会支持体系结构的枢纽，联结社工机构和社会组织为罪错未成年人提供专业化的转介评估和社会化的教育矫治，团属机构在此过程中主要发挥支持和帮助作用。

基于上述结构安排，今后未成年人教育矫治社会支持体系应逐步形成“社会参与、政府兜底、个人助力”三位一体的工作主线。社会参与要求层次

---

① Barry C. Feld, *Abolish the Juvenile Court: Youthfulness, Criminal Responsibility, and Sentencing Policy*, The Journal of Criminal Law and Criminology, Vol. 88: 68, p. 68 – 136 (1997).

② 参见林晓萌：《国家治理现代化视域下的少年司法社会支持体系：价值、立场及路径》，载《当代青年研究》2021 年第 1 期。

丰富、职能多元的各类社会组织的介入，在共青团、妇联、教育、中国关心下一代工作委员会等承担未成年人教育和保护职能的官方组织之外，长期以来一直服务于未成年人权益保障的民间组织和慈善机构也应当纳入社会组织的范畴，诸如为罪错未成年人提供法律援助、心理咨询服务的社会服务机构等。政府兜底主要为未成年人教育矫治社会支持体系提供保障，在教育、医疗、社会救助、福利保障等方面发挥国家亲权的兜底作用。此外，提供助力的个人主要包括从事教育矫治工作的司法工作者、专业社工，以及热心参与社区志愿服务的志愿者等。

（二）健全社会支持体系组织机构和人员配置

未成年人司法社会服务机构是介于检察机关和社会服务组织之间的桥梁，在专业化办案和社会化帮教深度融合的过程中发挥着重要作用。在成立未成年人司法社会服务机构的基础上，应当扩大和升级原有的面向检察机关的社会服务功能，将社会支持贯穿于警务、检察、审判和执行各个环节，针对不同环节对未成年人司法保护的不同需求设置和调整机构职能。与此同时，未成年人司法社会服务机构的转介功能应当具备双重面向，既面向与其相联结的社会组织或社工机构，根据公安、检察院、法院的委托需求进行专业性升级，又面向与未成年人权益保护关系密切的相关政府部门，就罪错未成年人社会保障、社会救助、社会福利等专项问题为政府部门提供确切的提升方案。

同样地，无论是未成年人刑事诉讼，还是诉讼后的观护、心理辅导、行为干预、考察帮教等，都需要司法社工的介入，这对司法社工的专业性提出很高的要求。专业司法社工人才培养计划可以大致分为循序渐进的三个实施阶段：第一阶段是开设法学、教育学、心理学、犯罪学等多学科交叉课程，提升司法社工的专业背景知识；第二阶段是培养专职司法社工，组成稳定的专职司法社工组织，以其为中心扩大专职司法社工的帮教影响；第三阶段是发展规范化、体系化的司法社工机构，通过司法社工机构与其他社会组织的交流协作，形塑健康有序运转的社会支持系统。

（三）完善社会支持体系服务质量和保障机制

当前以检察工作为中心的未成年人教育矫治社会支持体系正处于起步阶段，未来发展潜力巨大。针对资源分布零散、参与机制不成熟和缺乏后续监督等问题，社会支持体系的协同构建也要注重服务质量的供给和配套保障机制的完善。

首先，及时总结试点经验。2019 年 4 月，最高人民检察院第九检察厅会同共青团中央维护青少年权益部部署在 40 个地方开展未成年人刑事检察社会支持体系建设试点工作。[①] 为不断优化社会组织参与未成年人教育矫治的相关机制，应当根据国家标准《未成年人司法社会工作服务规范》试点地区司法办案实践，结合教育矫治社会支持体系的工作主线，总结提炼试点中的有益探索，在时机成熟时制定统一的行业标准和服务流程等。

其次，适度推进市场化改革。国务院办公厅《关于政府向社会力量购买服务的指导意见》倡导公开择优原则，未成年人教育矫治社会支持体系的构建需要对市场上满足委托需求的社会组织进行公开筛选，引入多元化的社会服务机构，通过公平竞争实现“优胜劣汰”。同时，委托机关应当根据教育矫治时间的长短开展定期评估，包括矫治方案的实施情况、心理疏导等帮教服务的开展效果，以此作为评价司法社工和社会组织开展教育矫治工作成效的重要参考，提升服务实效。

最后，搭建信息资源共享平台。转介的多重面向和异地帮教、跨区域协作的共同帮教需要司法机关和社会服务机构之间的信息资源共享。为提升转介效率，信息资源共享平台的建立必不可少。未成年人司法社会服务机构之间可以经由该平台交流推广有益经验，但也要遵守未成年人信息数据保密的相关规定。

结　语

随着我国未成年人相关政策、法律、制度和机制等的不断成熟，传统教

---

① 参见张寒玉：《未成年人司法保护原则与制度要求》，载《检察日报》2020 年 3 月 1 日，第 3 版。

育矫治模式逐步从“封闭隔离、重罚轻教”向“提前干预、教育为主、惩罚为辅”的方向演进。继《刑法修正案（十一）》取消收容教养制度后，2020年修订的《预防未成年人犯罪法》对原本接受收容教养的罪错未成年人实施分流，与2020年修订的《未成年人保护法》形成合力，通过规定专门教育、社会支持、政府主导下的综合治理等立法举措，对罪错未成年人的矫正帮扶和更生保护作出诸多有益探索。最高人民检察院《2018—2022年检察改革工作规划》也明确指出，实现教育矫治的最佳治理效果必须在临界预防、家庭教育、分级处遇和保护处分之间形成呼应衔接。未成年人教育矫治模式转型的基本愿景是，在发挥家庭监护基础作用和国家亲权补位功能的前提下，通过分级干预和社会支持等全方位覆盖和多主体参与的教育矫治措施，促使罪错未成年人改过自新，实现良好的社会复归。

人民检察院在入职查询中的双重角色探析

彭林泉*

摘　要　2020年修订的《未成年人保护法》规定了入职查询制度，吸纳了实践经验，回应了学界的诉求和现实的需要，对于保护未成年人权利、护航未成年人健康成长具有重要的现实意义，必将产生深远的影响。在入职查询中，人民检察院是查询者，也是法律监督者，或扮演双重角色，起着重要的作用。双重角色的形成经历了一个演变过程。其理论依据是国家责任理论。在实践中，存在推而不动、督导不力等问题，与对因何设置入职查询制度背后的法理不明等有关。为此，应明确入职查询中的目的，强化双重角色意识，健全一体化办案机制，加大落实入职查询的力度，加强统筹、协作和监督，开展诉源治理，深化大数据运用，增强入职查询的有效性，以进一步发挥双重角色的作用，落实最有利于未成年人保护原则，共护祖国未来。

关键词　入职查询　双重角色　作用　演变　国家责任理论

法条蕴含了道德，体现了正义，对于检察人员来说，关键是要准确地理解和运用它。入职查询，有的称为从业查询。从内容上讲，由录用查询和定

* 彭林泉，四川省眉山市人民检察院原专委、三级高级检察官、四川大学法学院刑事案件研究中心兼职研究员。

期查询制度组成。2020年修订的《未成年人保护法》第六十二条、第九十八条、第一百二十六条规定了入职查询制度及从业禁止，并规定了违法责任。这是一大亮点，吸纳了实践经验，回应了学界的诉求和现实的需要，对于保护未成年人权利、护航其健康成长具有重要的现实意义，必将产生深远的影响。问题是在入职查询中，人民检察院扮演着什么角色？起着什么作用？经历了哪些演变过程？与国家责任理论有何关系？在司法实践中还存在什么实质性问题？如何完善入职查询的切实措施，以增强入职查职的有效性？诸如此类的问题，需要认真对待。本文对此进行详细分析，也许对推动入职查询制度的落实有所裨益。

一、入职查询中的双重角色

角色，按照《现代汉语词典》的解释，是指戏剧或电影中演员扮演的剧中人物。司法活动的广场化和剧场化比喻内含了角色的分工和扮演。这种角色的分工和扮演也适用于未成年人保护体系中的人民检察院。在入职查询制度中，人民检察院处于或者扮演什么角色？这是一个重要的问题，而法学界少有论及。笔者认为，人民检察院既是查询者，也是法律监督者，处于双重角色，或者扮演双重角色。2020年修订的《未成年人保护法》第六十二条规定：“密切接触未成年人的单位招聘工作人员时，应当向公安机关、人民检察院查询应聘者是否具有性侵害、虐待、拐卖、暴力伤害等违法犯罪记录；发现其具有前述行为记录的，不得录用。密切接触未成年人的单位应当每年定期对工作人员是否具有上述违法犯罪记录进行查询。通过查询或者其他方式发现其工作人员具有上述行为的，应当及时解聘。”这是关于密切接触未成年人单位工作人员违法犯罪记录从业查询的规定，包括从业查询的义务主体、入职查询的时机和查询途径、查询后的解聘等，也就是查询内容与形式。

在上述第六十二条第一款规定的入职查询中，人民检察院是查询者，准确地说是查询者之一，与公安机关共同承担入职查询的责任，即承担查询应聘者是否具有性侵害、虐待、拐卖、暴力伤害等违法犯罪记录的责任。“这些违法犯罪行为并不要求是针对未成年人实施的。而且，性侵害违法犯罪行为范围应当从宽理解，包括违反《治安管理处罚法》《刑法》等规定的涉及性侵害的多种违法犯罪行为。"① 同时，2020 年修订的《未成年人保护法》第一百零五条又规定，"人民检察院通过行使检察权，对涉及未成年人的诉讼活动等依法进行监督"，这一条款"等"字的使用意味深长，留下了根据未成年人保护工作实际依法拓展检察监督的空间。实际上，对涉及未成年人事项的检察监督不限于"诉讼活动"。② 我国学者也认为，法律规定的"对涉及未成年人的诉讼活动等依法进行监督"，是狭义地理解为检察机关的监督仅限于诉讼活动监督，还是可以监督诉讼以外的事项，亦即"等"是等内"等"还是等外"等"，按照最有利于未成年人的原则，当然是后者。③ 其意思是包括但不限于对涉及未成年人诉讼活动进行法律监督，赋予了检察机关更重的法律监督责任。这一点在 2020 年修订的《预防未成年人犯罪法》中也有体现，如该法第六十条规定，"人民检察院通过依法行使检察权，对未成年人重新犯罪预防工作等进行监督"。这个"等"字体现了以检察机关法律监督权为重要代表的司法权能在预防未成年人犯罪中的进一步延伸，与前者具有相同的含义。

不仅如此，在 2020 年修订的《未成年人保护法》第一百零六条④和第一百一十四条⑤中还规定了人民检察院的其他法律监督职责，如有权提起公益诉讼和提出检察建议等。提起公益诉讼是一种赋权，是一种诉讼实现机制，这一"制度设计进一步解决了曾经长期存在的谁来为沉默的孩子发声，以及如

---

① 中国法制出版社编：《中华人民共和国未成年人保护法》（实用版），中国法制出版社 2021 年版，第 66 页。

② 参见姚建龙：《未保工作新体制与检察机关的担当》，载《检察日报》2020 年 11 月 11 日，第 3 版。

③ 参见宋英辉、李娜：《最有利于未成年人原则对未检工作提出新要求》，载《检察日报》2020 年 11 月 2 日，第 3 版。

④ 《未成年人保护法》第一百零六条规定："未成年人合法权益受到侵犯，相关组织和个人未代为提起诉讼的，人民检察院可以督促、支持其提起诉讼；涉及公共利益的，人民检察院有权提起公益诉讼。"

⑤ 《未成年人保护法》第一百一十四条规定："公安机关、人民检察院、人民法院和司法行政部门发现有关单位未尽到未成年人教育、管理、救助、看护等保护职责的，应当向该单位提出建议。被建议单位应当在一个月内作出书面回复。"

何发声的困境”①，开拓了新境域。虽然该法第一百一十四条规定的行使主体不只人民检察院，还有公安机关、人民法院和司法行政部门，但是与监督机关联系在一起并发挥作用的只有检察机关。这种形式的检察监督更具专门性和独特性，体现了中国特色的少年司法。

据统计，2012 年修正的《未成年人保护法》只有 4 个条文涉及检察机关，而 2020 年修订的《未成年人保护法》在 15 个条文中提及检察机关 18 次，有显著增多。这不仅是数量上的变化，更是赋予了检察机关在未成年人保护工作中特殊重要的监督职责和任务。

与德、日检察系统不同，在我国，检察机关是参与未成年人司法保护的重要国家机关。在诉讼中，还享有不起诉等处分权，起着积极的作用。龙宗智教授认为，在我国的少年司法中，检察机关发挥着重要作用，这不仅与其处于前承公安、后启审判的枢纽地位有关，而且与检察机关的法律监督地位以及侦查、批捕权的享有及公诉权的独占相关。检察机关行使批捕权与公诉权，对于未成年人刑事政策的贯彻，包括非罪化、非监禁化的实现，发挥着关键的作用；同时，检察机关的法律监督角色与权能，为拓展工作空间、争取各方面支持创造了有利条件。总之，检察机关在少年司法改革与司法政策的贯彻中应当而且能够发挥重要的功能和作用。② 由此可见，在未成年人保护和犯罪预防方面，检察机关处于特殊地位，承担着重要职责，具有自身优势和有利条件。2020 年修订的《未成年人保护法》新增特殊、优先保护原则和一些特殊制度、程序和要求，使未成年人检察工作具有独立存在的价值。这种“双重角色”与人民检察院的宪法定位相关。《宪法》第一百三十四条规定，人民检察院是国家的法律监督机关。这是关于人民检察院的性质或地位的规定。在《宪法》中，多次出现“法律”与“监督”的词语，但把两者连在一起，并确定为法律监督机关的就此一处，至关重要。《宪法》第一百三十六条规定了人民检察院依法行使的职权，即人民检察院依照法律规定独立行

① 姚建龙：《孩子不可欺》，载最高人民检察院第九检察厅编：《未成年人检察》（2021 年第 2 辑），中国检察出版社 2021 年版，第 34 页。

② 参见龙宗智：《未成年人司法改革的意义与方向》，载《人民检察》2011 年第 12 期。

使检察权，不受行政机关、社会团体和个人的干涉，关键是依法独立行使检察权，意在维护国家法制的统一、正确实施和遵守。

揭示人民检察院的双重角色，具有重要的理论意义。人民检察院在入职查询中扮演着重要的角色，形成了中国特色的入职查询制度，使人民检察院成为其推动者。有论者认为，人民检察院在未成年人保护中扮演着三个角色，即当好司法保护的践行者、当好社会保护的协调者和当好法律实施的捍卫者。从第二点来看，检察机关是未成年人司法保护体系的“传动轴”。基于检察机关的特殊诉讼地位，2020年修订的《未成年人保护法》赋予检察机关诸多重要的协调、协作职能，如密切接触未成年人行业入职查询和从业限制制度等。① 这强调了检察机关在入职查询和从业限制制度中的协调、协作职能，也就是协调者的角色，“检察机关是未成年人司法保护体系的传动轴”的说法还形象地揭示了人民检察院的地位、作用，意味着在肩上扛起了沉甸甸的责任。这种对人民检察院落实未成年人保护法的角色分析也是对笔者提出的双重角色看法的补充或印证。

查询与诉讼监督或法律监督看似矛盾，其实是可以兼容的，诚如刑事公诉与诉讼监督可以兼容一样。2020年8月20日，最高人民检察院、教育部、公安部《关于建立教职员工准入查询性侵违法犯罪信息制度的意见》（以下简称《教职工准入查询意见》）第二条规定，“最高人民检察院、教育部与公安部联合建立信息共享工作机制。教育部统筹、指导各级教育行政部门及教师资格认定机构实施教职员工准入查询制度。公安部协助教育部开展信息查询工作。最高人民检察院对相关工作情况开展法律监督”。这是关于最高人民检察院、教育部和公安部在建立教职员工准入查询性侵违法犯罪信息制度中职责分工的明确规定，“最高人民检察院对相关工作情况开展法律监督”，体现了法律监督角色。这一司法文件对于全国具有指导意义，对于检察一体的检察系统更是如此。在一些经验材料和做法中，出现的“会同”“牵头”“联

① 参见吴燕：《贯彻落实未成年人保护法的角色分析》，载最高人民检察院第九检察厅编：《未成年人检察》（2020年第4辑），中国检察出版社2021年版，第107－118页。

合”“推动”“推进”等词，在其背后，蕴含着人民检察院的法律监督职责或角色。

二、双重角色的作用

在入职查询中，人民检察院扮演着双重角色，起着重要的作用，受到党委、政府的肯定和社会各界的认可。2021 年全国检察机关推动密切接触未成年人行业开展入职查询 749 万人次，解聘 2900 余名有前科劣迹人员。[①] 2020 年修订的《未成年人保护法》于 2021 年 6 月 1 日施行，这是半年多（7 个月）入职查询和解聘的数据。2022 年上半年，又推动密切接触未成年人行业开展入职查询数次，解聘多名有前科劣迹人员，向前迈进了一步。

如 2021 年 4 月，浙江省海宁市人民检察院在办理某民办新居民（非本地户籍居民）子女学校教师赵某某猥亵儿童、伪造国家机关证件案时，发现该市此类学校教师招录审核不规范、校园安全管理不严格等问题突出，导致未成年学生被性侵事件发生。于是，该院会同公安局、教育局开展全市民办新居民子女学校教职员工违法犯罪记录和教师资格筛查，发现 1 名教师有强奸前科，6 名教师无教师资格证，13 名教师的教师资格证真伪存疑。根据筛查结果，教育部门责令学校与有强奸前科的教师解除劳动合同，将无证教师调离教学岗位。[②] 按照常理，该院的入职查询责任已经完成。可是，它并未止步，在此基础上，向教育局发出规范民办新居民子女学校办学行政公益诉讼诉前检察建议，将伪造国家机关证件的线索和证据移送公安机关立案侦查，分别向教育局和学校发出社会治理检察建议，以解决新居民子女学校问题，还以专题报告反映此类学校教育资源不均的深层问题，从而取得了明显成效。教育局积极部署专项检查，对持伪造教师资格证者予以解聘。“市政府出资将全市 4 所此类学校收归国有，从公办学校挑选优秀教师组建管理团队、派驻教研骨干、提高教学水平，使 5000 余名新居民子女学生享受

① 参见《张军作最高人民检察院工作报告》，载《检察日报》2022 年 3 月 9 日，第 2 版。

② 参见张昊：《贯彻最有利于未成年人原则共护祖国未来——最高检发布“检爱同行　共护未来”专项行动典型案例》，载《法治日报》2022 年 5 月 26 日，第 3 版。

教育公平。”[①] 这成为典型案例之一。

2022 年以来，四川省眉山市洪雅县人民检察院落实入职查询制度。联合县公安局、教育体育局，由县教育局统计全县 42 所中小学、幼儿园教职工、在校未成年人密切接触人员名册，县公安局依托“四川公安大数据综合应用服务平台”筛查，报告违法记录 67 条。要求完善未成年人密接人员信息、完善从业禁止规定等，清理不合格人员，全面构建未成年人保护“防火墙”。

这些个案和事例不断呈现，还将继续发力。入职查询是因应性侵害未成年人违法犯罪增多，为预防再犯而产生、推进的。近年来，性侵害未成年人案件逐步上升，引人关注。2020 年，侵害未成年人犯罪数量下降，但性侵害等问题突出。检察机关起诉强奸未成年人犯罪 15365 人，猥亵儿童犯罪 5880 人，强制猥亵、侮辱未成年人犯罪 1461 人，同比分别上升 19%、14.75% 和 12.21%。2021 年侵害未成年人犯罪数量持续上升，检察机关起诉强奸未成年人犯罪 17917 人，同比上升 16.61%，增幅为近四年来最低。同期，起诉猥亵儿童犯罪 7767 人，同比上升 32.09%，起诉强制猥亵、侮辱未成年人犯罪 2167 人。[②] 2022 年 1 月至 3 月，全国检察机关对侵害未成年人犯罪批准逮捕 8342 人。对侵害未成年人犯罪决定起诉 11562 人。[③] 在一些地方，性侵害案件近年有所下降，如四川省检察机关持续开展打击侵害未成年人犯罪专项行动，2021 年起诉性侵未成年人犯罪增幅比 2020 年减少 15 个百分点，全省性侵未成年人案件连续四年上升势头得到有效遏制，但是仍然未从总体上改变性侵害严重的状况。在性侵案件中，校园性侵问题尤其引人重视。近年来，中小学、幼儿园教职工性侵害未成年人犯罪案件呈上升态势，有的案件后果严重、影响恶劣。为预防和减少发生性侵害未成年人案件，入职查询作为应对措施“应运而生”，人民检察院的双重角色更显重要。

---

① 参见张昊：《贯彻最有利于未成年人原则共护祖国未来——最高检发布“检爱同行　共护未来”专项行动典型案例》，载《法治日报》2022 年 5 月 26 日，第 3 版。

② 参见最高人民检察院：《未成年人检察工作白皮书（2021）》，载《检察日报》2022 年 6 月 2 日，第 6 版。

③ 参见《2022 年 1 至 3 月全国检察机关主要办案数据》，载《检察日报》2022 年 4 月 20 日，第 2 版。

三、双重角色的演变过程

双重角色的形成，大致经历了从自发探索到顶层设计、从实践经验上升到法律规定和落实运用三个阶段，也就是从事实、规范到适用的过程。

（一）从自发探索到顶层设计

“从各地检察机关积极探索自下而上推动，到最高人民检察院加强顶层设计转变，未成年人检察专业化规范化社会化建设取得长足进展。”① 这揭示了未成年人检察工作实现的一个重要转变，从各地检察机关积极探索到最高人民检察院加强顶层设计，是客观事实。开始是各地的人民检察院自发探索，在遇到实际问题时，出于未成年人保护的需要而进行实践。根据笔者接触的材料看，目前尚无法确定是哪一个人民检察院最早开始尝试入职查询，这与探索强制报告制度有准确的单位和时间不同。不过，上海、重庆、河南、江苏常州、浙江宁波等地的人民检察院近几年来积极探索，会同教育、公安部门签订了入职查询的办法、暂行办法或实施细则，联合或单独开展入职查询，甚至开展专项工作，有的还在办理案件中发现问题或线索后，进行入职查询。

例如，2019 年 4 月，上海市检察机关联合市公安局、市教委等 15 家单位会签《关于建立涉性侵害违法犯罪人员从业限制制度的意见》提出明确要求，并建立入职查询制度，规定得全面、详细。上海市入职查询制度对密切接触未成年人的“全”行业、“全”对象和“全”行为作出全方位的入职查询规定，② 通

---

① 那艳芳：《更加自觉将检察司法保护融入“五大保护”，努力推动新时代未成年人检察工作高质量发展》，载最高人民检察院第九检察厅编：《未成年人检察》（2021 年第 4 辑），中国检察出版社 2021 年版，第 36 页。

② 限制行业包括所有对未成年人负有监护、教育、训练、救助、看护、医疗等特殊职责的企事业单位和社会组织，最大范围消除晚托班、暑托班、冬夏令营等监管盲区；限制对象既包括教师、培训师、教练、保育员、医生等直接对未成年人负有职责的工作人员，也包括行政工作人员以及保安、门卫、驾驶员、保洁员和各级各类民办学校的创办者、理事会或者董事会成员、监事等虽不直接负有特殊职责，但具有密切接触未成年人工作便利的其他工作人员；限制行为既包括强奸、猥亵等性侵违法犯罪行为，也包括相关的组织卖淫、强迫卖淫，引诱幼女卖淫等违法犯罪行为。参见《全方面覆盖，织最密保护网》，载最高人民检察院第九检察厅编：《未成年人检察》（2020 年第 3 辑），中国检察出版社 2020 年版，第 126 – 127 页。

过全方位的制度设计，最大限度地扫除入职查询盲区盲点，编织起未成年人保护最严密的防护网。截至 2020 年 11 月，上海检察机关各级未成年人检察部门协调教育、培训等行业主管部门对近 30 万人开展入职查询和在职人员筛查工作，对其中有相关违法犯罪记录的 34 人不予录用或者解聘。

又如，2020 年 4 月，常州市检察机关与教育部门、公安机关联合对全市 5 万余名教师开展教师资格全面清查专项行动，查出了包括表 1 案例中的王某甲在内的 13 人属于法律规定的应当撤销教师资格人员，其中 2 人曾被判处 10 年以上有期徒刑。13 人中，包括王某甲在内的 5 人仍在持证继续从事教育职业。后来常州市教育部门对该 5 人均作出辞退处理，并在 3 日内对 9 名在本市获得教师资格证的人员全部取消了教师资格。因另有 4 人系自外省市获得教师资格证，根据有关规定，常州市检察机关通知当地教育主管部门，并会同处理撤销其教师资格证。

在 2020 年最高人民检察院公布的 5 起典型案件①中，主要是校园性侵案件，经整理，笔者制成表 1。

表 1　5 起典型案件统计

案件	查询内容	查询方式	查询处理结果
王某甲	猥亵儿童犯罪记录	联合专项清查	教师资格被取消
王某乙	猥亵未成年人违法记录	受委托查询	不予录用
吴某	非法持有毒品犯罪记录	受委托查询	被解聘
刘某生	强奸犯罪记录	联合查询	被辞退
刘某照	容留他人卖淫犯罪记录	单独查询	被辞退

在表 1 所载的 5 起案件中，1 起为毒品犯罪，其余 4 起为性犯罪。这 5 起案件的入职查询时间分别是 2020 年 4 月、2020 年 5 月、2019 年 9 月、2019 年 10 月和 2019 年②，而入职查询的主体分别是江苏常州、浙江宁波、重庆荣

① 参见最高人民检察院第九检察厅编：《未成年人检察》（2020 年第 3 辑），中国检察出版社 2020 年版，第 119－127 页。

② 此次查询未明确月份。

昌、河南焦作和上海五地的人民检察院。在人民检察院或教育、公安主管部门发现老师有违法犯罪记录后，会责令培训机构对其予以辞退，如发现王某甲的上述前科后，教育主管部门当日责令培训机构对其予以辞退，并在3日内取消了王某甲的教师资格。

2020年8月20日发布的《教职工准入查询意见》共18条，包括总则、内容与方式、查询与异议、执行与责任和其他规定，实际上是对教职员工准入查询性侵违法犯罪信息的依据、目的、职责、学校的含义作了明确规定，为入职查询提供规程。换言之，明确入职查询查什么、如何查等，为入职查询奠定了良好的基础。这是在总结检察机关实践经验的基础上形成的，意在健全预防性侵未成年人违法犯罪机制，进一步加强对未成年人的全面保护。最高人民检察院在《关于加强新时代未成年人检察工作的意见》中提出全面推行入职查询制度等。在司法实践中，按照《教职工准入查询意见》第十五条规定，建立沟通联系机制，及时总结工作情况，研究解决存在的问题，指导地方相关部门及学校开展具体工作，促进学校安全建设和保护未成年人健康成长。

在此期间，还伴随着理论探讨，如建议完善从业禁止的刚性和时间。人民检察院持续多年的实践探索，为构建未成年人保护“防火墙”，给未成年人健康成长增添了一缕阳光。

（二）从实践经验上升到法律规定

我国学者认为，综观2020年针对《未成年人保护法》的修法过程与修法内容，包括检察机关在内的实务部门在未成年人保护领域开展的诸如强制报告、入职查询等各方面的实践探索功不可没，这些符合未成年人保护理念和中国实践情况的“先行先试”所取得的经验为立法提供了不可或缺的依据。[①]这肯定了检察机关在入职查询的实践探索和经验在立法中的作用。这些实践

---

① 参见何挺：《未保法修订：未检工作面临“迭代升级”》，载《检察日报》2020年11月11日，第3版。

探索为立法提供了实践经验和依据，后形成 2020 年修订的《未成年人保护法》第六十二条、第九十八条、第一百二十六条规定，弥补了《刑法修正案(九)》新增禁止从业规定的不足和教师资格规定的局限性。

所谓“密切接触未成年人的单位”，根据 2020 年修订的《未成年人保护法》第一百三十条的规定，包括中小学校、幼儿园等教育机构；校外培训机构；未成年人救助保护机构、儿童福利机构等未成年人安置、救助机构；婴幼儿照护和未成年人早期教育服务机构；校外托管、临时看护机构；家政服务机构；为未成年人提供医疗服务的医疗机构；其他对未成年人负有教育、培训、监护、救助、看护、医疗等职责的企业事业单位、社会组织等，范围很广。该法第六十二条的规定进一步扩大了入职查询的范围，将查询主体扩大到所有的“密切接触未成年人的单位”，也就是上述范围，这些均为查询义务主体。该条规定的“工作人员”的范围，应包括正式员工和劳务派遣员工，或管理层人员和普通员工，或长期员工和临时员工，无论是否存在严格法律意义上的劳动关系，均属于本条规定的“工作人员”。① 同时，将查询信息扩大至性侵害、虐待、拐卖、暴力伤害等违法犯罪信息，在国家立法层面确立了密切接触未成年人行业入职查询和从业限制制度，筑牢侵害未成年人犯罪预防关。《教职工准入查询意见》第四条规定，本意见所称的性侵违法犯罪信息，是指符合下列条件的违法犯罪信息，公安部根据本条规定建立性侵违法犯罪人员信息库：(1) 因触犯《刑法》第二百三十六条、第二百三十七条规定的强奸，强制猥亵，猥亵儿童犯罪行为被人民法院依法作出有罪判决的人员信息；(2) 因触犯《刑法》第二百三十六条、第二百三十七条规定的强奸，强制猥亵，猥亵儿童犯罪行为被人民检察院根据《刑事诉讼法》第一百七十七条第二款之规定作出不起诉决定的人员信息；(3) 因触犯《治安管理处罚法》第四十四条规定的猥亵行为被行政处罚的人员信息。符合《刑事诉讼法》第二百八十六条规定的未成年人犯罪记录封存条件的信息除外。这对

① 参见中国法制出版社编：《中华人民共和国未成年人保护法》（实用版），中国法制出版社 2021 年版，第 65 页。

性侵违法犯罪信息作了界定，并列举了性侵违法犯罪信息的范围，意味着对性侵违法犯罪信息的范围作了明确规定，规范了性侵违法犯罪信息的查询，对于入职查询违法犯罪记录具有参考作用。

与此条规定相对应的是2020年修订的《未成年人保护法》第九十八条规定，“国家建立性侵害、虐待、拐卖、暴力伤害等违法犯罪人员信息查询系统，向密切接触未成年人的单位提供免费查询服务”。这是关于违法犯罪人员信息查询系统的规定，是新增内容。在立法过程中的考虑主要是：本次修订在《未成年人保护法》“社会保护”一章中创设了密切接触未成年人行业的从业查询及禁止制度。“该制度的运行需要国家公权力机关的配合，本法规定国家建立性侵害、虐待、拐卖、暴力伤害等违法犯罪人员信息查询系统，为密切接触未成年人的单位免费提供查询服务的法定责任，确保新创设的制度可操作、能落实。”① 从这个意义上说，是配套措施。第一百二十六条规定了密切接触未成年人单位的法律责任，② 是让《未成年人保护法》长出“牙齿”。这三条规定构成了一个较为完整的系统，共同描绘了入职查询的基本图景。

（三）落实运用

《未成年人保护法》于2020年10月17日修订公布，自2021年6月1日起施行。这是一部综合保护未成年人权利的法律，在未成年人保护领域有“小宪法”之称，是如何保护未成年人权利的总规程。它和相继通过的《预防未成年人犯罪法》一起，从立法角度为未成年人健康成长织密法治保护网。为“少年的你”已经“撑好法律保护网”，关键是行动和落实。

---

① 参见中国法制出版社编：《中华人民共和国未成年人保护法》（实用版），中国法制出版社2021年版。

② 2020年修订的《未成年人保护法》第一百二十六条规定：密切接触未成年人的单位违反本法第六十二条规定，未履行查询义务，或者招用、继续聘用具有相关违法犯罪记录人员的，由教育、人力资源和社会保障、市场监督管理等部门按照职责分工责令限期改正，给予警告，并处5万元以下罚款；拒不改正或者造成严重后果的，责令停业整顿或者吊销营业执照、吊销相关许可证，并处5万元以上50万元以下罚款，对直接负责的主管人员和其他直接责任人员依法给予处分。

“徒法不足以自行。”如前文所述，检察机关在推进入职查询制度中取得了明显成效。2022 年上半年，最高人民检察院又公布了一些典型案件，包括浙江省海宁市检察机关“多维落实民办学校保护”的案例。此外，最高人民检察院还决定自 2021 年 5 月起至 2022 年 12 月在全国检察机关开展“检爱同行　共护未来”未成年人保护法律监督专项行动，把入职查询存在的问题作为专项行为需要解决的重点突出问题，要求通过此次专项行动，让入职查询、强制报告的相关单位和责任主体知悉法律规定，主动、及时履行查询义务，形成社会认同。坚持督导而不代替，会同相关部门逐步建立完善覆盖性侵害、虐待、拐卖、暴力伤害等违法犯罪的信息库，督促密切接触未成年人的单位执行从业禁止规定。从密切接触未成年人行业相关违法犯罪信息入职查询等中深挖线索，融入四大检察之中。结合强制报告、从业禁止和犯罪矫治，落实密切接触未成年人行业相关违法犯罪信息入职查询的规定，取得更大的成效。

未成年人刑事检察是以检察类别为标准设立的机构，而不是以检察职责为标准，如公诉、刑事执行、民事行政监督、公益诉讼等设立的机构。“未检不以实现惩罚为首要目的，而以保护未成年人权益、预防再犯、帮教未成年人为出发点、着力点和落脚点。”[①] 未成年人刑事检察机构的权力来自未成年人权利的特殊保护，因此，应以未成年人权利保护为导向，推进法条的落实。《教职工准入查询意见》第十八条规定，“各地正在开展的其他密切接触未成年人行业入职查询工作，可以按照原有方式继续实施”。这并不否定实践中业已形成的制度或机制。

入职查询从无到有，从少到多，从有到好，一步步地走向完善。换言之，入职查询的产生绝不是偶然的，是长期探索实践的结果，是司法历史的选择，是“本土资源”的挖掘，具有中国特色的少年司法色彩，尽管入职查询的内在机制和演进路径还有待进一步完善。

---

① 陈国庆：《砥砺前行的未成年人检察工作——纪念人民检察院恢复重建 40 周年》，载最高人民检察院第九检察厅编：《未成年人检察》（2018 年第 3 辑），中国检察出版社 2019 年版，第 6 页。

四、双重角色的理论依据

在入职查询中，人民检察院扮演的双重角色与国家责任理论有关，或者说其依据是国家责任理论。有的学者在谈及人民检察院的职责时对此已有所提及，如有观点认为，《未成年人保护法》六大保护体系中的具体规定，充分体现了国家责任与未成年人权利保护的对应性和蕴含的国家责任理论。[①] “此次修订未成年人保护法时，提炼并遵循了未成年人保护的国家责任理论，并予以法律化。”[②] 上述表述虽然揭示了未成年人保护的国家责任理论以及法律化，但对国家责任理论未作界定，也未揭示其内涵和范围。在笔者看来，国家责任理论，简要地说，就是作为“最高家长”的国家在未成年人保护中负有的责任的一种理论。

国家责任理论来自国家亲权理论和我国加入的联合国《儿童权利公约》确定的儿童最大利益的原则，并结合我国实际有所发展和最终形成。2020 年修订的《未成年人保护法》第四条明确规定“保护未成年人，应当坚持最有利于未成年人的原则”，并列出了 6 项具体的要求。这是儿童最大利益原则的本土化表达，被称为《未成年人保护法》中的“点睛之笔”、“帝王条款”和办理涉未成年人案件的圭臬。最有利于未成年人原则，就是在保护未成年人的人身权利、财产权利及其他合法权益的过程中，要综合各方面因素进行权衡，选择最有利于未成年人的方案，采取最有利于未成年人的措施，实现未成年人利益的最大化。[③] 不能狭隘地理解为最有利于未成年人的法律规制就是要实现实体上的轻缓和程序上的宽松，这是误解。

在 2020 年修订的《未成年人保护法》分则部分，还将未成年人作为首要权利主体，并在学习、生活的不同场所、场景动态呈现，也体现在入职查询、

---

① 参见何挺：《未保法修订：未检工作面临“迭代升级”》，载《检察日报》2020 年 11 月 11 日，第 3 版。

② 苑宁宁：《修订后未成年人保护法蕴含的国家责任理论》，载最高人民检察院第九检察厅编：《未成年人检察》（2020 年第 4 辑），中国检察出版社 2020 年版，第 9 页。

③ 参见中国法制出版社编：《中华人民共和国未成年人保护法》（实用版），中国法制出版社 2021 年版，第 66 页。

禁止从业和强制报告制度等方面，以保护未成年人这一特殊群体。且在 2020 年修订的《未成年人保护法》中，涉及国家责任的条文有多条，内容涵盖国家保护未成年人的权利、对未成年人进行教育、监护未成年人、鼓励和支持相关科学研究、开展统计调查、给予表彰和奖励等。据统计，在 2020 年修订的《未成年人保护法》中，多次出现“国家”一词，作为主体承担国家责任的有 18 处，与作为对象的国家教育方针、国家安全教育等不同，也与国家机关、政府承担的责任不同。

例如，国家在监护方面的责任，2020 年修订的《未成年人保护法》第七条第二款规定，国家采取措施指导、支持、帮助和监督未成年人的父母或者其他监督人承担监护责任。这是质的规定，很明确，“指导、支持、帮助和监督”是关键词，表明国家所处的地位。依据国家亲权理论，国家居于未成年人最终监护人的地位，负有保护未成年人的职责，并应当积极履行这一职责。[①] 在未成年人的父母或者其他监督人不承担监护责任时，国家有权进行监督，采取措施，为的是孩子的合法权益。有论者认为，民政部门代表国家承担国家监护人的具体职责，检察机关作为法律监督机关，是国家监护人的监督人，要积极监督民政部门履行职责，也要积极监督其他政府部门认真履职。[②] 其实，检察机关具有双重角色，一方面肩负着国家监督人的职责，另一方面也在监督民政这一“国家监督人”。在未成年人保护中，人民检察院被依法确立为监督机关非常重要，有利于保障未成年人保护工作新机制的有效运行。国家如同未成年人的双亲一样，应当为缺乏管教、缺乏寄托的未成年人谋福利，并应当对他们尽一定的扶助义务。[③] 作为最高的家长，国家有义务去关心未成年人的福利，保护未成年人的权益，矫正未成年人的罪错，而不是强调惩罚犯罪的未成年人。这些国家亲权理论的内容被吸收，并结合我国实际有所充实，并予以法律化，实质上是未成年人利益法化。2020 年修订的

---

① 参见姚建龙：《长大成人：少年司法制度的建构》，中国人民公安大学出版社 2003 年版。

② 参见佟丽华：《未保法突破性规定与未检工作创新发展》，载《检察日报》2020 年 11 月 2 日，第 3 版。

③ 参见甘雨沛、何鹏：《外国刑法学》（上册），北京大学出版社 1984 年版，第 557 页。

《未成年人保护法》要求人民检察院“应当确定专门机构或者指定专门人员，负责办理涉及未成年人案件。办理涉及未成年人案件的人员应当经过专门培训，熟悉未成年人身心特点。专门机构或者专门人员中，应当有女性工作人员”。为此，人民检察院先后成立了未成年人刑事检察机构，在检察人员少的区、县检察院也指定专门人员（检察官）办理涉及未成年人案件和从事相关的工作。

又如，2020年修订的《未成年人保护法》第八条规定，县级以上人民政府应当将未成年人保护工作纳入国民经济和社会发展规划，相关经费纳入本级政府预算。应当建立未成年人保护工作协调机制，统筹、协调、督促和指导有关部门在各自职责范围内做好未成年人保护工作。协调机制具体工作由县级以上人民政府民政部门承担，这意味着应由民政牵头政府保护，发挥好督促和指导的责任。这些是政府的职责，而不是国家的责任。虽然政府、国家机关与国家密切相关，但从含义和职责来讲，不能画等号，对未成年人保护的职能、职责或分工有所不同。这种对国家、国家机关、政府或县级以上政府等的不同表述所体现的职责差异不应忽略。

根据《关于〈中华人民共和国未成年人保护法（修订草案）〉的说明》，密切接触未成年人行业的从业人员性侵害、虐待、暴力伤害未成年人问题时有发生，是着力解决现实存在的突出问题。相关规定放在“充实社会保护”一节，表面上看，似乎与国家责任无关，其实不然，在这一节也规定了国家责任，并未否定、不妨碍国家责任的落实。从2020年修订的《未成年人保护法》第四十二条、第四十四条、第四十六条和第四十八条规定的内容看，既有宣示性的内容，也有鼓励、支持、引导的具体内容，有可操作性，并非都是原则性的规定。

国家作为主体的责任，还体现在家庭保护、网络保护等规定中。在2020年修订的《未成年人保护法》中，共有8处使用“国家鼓励”的表述，表明了国家立场。除国家外，还规定社会、学校、家庭、政府和司法的责任，共同构成了未成年人保护的体系。通过确立保护未成年人的共同责任原则，解决了过去因“责任稀释”存在的问题，凸显出国家责任。

除我国加入的联合国《儿童权利公约》外，还有我国宪法、未成年人保护法、司法解释、司法文件或规范性文件、暂时办法等，以及政策措施，包括少年司法政策，涉及监督机关，这些为人民检察院的双重角色提供了法律依据。以《宪法》和《未成年人保护法》为例。《宪法》是国家的根本大法，第四十九条规定儿童受国家的保护，第四十六条规定国家培养青年、少年、儿童在品德、智力、体质等方面全面发展。还规定有受教育的权利。基于《宪法》的这些规定，2020年修订的《未成年人保护法》第三条第一款明确规定“国家保障未成年人的生存权、发展权、受保护权、参与权等权利”，而且将这种国家责任直接转换为两个专章，即政府保护、司法保护。据此，政府及部门、司法机关都可以在各自职责范围内代表国家开展未成年人保护工作，“形成民政和检察双引擎共同带动的局面”[①]。在检察系统这个引擎中，因法律授权人民检察院对涉及未成年人的诉讼活动等依法进行监督，以及公益诉讼这种“国家责任的新型诉讼实现机制”[②] 和建议，赋予检察系统特殊重要的责任和地位，意味着由检察机关引领司法保护的纵深发展以及检察机关在司法促进未成年人保护社会治理现代化中发挥主导作用，仿佛注入了一种新的功能，使以下的说法从理论变成现实：“司法保护处于未成年人保护的最末端，是不容突破的防线。在少年司法保护中，未检处于少年司法‘脊梁骨’的地位。”[③] 这是人们所期待的。在笔者看来，人民检察院的双重角色是一种理论概括，是2020年修订的《未成年人保护法》所赋予的，也是依宪治国的体现。因为现行《宪法》规定，国家尊重和保障人权。2020年修订的《未成年人保护法》第三条的上述规定，是宪法规定在未成年人保护领域的具体化。通过充实司法保护和政府保护的内容，进一步明确了国家责任，并通过司法化的形式予以实现。

---

① 苑宁宁：《修订后未成年人保护法蕴含的国家责任理论》，载最高人民检察院第九检察厅编：《未成年人检察》（2020年第4辑），中国检察出版社2020年版，第9页。

② 王广聪：《从新修订的未保法理解未成年人公益诉讼》，载最高人民检察院第九检察厅编：《未成年人检察》（2021年第1辑），中国检察出版社2021年版，第7页。

③ 苗红环、张寒玉：《未成年人检察工作的发展——以未成年人权利保护为导向》，载《中国检察官》2019年第13期。

五、双重角色的强化

在实践中，入职查询遇到一些亟待解决的问题，影响了双重角色作用的发挥。如密切接触未成年人的单位未按照规定进行相关违法犯罪信息查询，未执行从业禁止规定，被推而不动、被督导而不行，导致在一些地方还存在盲点，“如在国际学校或培训机构从事教学的外籍人员前科情况无法查询核实、部分培训机构未按规定进行登记备案、入职查询的程序设计尚不完善等，均影响入职查询和从业限制制度的落实”①。一些地方检察院查询与督导不力，甚至至今未开展这项工作。

究其原因是多方面的，如有的查询人员法律意识淡薄，对因何设置入职查询制度背后的法理不明，责任心不强，应依法核对相关资料而未核对、应查询而未查询；有的单位和相关责任主体对入职查询制度的重要性认识不足，理解不到位，一些家庭、社会等对入职查询制度不了解，对未成年人检察机构的职责不清楚，基层检察内设机构和检察人员的素质还不适应入职查询等的迫切需要。按照最高人民检察院的要求，从 2021 年起，未成年人刑事、民事、行政、公益诉讼检察业务统一集中办理工作在全国检察机关稳步全面推开，并确立了“捕、诉、监、防、教”一体化工作模式，形成了涉未成年人刑事、民事、行政、公益诉讼的四大检察工作格局，还明确坚持督导和替代的职能定位，中国特色的未成年人检察制度由此基本形成。不过，未成年人检察部门在所在的人民检察院成了一个“小而全”的机构，甚至被人称为“小检察院”，要求检察官通过“捕、诉、监、防、教”一体化工作模式，办理涉未成年人刑事、民事、行政、公益诉讼四类性质不同的案件，成为“全能的检察官”，由于其担负刑事、民事等过多的职责，要办理其他日常事务，加上有的地方检察院未成年人案件少，因绩效考核，还要办理其他部门的案件，致使这项工作难以有效开展。

---

① 参见吴燕：《贯彻落实未成年人保护法的角色分析》，载最高人民检察院第九检察厅编：《未成年人检察》（2020 年第 4 辑），中国检察出版社 2021 年版，第 107－118 页。

对此，应采取以下措施，切实强化人民检察院的双重角色，使之发挥更好的作用。

（一）明确入职查询中的目的，强化双重角色意识

入职查询中的目的，是双重角色形成的一个前提条件。2020 年修订的《未成年人保护法》第六十二条规定的入职查询制度的目的是什么？在条款中未载明，在《关于〈中华人民共和国未成年人保护法（修订草案）〉的说明》中也未涉及，可以从 2020 年修订的《未成年人保护法》第一条（立法目的）的规定[①]中去寻找。该条规定虽然是制定本法的目的，是对过去相关条文的修改，与入职查询相关，但不是直接目的。根据 2020 年修订的《未成年人保护法》第四条规定的"最有利于未成年人原则"，入职查询制度的目的是最大限度保护未成年人。具体来说，是通过创设制度，预防再犯罪，或预防性侵害未成年人案件的发生，保障未成年人权利。因为《刑法》第三十七条之一（从业禁止）第一款规定，"因利用职业便利实施犯罪，或者实施违背职业要求的特定义务的犯罪被判处刑罚的，人民法院可以根据犯罪情况和预防再犯罪的需要，禁止其自刑罚执行完毕之日或者假释之日起从事相关职业，期限为三年至五年"。这是新增的从业禁止规定，但该制度并非专门针对侵害未成年人犯罪，且从业禁止期限最高只有 5 年，难以实现长期预防的目的。2009 年《教师法》也规定了教师资格制度，但由于一些配套措施不完善，如信息查询制度不健全，导致一些人成为漏网之鱼。[②] 于是，为解决这些问题，2020 年修订的《未成年人保护法》第六十二条、第九十八条和第一百二十六条才逐步形成。

未成年人检察工作面临"迭代升级"，既有 2020 年修订的《未成年人保

---

① 《未成年人保护法》（2020 年修订）第一条规定："为了保护未成年人身心健康，保障未成年人合法权益，促进未成年人德智体美劳全面发展，培养有理想、有道德、有文化、有纪律的社会主义建设者和接班人，培养担当民族复兴大任的时代新人，根据宪法，制定本法。"

② 参见宋英辉：《未成年被害人司法保护》，载最高人民检察院第九检察厅编：《未成年人检察》（2021 年第 4 辑），中国检察出版社 2021 年版，第 32 页。

护法》所带来的机遇，也有所带来的挑战，可谓挑战与机遇并存。[①] 作为未成年人检察工作之一的入职查询也不例外。从某种程度上说，这也是未成年人检察工作的重要着力点。入职查询的范围广、任务重、要求高，在面临“迭代升级”的过程中，人民检察院应坚持人民检察院的宪法定位，强化双重角色意识，抓住难得的发展机遇，充分认识双重角色的重要性，把握入职查询的重点，解决入职查询的盲点和堵点，正确处理与此密切相关的从业禁止、强制报告制度等，使检察机关未成年人司法保护体系的“传动轴”动起来，以期达到预期目的。

（二）健全一体化办案机制，加大落实入职查询的力度

对人民检察院及检察人员来说，在2020年修订的《未成年人保护法》施行后，应执行法律、公正司法，在实践中进行检验、补充和完善，妥当地解决纠纷，而不是批判法律，动辄就提出建议修改法条。修法是一个严肃的、漫长的过程。性侵害等针对未成年人实施的犯罪重犯率高、与未成年人密切接触的人员作案比例高，随着社会的发展，还会出现新的作案手段。2020年修订的《未成年人保护法》规定入职查询制度和禁止从业制度等，实质上是建立了再犯预防制度，阻断侵害未成年人，或者说在从业上取消这些违法犯罪分子接触未成年人的机会，从源头上预防性侵害。为此，要健全一体化办案机制。与过去比较侧重业务一体化相比，新时代的检察一体化呈现新的特点，它是政治建设指引下，体现分工协同的一体化。在此情形下，未成年人检察既要各司其职，也要融合履职。要严格落实最高人民检察院《人民检察院内部移送法律监督线索工作规定》，完善案件线索统一管理、监督办案一体推进、人员力量依法调用的办案模式，健全上下级检察院依法接续监督机制，克服检察权或检察人员部门化、个人化的倾向或问题。要重视刑事检察与公益诉讼转换衔接，充分发挥未成年人刑事检察融合式监督模式。主动加强与

① 参见何挺：《未保法修订：未检工作面临“迭代升级”》，载《检察日报》2020年11月11日，第3版。

公安机关的沟通协作，规范从业限制违法犯罪信息查询程序，探索更为便捷的查询方式，保障未成年人的合法权益。特别是要依法能动履职，坚持在监督办案中落实一体化，加大落实入职查询的力度，让每一名未成年人免受伤害，进一步落实"一号检察建议"。

（三）加强统筹、协作和监督，开展诉源治理

在未成年人保护中，人民检察院被依法明确为监督机关，并通过一些司法文件或规范性文件细化，因此，要加强人民检察院在入职查询中的牵头、联合或统筹作用，加强与公安、教育部门的协作、配合和监督，克服推而不动、督导不力的问题。对于发现有关单位未尽到未成年人教育、管理、救助、看护等保护职责的，人民检察院应当向该单位提出检察建议。检察建议是检察机关融入国家治理、推动系统治理、源头治理的重要手段。通过制发检察建议，特别是社会治理检察建议，开展诉源治理，能够促进社会长治久安，推进更高水平的平安中国建设。"检察建议不能一发了之"①，要进行质效评估，标本兼治，促推"六大保护"协同发力，有效地落实法治建设既要抓末端、治已病，更要抓前端、治未病。从注重围绕"人"开展犯罪预防，向更加积极发挥职能，促进社会理论创新推进，把个案的"点"扩展到治理的"面"，推动从源头上做好未成年人保护工作。② 要按照最高人民检察院的要求，在监督办案的过程中，针对典型个案、类案发生的原因，自觉融入国家治理，通过制发社会治理检察建议等，促进源头治理，实现治罪与治理并重，促进预防犯罪。此外，要充分发挥参与、跟进和融入式法律监督的特点和优势，在风险社会的背景下，在推进国家治理体系和治理能力现代化的过程中，通过双重角色的实践路径，努力形成未成年人保护的社会治理新模式。

---

① 邱春燕：《以习近平法治思想为指引　融合推进政治建设司法改革理论研究》，载《检察日报》2022 年 7 月 13 日，第 1 版。

② 参见那艳芳：《更加自觉将检察司法保护融入"五大保护"，努力推动新时代未成年人检察工作高质量发展》，载最高人民检察院第九检察厅编：《未成年人检察》（2021 年第 4 辑），中国检察出版社 2021 年版，第 36 页。

（四）深化大数据运用，增强入职查询的有效性

随着科技的发展，探索运用大数据越来越普遍。深化大数据运用是一个理论问题，也是且主要是实践问题，是如何使用的方法问题。“深化运用大数据，既是新时代法律监督质效飞跃的关键变量，也是当前促进检察权规范运行、助推执法司法权力运行机制建设的创新、深化之举。”在数字检察、检察大数据战略引领下，应在入职查询中深化大数据运用。要充分运用现有的一些平台，包括公安机关的专门信息平台，如公安大数据综合应用服务平台，继续进行入职查询。同时，探索运用大数据，对入职查询的执法活动和解聘等进行监督，做到在检察监督中用好大数据；在推进跨部门、各层级政法网络办案平台建设中实现执法司法数据安全、实时共享或融通共用；不断推出、规范用好典型案例或指导性案例，真正做到以大数据助力智慧监督。一些地方如浙江杭州、江苏等地，在大数据运用方面积极探索，积累了一些经验，要以资借鉴，积极推广，以增强入职查询的有效性。

少年强则国强。少年儿童是民族的希望，是祖国的未来，也是执政的基础，事关中国梦的实现。习近平总书记指出，“不管是什么情况，不论是什么天灾人祸，一定不要让下一代受到伤害，这是我们的责任”①。党的十八大以来，习近平总书记高度重视未成年人健康成长，多次阐述了为什么要加强未成年人保护和如何加强未成年人保护，为包括入职查询在内的未成年人检察工作指明了方向，提供了根本遵循。我们要学习贯彻习近平总书记关于依法保护少年儿童权益的重要指示精神，以习近平法治思想为指引，以人为本，了解、尊重、关心和服务少年儿童，依法保护未成年人权益，继续坚持打击、预防和教育等，乘势而为，落实双重责任。

入职查询只有进行时，没有完成时。在未成年人保护体系中，人民检察

---

① 参见苗红环、张寒玉：《未成年人检察工作的发展——以未成年人权利保护为导向》，载《中国检察官》2019 年第 13 期。

院居于重要位置，担负起更重的法律监督责任。要在“长级换档”中，强化双重角色意识，充分发挥双重角色的作用，推进未成年人双向全面综合司法保护，以落实最有利于未成年人保护原则，共护祖国未来。

《预防未成年人犯罪法》视角下未成年人保护处分制度完善研究*

蒋琴琴** 全 亮*** 李 嘉****

摘 要 保护处分融合了保安处分的预防理念与国家亲权理论，契合我国对未成年人“宽容但不纵容”的刑事政策。保护处分托生于保安处分，但其又是对保安处分的超越，二者具有“血肉”联系，体现出“福利”与“预防”的深层关系。我国保护处分体系尚未系统构建，以惩罚为主的处遇措施在实践中对保护处分制度的运用产生冲击。目前我国保护处分制度存在措施适用混乱、措施层次不足、权利保障不够的问题，因此首先要确立最大优先适用保护的原则，然后细化措施层次，并加强司法干预。

关键词 保护处分 未成年人处遇 专门教育 《预防未成年人犯罪法》

* 基金项目：2020年四川省高校人文社科重点研究基地“社区矫正研究中心”一般项目《司法社会工作介入社区矫正问题研究》（项目编号：SQJZ2020－03）和2020年成都市社会组织发展专项基金课题研究类项目《成都市社区矫正社会工作服务实证研究》（项目编号：1－2－162）。

** 蒋琴琴，四川省简阳市人民检察院副检察长。

*** 全亮，四川师范大学法学院教授，四川师范大学少年司法研究与服务中心常务副主任。

**** 李嘉，四川师范大学法学院硕士研究生，四川师范大学少年司法研究与服务中心助理研究员。

引 言

随着未成年人恶性伤人事件的频频曝光，要求严惩罪错未成年人的呼声越来越高，铺天盖地的声讨根源于法律制度对触法未成年人采取“一放了之”的处理方式，这与人们的朴素正义感相违背，使人们误解为法律对未成年人的纵容，进而对法律的正义性产生疑问，从而不利于社会秩序的稳定。《刑法修正案（十一）》有条件地降低了刑事责任年龄起点，回应了近年来因未成年人恶性伤人事件所引发的社会舆论，以抚平公众情绪，保障社会秩序，体现出浓厚的社会防卫理念，但效果未必尽如人意。根据最高人民检察院 2022 年 6 月 1 日发布的《未成年人检察工作白皮书（2021）》中公布的相关数据，2021 年受理审查逮捕、受理审查起诉人数较 2017 年分别上升 30.6%、24.2%，未成年人犯罪数量出现反弹。出于社会防卫的目的，降低刑事责任年龄忽略了未成年人利益，刑事责任年龄的下调意味着刑法适用范围的扩大，未成年人利益受损，这暴露出我国未成年人司法制度在“社会防卫”与“儿童福利”方面的深层次矛盾，如何实现“儿童福利”与“社会防卫”的平衡，是未成年人司法改革的重要任务。保护处分融合了保安处分的预防理念与国家亲权理论，契合我国对未成年人“宽容但不纵容”的刑事政策，为未成年人司法改革打开了新的局面。2020 年修订的《预防未成年人犯罪法》第六条第一款明确规定“专门教育是……重要保护处分措施”，这标志着保护处分正式成为国家法律术语，修法背景下如何完善未成年人保护处分制度，成为平衡“儿童福利”与“社会防卫”的重要课题，关系社会和谐稳定和国家法治进步。本文拟以保护处分制度为研究对象，在“福利”与“防卫”的理论基础之上，探析目前我国未成年人保护处分制度存在的问题与完善的措施。

一、未成年人保护处分制度基本逻辑

（一）基本概念：保护处分的定义与适用对象

保护处分是指未成年人司法机关依据相关未成年人刑事司法法律，以保护违法犯罪未成年人的福祉为主要目的，对其作出的强制性教育矫正措施。[①]保护处分与刑罚有着各自的独立价值，保护处分在违法犯罪未成年人处置措施体系中与刑罚并列，但优先于刑罚适用，是刑罚的替代措施。

虽然保护处分是刑罚的替代措施，但保护处分针对的对象却不仅仅局限于犯罪未成年人[②]，还包括具有严重不良行为的未成年人以及将来可能违法犯罪的未成年人（具有不良行为的未成年人）。保护处分制度适用对象无处不在地体现着“社会防卫”与“儿童福利”的平衡智慧。

第一，保护处分制度适用于具有不良行为的未成年人。不良行为可称为虞犯行为，符合虞犯的特点，应当适用保护处分。[③] 一方面，不良行为是不利于未成年人身心健康成长的行为，如旷课、逃学、离家出走等行为，此种行为是违法犯罪的潜在导火索，有干预的必要性，出于“社会防卫”的目的，用保护处分制度规制不良行为，将犯罪的苗头扼杀于摇篮。另一方面，国家亲权理论作为保护处分的核心理论，就是“国家强迫一个人促进自我利益或阻止他自我伤害”，最大限度地保障“儿童福利”。[④]因此将不良行为包含在保护处分适用对象之中具有必要性与合理性，但在此基础上，我们也要正视过度干预以及标签效应，这就要求构建多层次多种类的保护处分制度。

第二，保护处分是替代刑罚的处分措施，适用于犯罪未成年人是题中应有之义。但“少年触犯重大案件，造成社会与个人莫大损害，此时犹施以保护处分，则难期教育功能之发挥，即保护处分亦有极限之时。且由少年行为反社会性之重大，犹施以保护处分，则对社会正义信念，与被害者立场，显失其平衡”[⑤]。为平衡“社会防卫”与“少年福利”，日本通过分流，将未成年人犯罪案件交家庭裁判所审判，审判后认为适合判处保护处分的则适用保护处分，认为其具有刑事处分的必要则逆送至检察院（因故意犯罪行为导致

---

① 参见盛长富、郝正天：《论保护处分及对我国的借鉴》，载《法律适用》2015 年第 4 期。

② 触法未成年人是指触犯刑法但因未达刑事责任年龄而不予处罚的未成年人。

③ 参见姚建龙：《未成年人罪错“四分说”的考量与立场——兼评新修订〈预防未成年人犯罪法〉》，载《内蒙古社会科学》2021 年第 2 期。

④ 参见安琪：《我国未成年人分级处遇机制的评述及完善审思》，载《青年探索》2021 年第 5 期。

⑤ 林清祥：《少年事件处理法研究》，台北，五南图书出版公司 1987 年版，第 139 页。

被害者死亡的必须逆送），由检察院提起公判审理程序，法院经审理后最高可判无期徒刑。[①] 此种模式符合我国“宽容但不纵容”的未成年人处遇理念，对犯恶性伤人事件且主观恶性较大的犯罪未成年人适用刑罚，在综合考虑动机、犯罪形态及性格、家庭环境等因素后，能适用保护处分的尽量适用保护处分，此举有利于达到“儿童福利”与“社会防卫”的平衡。

（二）理论基础：保安处分

谈及保护处分，保安处分是不能绕开的话题，“保安”即保护社会安全，保安处分是指以特别预防为目的而设立的刑罚以外的刑法上的法律效果。[②] 保安处分强调“社会防卫”，早期因人文主义尚未形成，人的价值与尊严受到漠视，保安处分显现出人性关怀不足的特点，社会责任论的提出者李斯特认为“凡是实施了危害社会行为的人，无论其年龄、精神状态如何，均应予以社会非难，并基于必要的防卫社会的处分……只是处分的方法不是刑罚，而是保安处分”[③]。李斯特注重人的社会性，体现出对社会利益的重视，但弊端也就此显现，即忽视了人的人体个性以及个人权利保护，因此，保安处分是否适合时代发展下的“儿童利益最大化”理念的需要，值得我们思考。

在刑法理论的不断发展之下，保安处分理论基础不断壮大，德国、瑞士、意大利都对保安处分有了明确的规定，[④] 主要包括监护处分（如强制医疗）、禁绝处分（如强制戒毒）、强制工作处分（对于游荡成习、懒惰成习而犯罪的人，将其收容于特定劳动场所，强制其工作）。我国设定的消除人身危险性的强制戒毒措施、强制医疗措施具有保安处分性质，未成年人收容教养制度在我国未成年人处遇中也留下了浓墨重彩的一笔，其肩负着与保安处分相似的

---

① 参见刘建利：《日本少年司法制度及其对我国的启示》，载《青少年犯罪问题》2013 年第 2 期。

② 参见马克昌：《比较刑法原理》，武汉大学出版社 2002 年版，第 957 页。

③ 参见马克昌主编、莫洪宪副主编：《近代西方刑法学说史》，中国人民公安大学出版社 2016 年版，第 280 页。

④ 参见马克昌：《比较刑法原理：外国刑法学总论》，武汉大学出版社 2002 年版，第 959 页。

抑制、消除社会危险、保护公众安全的内在追求。[①] 因此，收容教养制度具有保安处分的性质也当无异议，但在未成年人保护的特殊场域之下，以“社会防卫”为首要目的的保安处分必然不能够契合“儿童利益最大化”的时代要求。在此，保护处分显示出了制度的优越性，其在超越刑罚的基础之上，又与“社会防卫”相联系，构建起专属于未成年人的改善型处分。

（三）内在联系：保护处分与保安处分的“血肉”关系

保安处分与保护处分虽然仅一字之差，但实际上存在较大的差异，保安处分重在保护社会安全，是从预防犯罪角度出发，而保护处分是站在未成年人的角度，强调为未成年人谋求福祉，体现儿童利益最大化原则；保安处分的适用要求行为人侵害了社会法益，而保护处分的适用只要未成年人有将来违法犯罪的可能性即可，比如对具有不良行为的虞犯少年即可适用保护处分；[②] 保安处分是对刑罚的补充措施，而保护处分强调跳跃出刑罚的框架——承担刑事责任的方式不再局限于刑罚，其构建的是替代刑罚的体系，因此保护处分是一种专属于未成年人的改善型处分。

尽管存在差异，但二者也存在深厚的“血肉”联系。持折中论的学者认为虽然保护处分与保安处分有较大的不同，但保护处分中也蕴藏着“保安”的性质，如马克昌教授承认保护处分具有一事不再理的效力，是刑罚的替代措施（与保安处分的性质有所不同，体现对未成年人的福利保护），但保护处分中对虞犯少年的处理也具有防卫的意义（体现社会防卫思想），因此保护处分同时具有福利与保安的性质。[③]

笔者认为，折中主义具有合理性，首先必须承认保护处分与保安处分在

---

① 参见唐稷尧：《论我国收容教养制度的定位及适用条件——以〈中华人民共和国预防未成年人犯罪法〉修订为背景》，载《中国青年社会科学》2020 年第 4 期。

② 根据日本《少年法》第三条第一款的规定，虞犯是指“有以下情形的，根据其性格及其环境，将来有可能犯罪以及触犯刑罚法令的行为的少年：1. 具有不服从保护人的正当监护之恶习的；2. 没有正当理由不靠近家庭的；3. 与有犯罪性的人或不道德的人进行交往，或出入可疑场所的；4. 具有伤害自己及他人品行行为之恶习的”。

③ 参见马克昌：《比较刑法原理：外国刑法学总论》，武汉大学出版社 2002 年版，第 966 页。

目的、性质等方面存在不同，但在众多差异中仍旧具有共性：保护处分虽然重在儿童利益，但保护处分中对虞犯少年的干预、替代刑罚却不排斥刑罚的性质，也具有社会防卫的目的。我国台湾地区将虞犯少年纳入保护处分的适用对象，[①] 也体现出保护处分对刑罚的超越，即打破刑法"无罪不刑"的逻辑关系，保护处分脱胎于保安处分，在此基础之上，保护处分完成了对刑罚的二次超越，也完成了对保安处分的超越，因此保护处分也连带着保安处分的"血肉"，二者不能被完全割裂开，"福利"与"预防"结合的理论基础也将贯穿于后续的制度建设之中。

二、我国未成年人保护处分制度的现状

保护处分是专属于未成年人的一种非刑罚化的处遇措施，"处遇"是 treatment 的音译，有处理、对待之意。从未成年人处遇的发展历史来看，未成年人处遇经历了从与成年人相同的一般刑罚到以"儿童利益最大化"为基本理念的保护处分的过程，[②] 与"强盛"的惩罚性刑事制裁、行政制裁体系相比，我国未成年人保护处分制度尚不成体系，在"内忧外患"境况下，我国保护处分的制度构建任重而道远。

（一）内忧：体系的缺失

保护处分作为非刑罚处遇措施，已在瑞典、意大利、日本等多个国家适用。我国保护处分被官方正式提出是在 2018 年，最高人民检察院在《2018—2022 年检察改革工作规划》中提到"探索建立罪错未成年人……保护处分制度"；2020 年修订的《预防未成年人犯罪法》第六条第一款的规定才标志着保护处分正式成为国家法律术语。[③]

---

① 参见王志胜、林志强：《我国台湾地区未成年人保护法律制度述评》，载《青少年犯罪问题》2005 年第 6 期。

② 参见赵俊、方芳：《非刑罚少年处遇比较论》，载《南昌大学学报（人文社会科学版）》2020 年第 2 期。

③ 参见姚建龙：《未成年人罪错"四分说"的考量与立场——兼评新修订〈预防未成年人犯罪法〉》，载《内蒙古社会科学》2021 年第 3 期。

虽然近年来我国保护处分立法具有重大进步，《预防未成年人犯罪法》第四十一条规定了参加社会服务、接受社会观护、接受专门矫治教育等措施，《刑法》第十七条规定的专门矫治教育与《预防未成年人犯罪法》第四十五条达成一致表述，[①] 但保护处分制度体系尚未构建，表现为未成年人保护处分制度散见于《刑法》《预防未成年人犯罪法》之中，这与我国尚未形成独立的少年司法体系具有密切的关系。

不成体系的制度编排，导致了一系列“并发症”：从整体来看，规则与规则之间的接合错位，比如，在《预防未成年人犯罪法》中，启动专门矫治教育的主体并不包括法院，换言之，法院依法适用《刑法》第十七条规定处理未成年人案件后，并不能决定对其适用专门矫治教育；从运行程序来看，与成年人完善的刑事制裁程序不同，保护处分制度没有与《刑事诉讼法》相对应的保护处分调查、审理、执行程序，程序作为制度运行的重中之重，独立程序的缺失造成保护处分制度的运行的障碍，也对未成年人权利保障造成不良影响；从具体条文来看，《刑法》第十七条第五款规定，因不满16周岁不予刑事处罚的，责令其父母或者其他监护人加以管教，在必要的时候，依法进行专门矫治教育，但法律没有对“必要的时候”作出解释规定，什么时候为必要，什么时候该适用，体系缺失引发的规则漏洞成为理论运用于实践的阻碍。[②]

（二）外患：惩罚性处遇措施的冲击

“教育、保护”是保护处分的核心内涵，探讨现代未成年人法治体系构建问题必然要以“宜教不宜罚”的观念作为逻辑起点，虽然我国一直秉持“教育为主、惩罚为辅”的理念，[③] 但目前我国未成年人处遇措施仍旧面临着一个重大的问题——处遇措施总体上来说没有脱离“罚”的范畴。通过对我国未成年人处遇措施的梳理（见表1）可知，我国现有的未成年人处遇措施基本

① 参见侯艳芳：《未成年人保护处分制度的反思与改进》，载《法学论坛》2022年第4期。

② 参见李泊毅：《专门矫治教育的基本权干预性质及规则完善》，载《预防青少年犯罪研究》2021年第5期。

③ 参见刘双阳：《未成年人司法处遇的理念嬗变与机能更新》，载《预防青少年犯罪研究》2019年第4期。

上可以分为五大类，其中刑事性矫治措施和行政性治安处罚都是在成年人的处罚的基础上做减法，罪或无罪，罪重或罪轻，都具有“罚”的性质。

表 1　我国现行未成年人处遇措施梳理

类别	措施	对象	依据	主体
刑事处罚	管制、拘役、有期徒刑、无期徒刑、罚金、剥夺政治权利、没收财产	已满 12 周岁（包括相对刑事责任年龄），构成犯罪的	《刑法》第十七条、第四十九条（死刑的适用对象）	公安 监狱 法院
	附条件不起诉的考察、非监禁的矫治		《刑事诉讼法》第二百八十三条	检察院
治安行政处罚	警告、罚款、行政拘留	已满 14 周岁，构成违反治安管理行为的	《治安管理处罚法》第十条、第十二条、第二十一条	公安
矫治教育措施	予以训诫	有严重不良行为的	《预防未成年人犯罪法》第四十一条	公安
	责令赔礼道歉、赔偿损失			
	责令具结悔过			
	责令定期报告活动情况			
	责令遵守特定行为规范			
	责令接受心理辅导、行为矫治			
	责令参加社会服务活动			
	责令接受社会观护			
专门教育体系	专门教育		《预防未成年人犯罪法》第四十三条、第四十四条	父母或监护人申请，由教育行政部门决定；教育行政部门会同公安机关共同决定
	专门矫治教育	未成年人实施刑法规定的行为、因不满法定刑事责任年龄不予刑事处罚的	《刑法》第十七条、《预防未成年人犯罪法》第四十五条	经专门教育指导委员会评估同意，教育行政部门会同公安机关可以决定对其进行专门矫治教育

续表

类别	措施	对象	依据	主体
其他	责令严加管教	因不满16周岁不予刑事处罚的；不满14周岁的人违反治安管理的；未成年人有严重不良行为的	《刑法》第十七条、《治安管理处罚法》第十二条、《预防未成年人犯罪法》第四十条	父母、监护人

从表1可以看到，《刑法》规定的未成年人的刑事处罚种类与成年人并无不同，同样适用管制、拘役、有期徒刑、无期徒刑等刑罚措施，只是在性质上，未成年人应当在成年人的基础上从轻或减轻。《治安管理处罚法》以14周岁作为是否予以行政处罚的年龄界限，对已满14周岁不满16周岁的未成年人可以适用警告、罚款，对已满16周岁不满18周岁多次违反治安管理的未成年人依旧可适用行政拘留。

这样的结果是，刑事制裁与行政性处罚对保护处分的实际运用带来了冲击。究其原因在于我国未成年人保护处分体系尚未构建、内部制度存在缺陷，所以即使立法规定了保护处分性质的制度，但实践运用也较少，而真正作为未成年人处遇措施的主要是《刑法》与《治安管理处罚法》中的相关规定。本质上这是我国缺乏独立的少年法体系、对未成年人的处遇采取按照成年人标准打折的“小成人法”模式的表现。但无论如何，从“以罚为主”的处遇措施逐渐转化为保护处分措施，从“罚主教辅”逐步转向“教罚”平衡，再到真正做到“教育为主”，走向以教代刑是我国保护处分制度构建必须解决的问题。精密且已被熟练运用的“惩罚”制度惯习之下，我国构建保护处分制度必须要在理念的转变、程序的正义以及制度与制度之间的衔接等方面有更高站位的认识。

三、我国未成年人保护处分制度的问题

（一）保护优先原则未确定——措施适用混乱

保护优先即保护处分优先，是保护处分制度的首要原则，保护处分到底优先于什么，这是贯彻该原则需要解决的首要问题。在对“保护处分优先原则”的探讨中，形成了两种观点：“完全优先”与“最大优先”。二元论者所持的“完全优先”是指保护处分完全优先于刑罚和治安处罚的适用，追求“完全替代”的效果；姚建龙教授所持的“最大优先”是指“并不排除个别情形下刑罚的适用”，“对未成年人治安管理处罚条款则完全适用保护处分措施”①。

根据现行《预防未成年人犯罪法》的规定，我国既没有达到“完全替代”的效果，也没有明确“最大优先适用保护处分”，因此《预防未成年人犯罪法》与《治安管理处罚法》产生竞合时，会导致措施适用的混乱。2020 年修订的《预防未成年人犯罪法》第三十八条将“严重不良行为”分为两类：一类是触法行为，这类行为已经具有了客观阶层的刑事违法性，但可因主观阶层中责任年龄这一阻却事由而不负刑事责任；另一类是“严重危害社会的行为”，法条明确列举了 8 种。但这 8 种行为与《治安管理处罚法》部分规定竞合，即被列举的寻衅滋事、携带管制器具、殴打辱骂恐吓他人、盗窃哄抢、传播淫秽物品、卖淫嫖娼、吸食注射毒品、参与赌博赌资较大的 8 种严重危害社会的行为都能分别与《治安管理处罚法》第二十六条、第三十二条、第四十三条、第四十九条、第六十六条、第六十八条、第七十条、第七十二条对应。

对于严重不良行为，《预防未成年人犯罪法》规定适用矫治教育措施，此类措施虽属于保护处分措施，但与《治安管理处罚法》相竞合；保护处分优先原则又未确定，导致实践中存在对未成年人违法行为的处置是单独适用

---

① 姚建龙、丁明洋、毕琳等：《未成年人罪错行为保护处分处置制度构建探究——以南浔未检的实践探索为基础》，载《青少年犯罪问题》2021 年第 3 期。

《预防未成年人犯罪法》的专门教育等保护处分，还是单独适用《治安管理处罚法》，或是二者并用的困惑。[①] 结果，往往惯例是对具有违法行为的未成年人采取“一罚了之”的处置措施，即直接适用《治安管理处罚法》，而《预防未成年人犯罪法》被束之高阁，失去了“教育、保护”的作用。

（二）处分相称原则未落实——措施层次不足

处分相称是指有针对性地就罪错原因作出相称的保护处分，同时强调保护限度与社会防卫的相称。[②] 这就要求“保护处分的种类宜多样以供少年法官作出最佳的选择”[③]，以符合不同类型罪错少年健康成长的需要和福祉的需要。与成人从管制到死刑的主刑结合罚金、剥夺政治权利、没收财产等附加刑的刑罚体系不同，目前我国未成年人处遇的层次和数量都没有如此丰富，且存在措施与措施之间衔接断层的现象。

第一，《预防未成年人犯罪法》第四十一条明确具体地规定了 8 种矫治教育措施，在教育强度上虽然呈现出一定的层次感、阶梯性，但矫治教育措施针对的是严重不良行为（包括违警行为以及触法行为），仅 8 种矫治教育措施略显单薄，虽然具有层次感，但层次不够丰富，可选择的处遇措施种类不多。第二，矫治教育、专门教育与专门矫治教育呈现出处置程度加深、教育性增强的特点，但这三类措施都不是刑罚的替代措施，它们针对的对象不包含达到刑事责任年龄具有犯罪行为的未成年人，对此类未成年人刑罚替代措施的断层消弭了保护处分“以教代罚”的重要意义。

目前我国保护处分制度还未能很好地体现处分相称原则，主要表现为上述处分措施层次不足，这将带来两个问题：从数量上来说，这会导致对不同主观恶性、不同危害后果的未成年人大量适用同一类矫治教育措施，造成处遇不相称的后果，不利于公平正义的实现；从质量上来说，上述 8 种矫治教

---

① 参见姚建龙：《未成年人违警行为的提出与立法辨证》，载《中国法学》2022 年第 3 期。

② 参见姚建龙、丁明洋、毕琳等：《未成年人罪错行为保护处分处置制度构建探究——以南浔未检的实践探索为基础》，载《青少年犯罪问题》2021 年第 3 期。

③ 姚建龙：《犯罪后的第三种法律后果：保护处分》，载《法学论坛》2006 年第 1 期。

育措施中存在大量“软性措施”（训诫、赔礼道歉、赔偿损失、具结悔过等），并未达到保护处分的教育要求，如“训诫”伴随着复发率较高的问题。浮于表面的威慑可能会使罪错未成年人当时变“乖”，但俗话说“十年树木，百年树人”，教育的实效性必须要经过时间的打磨以及深度的干预才能显现。一次执行的训诫干预强度低，接受这类措施的未成年人很有可能重操旧业，[①]不利于“社会防卫”的实现，更不利于与“儿童福利”的落实。

（三）正当程序原则未贯彻——权利保障不够

早期的未成年人司法以弹性灵活的“非程序限制”来谋求“儿童福利”，但“超越正当法律程序限制”带来的随意性与扩张的自由裁量权逐渐消解了“儿童福利”的初衷。“中国对于具有严重不良行为少年的刑事政策是‘教育、感化、挽救’——也具有保护主义的特点，但是在缺乏正当法律程序保障下，这一看上去很美的刑事政策与少年所受到的实际处遇之间的落差同样是巨大的。”[②] 因此，只有在正当程序的保障之下，才能真正落实未成年人合法权益的保护。

专门教育体系作为我国保护处分制度的代表，其具有复杂性与处分性的特点，所以程序正当显得尤为重要。第一，专门教育和专门矫治教育都能针对因不满法定刑事责任年龄不予刑事处罚的行为即触法行为，此类行为是已经触犯了《刑法》的犯罪行为，通常案情复杂、证据繁多、社会影响较大。第二，将未成年人送专门学校接受专门教育（或专门矫治教育）是针对严重违反规范的行为作出的国家反应，用以将罪错未成年人从原有的社会环境中隔离、阻断其不良的社会交往，体现的是对未成年人罪错行为的否定性评价。[③] “学校化”伴随的拘禁生活方式会对未成年人造成基本权利的限制，

---

① 参见徐剑锋、崔倩如：《未成年人保护处分的基层实践研究》，载《法治研究》2021 年第 5 期。

② 姚建龙：《美国少年司法变迁中的正当法律程序改革及其借鉴》，载《求是学刊》2009 年第 3 期。

③ 参见吴静：《制度与出路：专门矫治教育制度的困境与重构》，载《重庆社会科学》2021 年第 8 期。

《预防未成年人犯罪法》第四十六条规定“每个学期适时”评估才能转回普通学校，意味着评估时间不定，未成年人有可能长时间被隔离在专门学校，自由受到限制。

在专门教育体系复杂性与处分性的特性下，正当程序是保障未成年人福利的重要手段。然而，无论是专门教育还是专门矫治教育，其决定程序都具有行政性，虽然增加了教育学专家、心理学专家、未成年人社会工作者专业人员进行评估的程序，但是最终的决定权还是集中行政部门手中，[①] 以行政程序规制涉罪案件，无法保障程序的正义。即使《预防未成年人犯罪法》第四十九条规定了行政复议和行政诉讼的救济程序，可是仅以行政决定程序适用专门教育体系，以行政诉讼或复议程序进行权利救济，也无法保障未成年人程序参与的权利（如发表意见的权利、获得法律帮助的权利），[②] 并且行政性程序对于触法未成年人来说无法体现专门教育体系的严肃性，会招致受害者及其家属的不理解，无法修复社会关系。

四、我国未成年人保护处分制度的完善

（一）理念确立：最大优先适用保护处分

立足于儿童利益最大化原则以及国家亲权理论，未成年人处遇中应蕴含保护主义理念被广泛接受，保护处分是保护主义理念的具体体现，应成为未成年人处遇的必然选择，那何谈“优先”？优先于谁？为何优先？如何优先？

保护主义优先原则探讨的是保护处分制度与刑罚、治安管理处罚的关系，在此基础上，保护处分优先分为“完全优先”与“最大优先”，两种观点都认为保护处分绝对优先于治安处罚适用，不同在于，“最大优先”认为可保留个别情形下的刑罚适用，而“完全优先”认为保护处分也绝对优先于刑罚适用。在二者的选择上，“最大优先保护”具有一定的合理性：第一，就目前的

① 参见陈伟、邬雨岑：《未成年人专门教育制度的更新与完善》，载《青少年犯罪问题》2020 年第 1 期。

② 参见吕晓刚：《涉罪未成年人专门教育程序法治化研究》，载《青少年学刊》2022 年第 3 期。

社会接受程度来看，如果认为保护处分优先是“完全适用”的优先，保护处分会被误解为国家对罪错未成年人的轻纵，不利于修复社会关系，无法达到“社会防卫”与“儿童福利”平衡的效果；第二，诚然未成年人处遇的逻辑底色是教育与保护，但制裁在提示未成年人行为界限、规范要求方面具有不容舍弃的地位，正是因为制裁选项的存在，才使制裁之外的（家庭、学校、社区等）教育措施的有效性得以强化和被支持，只有制裁背后隐藏着的潜在强制性才可能让未成年人及其家长去追问替代性矫治方案的可能性，[①] 因此不能完全排斥制裁，而是要寻找制裁与保护的平衡点。

总体来说，应当做到在保障教育效果的前提下，优先选择不接触公安司法机关的措施；在公安司法机关决定的措施中，优先选择不产生处罚记录的措施；非限制人身自由的措施要优先于限制人身自由的措施等。[②] 从处置类型来看，《预防未成年人犯罪法》是《治安管理处罚法》的特别法，其中有专门针对未成年人违法行为所作的特殊规定，特别法优于一般法，具有保护处分性质的矫治教育措施应优先于行政性治安处罚。从域外司法的经验来看，教育保护制度在适用的顺序上具有优先性，德国少年司法制度处置措施包括教育处分、惩戒措施、少年刑罚，少年法院必须依顺序适用，并且教育处分和惩戒措施可以依据未成年人表现情况灵活改变，可由重到轻、由轻到重，以此最大限度地达到教育效果。[③]

（二）分层施治：细化措施种类

要推进保护处分真正成为处理罪错未成年人案件的有效措施，就应当使某些措施达到接受某种刑罚所应达到的教育强度，达到替代刑罚的教育效果，虽然与刑罚的内容、性质不同，但也要与刑罚有效衔接，即达到处遇相称，否则会因为衔接的不当使保护处分不能被真正运用到实践之中，造成制度的

---

① 参见程捷：《论未成年人犯罪预防中的教育性制裁——以〈预防未成年人犯罪法（修订草案）〉为参照》，载《中国青年社会科学》2020年第5期。

② 参见程捷：《论未成年人犯罪预防中的教育性制裁——以〈预防未成年人犯罪法（修订草案）〉为参照》，载《中国青年社会科学》2020年第5期。

③ 参见余长江：《未成年人刑事司法分流制度完善研究》，辽宁大学2022年硕士学位论文。

架空，同时因罪责不相称会放纵未成年人再犯的“投机心理”，也不利于修复受伤的社会关系。这就要求保护处分制度应当具有层次性，应当根据未成年人罪错情况与个人情况，设计足够多样的处遇措施以供选择，且各个措施之间应当具有阶梯层次；同时无论是最轻缓的措施还是最严格的措施都必须具有实效性。①

保护观察类措施在各国的未成年人处遇上发挥着重要作用，其内涵丰富，为完善我国未成年人保护处分措施、细化措施层次提供解决方案。纵观各国，保护处分中的保护观察类措施因其措施的多样性，是最为常用的未成年人处遇措施：美国的观护措施由观护官监督并辅导未成年人完成，从履行经济赔偿、接受门诊心理治疗再到进行区服务（社区劳动），形成了一套层次分明的观护体系。日本保护处分分为三类：保护观察、移送儿童自立支援机构或儿童养护机构、少年院，保护观察制度执行主体与执行时间规定较为完善，保护观察由保护观察官执行，保护观察官属于国家公务员，由具备心理学、教育学等知识的专业人士担任，辅导未成年人适应社会改过自新，期限一般到成年为止，也可视情况延长。②

观护措施作为羁押和刑罚的替代，在保护处分体系构建中具有重要地位，完善观护措施对保护处分体系构建具有重要意义。要在建章立制的框架体系下，设置多类型、多层次的观护措施：（1）假日生活辅导，在节假日期间开展品德教育、劳动培训；（2）保护管束措施，根据未成年人习性，制定个别化管束措施，要求不得进入一定场所或不得作出一定行为等；（3）安置辅导，注入社会组织力量与民间志愿者力量，将未成年人安置于具有观护能力的企

---

① 在现有制度框架下，不少地方司法机关已经在尝试分层分类施策。如四川省简阳市人民检察院依据《预防未成年人犯罪法》的规定，监督并协助公安机关落实矫治教育措施。对未成年人涉及的一般寻衅滋事、打架闹事、故意伤害等暴力治安违法进行梳理统计，建立工作台账，分析违法原因、主观恶性、可矫治性等因素，将违法未成年人分为特别矫治（心理问题＋暴力倾向）、重点矫治（暴力倾向）和普通矫治（对社会直接影响相对较小）三类，通过“警官＋检察官＋N（学校、民政、团委、心理咨询）”有针对性地分类施策。

② 参见王顺安、王妍蓓：《少年司法处遇种类比较分析》，载《预防青少年犯罪研究》2018 年第 3 期。

业或社会公益组织，推动罪错未成年人复归社会。①

（三）权利保障：进行司法干预

由于专门教育体系具有复杂性与处分性，适用专门教育体系对罪错未成年人进行教育矫治是一项复杂、具有争议性且关乎自由的重要决定，这也就决定了该程序适宜司法化，而非行政化。②因此，在评估、决定、执行、转出等制度设定上均纳入司法程序。③

评估是决定未成年人是否进入专门学校接受专门教育（或专门矫治教育）的关键一环，《预防未成年人犯罪法》第三十八条、第四十五条、第四十五条形成了“三级评估入学模式”④，是立法对专门教育体系的一次创新。虽然评估制度的行政性质对未成年人权利有损，但“法律并非嘲弄的对象”，我们不能全盘否认专门教育指导委员会存在的必要性，而应在现实法律的基础上探求符合我国实际的制度构建，组建具有准司法属性的专门教育指导委员会，在专门教育指导委员会组建方案和议事规则尚不明确的情况下，加强司法权的介入。⑤

具体而言，在责任主体上，检察机关享有丰富的未成年人检察经验，专门教育指导委员会应当由检察机关牵头组织评估并享有决定是否对未成年人适用专门教育（或专门矫治教育）的最终权力，其余专门教育指导委员会成

---

① 参见林琳：《我国少年观护制度体系构建探讨——以日本为鉴》，载《河北法学》2021 年第 3 期。

② 参见高维俭：《少年法治系统纲论》，载《政治与法律》2022 年第 10 期。

③ 参见肖姗姗：《国家责任理论指导下专门矫治教育制度的基本构思——以〈刑法〉与〈预防未成年人犯罪法〉的修订为基础》，载《湖南师范大学社会科学学报》2022 年第 4 期。

④ 三级评估入学模式：第一级，针对《预防未成年人犯罪法》第三十八条规定的 9 项严重危害社会的不良行为，未成年人的父母或者其他监护人，所在学校无力管教或者管教无效的，可以提出申请，经专门教育指导委员会评估同意，教育行政部门可以决定送入专门学校接受专门教育；第二级，《预防未成年人犯罪法》第四十四条依据后果、情节、态度等情况，无须申请，经专门教育指导委员会评估同意，教育行政部门会同公安机关即可决定将未成年人送入专门学校接受专门教育；第三级，未成年人实施刑法规定行为、因不满法定刑事责任年龄不予刑事处罚的无须申请，经专门教育指导委员会评估同意，教育行政部门会同公安机关即可决定送入专门学校接受专门矫治教育。

⑤ 参见郑博文、何显兵：《专门矫治教育制度的检视与形塑》，载《广西警察学院学报》2022 年第 3 期。

员（如共产主义青年团、妇女联合会、律师等）则担任辅助角色。在具体分工上，检察机关对公安机关移送的未成年人案件进行司法审查，证据不足的，要求公安机关补充侦查，证据充分的，组织专门教育指导委员会其他成员进行调查评估，形成评估报告，报告认为有送入专门学校接受专门教育（或专门矫治教育）必要性的，则应当启动公开的听证程序，且应规定合适成年人在场、法律帮助、申诉等配套制度，保障罪错未成年人的司法权利，防止专门矫治教育的滥用。①

结　语

司法对未成年人的良好保护有赖于完善的少年司法制度，目前我国少年司法制度无论是制度规定还是程序运行都呈现出“破碎感”，不成体系、分流混乱、界限不明是未成年人权利保护之路上亟待解决的问题。未成年人法律制度是我国法治体系不可忽视的一部分，如何构建和完善少年司法体系是法治建设无法回避的问题。在国际少年司法制度的不断发展完善的大环境之下，我国少年司法体系的独立构建依旧任重而道远。

① 刘双阳：《从收容教养到专门矫治教育：触法未成年人处遇机制的检视与形塑》，载《云南社会科学》2021 年第 1 期。

青少年法治教育

我国青少年宪法教育的完善*

徐艺璇** 冯思媛***

摘 要 我国青少年宪法教育的理论基础包括中国特色社会主义宪法理论和青少年法治教育，在方法上应坚持以宪法文本为中心，认识青少年身心特点、坚持正确导向和客观立场、积极联系和回应实践、注重形式多元、端正教育心态。现实中教育效果不佳的主要原因正是内容与实践联系不紧，且形式相对单一。故有必要借鉴使宪法教育通俗化和趣味化的域外经验，一方面完善宪法校园教育，另一方面开展多样化的宪法社会教育和家庭教育，最终有底线地推动青少年宪法教育向前发展。

关键词 宪法教育 青少年 宪法自信 通识教育

2021年11月，教育部发布了《全国教育系统开展法治宣传教育的第八个五年规划（2021—2025年）》，强调青少年法治教育要以宪法教育为核心。2021年12月，怀进鹏部长撰文表示，要全面提升青少年宪法意识。近年来更是在各类教育机构中，如火如荼地开展了“国家宪法日”“学宪法讲宪法”等一系列宪法教育活动。这一切都源于习近平总书记就宪法教育问题作出的

---

* 基金项目：湖南省社会科学基金项目《中国宪法“精神文明建设”条款实施研究》（项目编号：16JD62）。

** 徐艺璇，湘潭大学法学院硕士研究生。研究方向：宪法学。

*** 冯思媛，湘潭大学附属实验学校教师。研究方向：教育学。

多次重要指示。2012 年习近平总书记在首都各界纪念现行宪法公布施行三十周年大会上的讲话指出“要在全社会加强宪法宣传教育，提高全体人民特别是各级领导干部和国家机关工作人员的宪法意识和法制观念”；2016 年习近平总书记对“五四宪法”历史资料陈列馆开馆批示“普及宪法知识、增强宪法意识、弘扬宪法精神、推动宪法实施”；2018 年习近平总书记在第五个国家宪法日强调“要在全党全社会深入开展尊崇宪法、学习宪法、遵守宪法、维护宪法、运用宪法的宣传教育活动，弘扬宪法精神，树立宪法权威，使全体人民都成为社会主义法治的忠实崇尚者、自觉遵守者、坚定捍卫者”。在党的二十大报告中，虽然未直接表述宪法教育，但习近平总书记分别提到了“加强宪法实施和监督”、“维护宪法权威”和“深入开展法治宣传教育，增强全民法治观念”，故宪法教育自是应有之义。正如习近平总书记所言，实施宪法固然需要客观的制度建设，但主观世界的建设同样不可或缺。对于后者，有效的教育是根本：缺少良好的宪法教育，公民就不可能具备良好的宪法意识，整个社会难以形成宪法文化和宪法信仰，最终制约宪法实施，妨碍依宪治国。因此，需要面向全民展开宪法教育，而其中青少年无疑是重点所在：作为社会中最具活力和生机的群体，只有争取到青少年的教育才能真正影响当下；加强青少年宪法教育，使广大青少年学生从小树立法治观念，养成自觉守法、遇事找法、解决问题靠法的思维习惯和行为方式，是推进全面依法治国、加快建设社会主义法治国家的基础工程；同时，作为国家和民族的未来，也只有争取到了青少年的教育才有未来可言。

一、我国青少年宪法教育的理论基础

青少年宪法教育不能仅依靠经验和常识，必须建立在坚实的理论基础之上，方可从粗放走向精细，保障教育的正确方向和良好效果。作为一种对象和内容特殊的法治教育类型，我国青少年宪法教育的理论基础主要包括两部分：中国特色社会主义宪法学理论和青少年法治教育理论，并在具体方法上强调六个要点，即以宪法文本为中心、把握青少年的特殊身心状况、坚持正确导向和客观立场、积极联系和回应实践、注重形式多元、端正教育心态。

（一）中国特色社会主义宪法理论

中国特色社会主义宪法理论是根据中国的实践需要逐步形成了“中国问题意识”后，以马克思主义哲学为基础，在中国特色社会主义理论的指导下建构起来的独具特色的理论体系。[①] 也正是基于中国特色社会主义宪法理论，我国青少年宪法教育得以显著区别于西方国家，呈现出以下基本特征。

第一，坚持历史唯物主义和辩证唯物主义。辩证唯物主义和历史唯物主义是马克思主义的根本内容和核心要义。[②] 马克思主义宪法科学的产生之所以是宪法科学领域一场革命性的变革，就源于其唯物史观和辩证法为宪法学奠定了科学基础。[③] 在青少年宪法教育中坚持历史唯物主义和辩证唯物主义，首先是坚持“经济基础决定上层建筑”的理论思维逻辑；其次是注重宪法制度和权利的历史背景分析，反对盲目的“普世价值”和“虚无主义”；再次是肯定社会主义宪法的先进性、优越性，[④] 以发展的眼光看待社会主义宪法；最后要坚持“一分为二”、对立统一，批判地吸收人类宪法文明中的一切成就、客观展现和评价人类宪法文明的一切形式。如此，方可既确保青少年宪法教育的“底色”，亦不会陷入故步自封、因循守旧之境地。

第二，贯彻习近平总书记关于宪法的重要论述。习近平总书记关于宪法的重要论述，是习近平新时代中国特色社会主义思想的有机组成部分，是习近平法治思想的核心内容，具有深远的政治和法治意义。[⑤] 根据李林教授的观点，习近平总书记关于宪法的一系列重要论述包含三大“板块”，即中国特色社会主义民主政治、全面依法治国、依宪治国，三者各有深刻而丰富的内

---

① 参见任喜荣：《中国特色社会主义宪法学理论研究》，载《当代法学》2012 年第 6 期。

② 参见关锋：《坚持辩证唯物主义和历史唯物主义世界观和方法论》，载《红旗文稿》2019 年第 1 期。

③ 参见吴家麟主编：《宪法学》，群众出版社 1983 年版，第 1－3 页。

④ 参见任喜荣：《中国特色社会主义宪法学的哲学基础及其方法论特色》，载《北方法学》2012 年第 6 期。

⑤ 李林：《习近平新时代宪法思想的理论与实践》，载《北京联合大学学报（人文社会科学版）》2018 年第 3 期。

涵（见表 1）①。

表 1 李林教授对习近平总书记关于宪法的重要论述的理解

中国特色社会主义民主政治	（1）坚持中国特色社会主义；（2）坚持中国共产党的领导；（3）坚持人民的主体地位；（4）切实尊重和保障人权。
全面依法治国	（1）宪法为最高法，要继续完善以宪法为统帅的中国特色社会主义法律体系；（2）全面依法治国是中国特色社会主义的本质要求和重要保障；（3）厉行法治，推进科学立法、严格执法、公正司法、全民守法；（4）我国宪法与社会主义法治共为一体、相辅相成、休戚与共。
依宪治国	（1）依法治国，首先是依宪治国；依法执政，关键是依宪执政；（2）宪法的生命和权威均在于实施；（3）维护宪法权威，加强宪法监督，保证宪法实施；（4）加强宪法学习宣传教育；（5）增强宪法自信。

习近平总书记关于宪法的重要论述，不仅是我国青少年宪法教育不可或缺的重要内容，更是宪法教育保持正确方向和有效开展的根本指引和保障。坚持历史唯物主义和辩证唯物主义，以习近平总书记关于宪法的重要论述为基础，使我国青少年宪法教育超越了单纯的宪法知识、理念传授，具备了思政意义，从而被纳入“大思政”的范畴。

第三，内容上自成科学的体系。尽管在我国近现代意义的宪法是一个“舶来品”，但中国特色社会主义宪法学理论绝非对西方的移植、模仿或者照搬，而是在党的领导下，以马克思主义为指导，经过长期不懈的探索，吸收了西方宪法文明有益成果，立足我国传统和现实的产物。因此，其理论体系的建构是一个“扬弃”的过程：一方面，包含了中外宪法的通说、共识，并从社会主义的角度予以改造，譬如宪法概念理论、国体理论、政体理论、国家结构形式理论、公民基本权利和义务理论、宪法监督理论等；另一方面，也包含了那些只根植于我国、彰显中国特色的部分，譬如依宪治国理论、人民代表大会制度理论、民主集中制理论、中国共产党领导的多党合作和政治协商制度理论、社会主义精神文明建设理论、民族区域自治制度理论、“一国两制”理论等；此外，摒弃了那些与我国语境脱离的话语。由此，形成了内

① 李林：《习近平新时代宪法思想的理论与实践》，载《北京联合大学学报（人文社会科学版）》2018 年第 3 期。

在紧密联系、融贯有序的整体，为宪法教育和科研提供源源不断的材料。

（二）青少年法治教育理论

我国青少年宪法教育的另一重要理论基础是青少年法治教育理论。我国青少年法治教育理论，在思想上高举中国特色社会主义伟大旗帜，以马克思列宁主义、毛泽东思想、邓小平理论、“三个代表”重要思想、科学发展观习近平时代中国特色社会主义思想为指导，深入贯彻习近平法治思想全面贯彻党的教育方针；行动上以社会主义核心价值观为主线，以宪法教育为核心，以权利义务教育为本位，以贴近青少年实际、提高教育效果为目的，以构建系统完整的法治教育体系为途径；最终实现使青少年成为“社会主义法治的忠实崇尚者、自觉遵守者、坚定捍卫者”的总目标。青少年法治教育的总体内容要以法律常识、法治理念、法治原则、法律制度为核心，围绕青少年的身心特点和成长需求，结合青少年与家庭、学校、社会、国家的关系，在不同学段的教学内容中统筹安排、层次递进。具体的实施路径为充分发挥学校主导作用，与家庭、社会密切配合，拓宽教育途径，创新教育方法，实现全员、全程、全方位育人（见表2）；并从组织、制度、师资队伍、评价机制、教学资源、经费等方面建立健全保障机制。经过《青少年法治教育大纲》高度整合的青少年法治教育理论，无疑为我国青少年的宪法教育提供了一套相对成熟的理论方案和操作指南，对于教育的开展与完善均有重要的指导意义。

表2　青少年法治教育大纲的实施路径

学校教育	（1）设置专门课程；（2）多元的教育方式；（3）多学科协同；（4）开展主题教育；（5）建设校园法治文化；（6）引导学生自我教育。
社会教育	（1）社会实践教育；（2）国家机关和社会力量参与；（3）开发利用网络资源。
家庭教育	推动形成家庭与学校法治教育合力、办好家长学校、完善家校合作、推广家庭教育成功经验等。

（三）青少年宪法教育方法的六项要点

综合前述理论基础，我国青少年宪法教育在方法上应当具体做到六项要点。

第一，以宪法文本为中心。无论教育对象为何，宪法教育都宜坚持一种“文本主义”（textualism）的基本立场，[①] 即教育的内容主要是宪法文本中的规定、原则、精神，一言以蔽之，宪法教育不能脱离宪法文本。正是由于宪法包罗万象，具有较强的意识形态性、原则性、概括性，实践中，宪法教育作为思想政治教育的组成部分，如果完全脱离宪法文本，容易与后者混同，丧失自身特点，从而使受教育者形成刻板印象，认为宪法教育不过是思政教育的重复。恰如政治宪法学与法教义学的区别，思政教育与宪法教育虽然有交叉，但区别也在于对待宪法文本的处理；否则没有必要单独强调宪法教育，直接纳入“法律基础”教育的范畴即可。当然，“文本主义”亦不同于拘泥文本的“本本主义”，宪法教育往往需要引入相关的政治、哲学、历史、文化等知识，只不过这些相关知识最终仍要体现或落实到宪法文本上。譬如关于“党的领导”，思政教育是阐述其必然性、意义、体现、路径等；宪法教育则至少是围绕《宪法》序言第七段、总纲第一条以及第三章“国家机构”等相关条款展开。

坚持以宪法文本为中心，不能空谈理念和价值，应当做到两个方面：其一，必须是以我国《宪法》的文本为中心，不能让外国宪法“喧宾夺主”；其二，宪法依靠下位法得以具体化，故宪法教育难以避免地会涉足刑法、民法等部门法，要注意控制部门法内容的比重，避免部门法“喧宾夺主”，使宪法教育变为概括的“普法”教育。《宪法》的文本才是贯穿我国宪法教育始终的灵魂。

第二，认识青少年群体特殊的身心状况。首先，青少年正处于精力最旺盛、思维最活跃的阶段，追求独立自主，富有怀疑精神，是三观塑造的关键时期；其次，青少年往往密切关注时事，政治表达和参与的热情较高；最后，青少年通常缺乏生活经验，思想单纯，不够成熟，相对容易被诱导或蒙蔽。上述特点决定了青少年宪法教育与一般宪法教育的不同，也在很大程度上决

---

① 参见张翔：《宪法学为什么要以宪法文本为中心》，载《浙江学刊》2006 年第 3 期。

定了余下的四项要点。

第三，坚持正确导向和客观立场。坚持正确导向，即从目的上看，青少年宪法教育应当是致力于使青少年了解、认同和热爱我国宪法，培育宪法自信、宪法信仰，成为我国宪法的自觉遵守者、忠实崇尚者、坚定捍卫者。也正基于青少年不够成熟的特点，正确导向尤为重要。坚持客观立场即实事求是，既不避讳外国宪制的优点，亦不避讳对我国宪法实施的反思，客观、理性地评价中外宪法。在信息高度流通的当下，“崇洋媚外”或“夜郎自大”都只会招致青少年反感，影响教育的效果。

第四，积极联系和回应实践。如前文所述，青少年群体大多密切关注时事，政治表达和参与的热情较高，因此在对其进行宪法教育时，不可只停留于书本或抽象的理论，务必结合时事，譬如热点新闻、典型案例、争议言论等，从宪法角度予以回应。特别是针对重大国际事件，譬如此次新冠疫情防控，运用中国宪法的话语来解读，正回应了一些国家以本国宪制为标准评论我国事务的行为。疏离实践的宪法教育必然难以令青少年信服。

第五，注重形式多元。任何时代，青少年群体都走在潮流的最前沿，且通常天然地抗拒权威和古板。因此，针对青少年的宪法教育，务必在形式上创新求变，不可墨守成规：首先，摆脱对课堂的依赖，在校园之外，开发多样的、社会化的宪法教育途径；其次，摆脱对书本的依赖，使宪法教育从“平面”走向“立体”；再次，摆脱对政府的依赖，动员社会、家庭、公民等都参与到宪法教育中；最后，摆脱对严肃叙事的依赖，学会用生动活泼的话语来讲授宪法。总之，形式上应力求多元，避免僵化。

第六，端正教育心态。作为青少年教育体系的一个分支，青少年宪法教育对教育者提出了较高的要求。由于内容特殊、专业性较强，青少年宪法教育除了要求教育者具备通常的耐心、爱心，还要具体做到以下三个方面：首先，允许、引导青少年自己通过网络等渠道获取信息、观点；其次，应尊重青少年的主体性，鼓励表达、发扬民主；最后，对于青少年的疑问，务必宽容，不可打压，坚持“理不辩不明”。上述三个方面，蕴含了自由、平等、民主、宽容四项重要的宪法价值，若教育者自身都无法做到，自然难以教化他人。

综上所述，相较于一般的青少年普法或法治教育，宪法教育既有通识教育的一面，亦颇具理论纵深。故需要把握好通识和专业的关系：在保障正确性的同时，宜张弛有度，不宜求深求精，导致曲高和寡。某种意义上来说，青少年宪法教育工作者要有“甘为人梯”的精神，为青少年后续的法治教育，以及思想政治教育打好基础，提供协同。

二、我国青少年宪法教育现状及成因

从数据上看，以北京为例，受访者仅有 2.2% 完整读过宪法文本，18.2% 读过一部分，44% 对宪法“不太了解”，认为宪法与自己关系密切者仅占 15.6%。[①] 北京作为首善之区尚如此，其他地区往往更加严峻。对于宪法的基本知识，62.5% 的学生能够回答出现行《宪法》的颁布年份，但多数对于现行《宪法》的修订次数不了解，回答正确率仅有 32.86%。对于“依法治国”是在哪一年写入《宪法》这样的题目，也只有 33.81% 的学生可以回答出。类似我国的国体、政体、国家结构形式的问题更是难倒了不少学生，24% 的学生不知道政体所指，更是有 73% 的学生不了解国家结构形式的内涵。[②] 另一项调查显示，在受访的青少年中，86% 的人不知道现行《宪法》的颁布时间，仅有 4.3% 的人阅读过宪法，20% 的人了解某一部分，40% 的人完全不了解宪法与生活的关系。[③] 新时期，青少年群体在整体上依然呈现出宪法认识水平低、宪法情感淡漠、宪法信仰不坚定的特征。在相对无知的状态下，容易道听途说、以讹传讹、偏听偏信，再加上西方从各领域对我国无孔不入的渗透，便形成了对我国宪法的误解，甚至成见、偏见。

因此，当前我国青少年宪法教育的效果属实欠佳。这与我国宪法教育整

---

① 参见王东红：《首都大学生宪法意识现状的调查与思考》，载《思想教育研究》2016 年第 6 期。

② 参见张洁：《当代大学生宪法意识现状与培育路径探析》，载《山东教育（高教）》2020 年第 10 期。

③ 参见郭庆、李远龙：《广西青少年学生宪法意识调查研究》，载《黑河学院学报》2019 年第 6 期。

体上的国家主导性、意识形态性、与宣传紧密结合性等特征关系不大，因为其他国家的宪法教育通常也有类似特征。事实上，导致我国青少年宪法教育难以取得理想效果的原因，主要是对前述理论基础的背离，可集中归纳为两个方面。

（一）内容与实践脱节

法学教育的魅力在于其实践性，后者是获得感与成就感的来源。美国的宪法教育之所以成功，正在于其全面融入了公民的日常活动，譬如充分利用社区公共生活，没有只停留于课堂和书本。与实践高度结合的美式宪法教育，使美国宪法的核心价值升华为一种生活方式、思维方式、精神气质，① 从而达成理想效果，宪法即生活。② 在我国，青少年宪法教育却与实践有疏离。一项针对大学生的调研显示，67.34%的学生认为宪法对于我们的日常生活非常有用，大学生应当学习，31.48%的学生认为有一定影响，应该适当了解。③ 青少年宪法教育更多的还是书本上、课堂里、脑海中的白纸黑字，只有知识的灌输，针对实践的回应和应用严重不足。究其根源，很大程度上是受我国宪法实施状况的制约。具体而言，体现在以下两个方面：

首先是宪法事例的使用。宪法海纳百川，生活中发生的各类事件几乎都能在不同程度上与宪法相联系，成为“宪法事例”，但全有等于全无，纯粹的“宪法事例”反而不多。“宪法事例”的使用重复率较高，甚至干脆被忽略。即便使用了“宪法事例”，也常常不能凸显宪法的特性，譬如明明是宪法宣教，内容却可能偏向刑法、民法等与实践联系相对密切的部门法，即前文所述的部门法“喧宾夺主”。不能紧扣主题，“宪法”沦为名头，最终教育效果大打折扣。

其次是时事的使用。结合时事热点、运用理论知识进行分析，原本是法

---

① 参见熊培云：《重新发现社会》，新星出版社2010年版，第303页。

② 参见李晓兵：《宪法即生活，生活即宪法》，载李晓兵：《宪法时间》，中国民主法制出版社2018年版，第8页。

③ 参见张洁：《当代大学生宪法意识现状与培育路径探析》，载《山东教育（高教）》2020年第10期。

学教育的一种常用方法，广泛见于部门法教育。宪法在政治上较部门法更敏感，故教育者可能倾向于选择回避时事，或泛泛而谈、点到为止，没有做到积极联系和回应实践。青少年正处于对世界好奇、对时事敏感、公共意识高涨的阶段，对“理论联系实际”有较大需求；同时，互联网的发展使青少年能够轻易获取海量信息、观点，从而容易受错误或极端思想影响。宪法教育回避时事热点，一方面会导致青少年的不信任、不信服，另一方面也是将教育的主动权拱手让出，自然难以达到良好效果。

因此，基于青少年的身心特征，宪法教育绝不能满足于单方面地输出复杂的理论和知识，而应当紧密结合实践，即通俗、“接地气”，才能言之有物，使教育充实起来，否则原本就相对远离现实生活的宪法，只会与青少年的心理距离越来越大。

（二）形式上相对单一

在内容上与实践相对疏远的同时，当前青少年宪法教育的形式也过于单一。具体而言，主要有以下三个方面：

首先，渠道单一。对于我国大多数青少年，目前获取宪法教育的最主要甚至唯一途径便是学校开设的思政课程。以大学为例，非法学专业学生一般只有通过思政公选课思想道德修养与法律基础才能接触到宪法。[①] 在中小学中，也不是所有学校都能开设必要的法治课程；即便开设了，亦不能保障内容紧扣宪法，特别是在升学压力面前，宪法教育常常流于形式，变成“宪法日”教育。除了课堂，我国青少年罕有能够学习宪法、了解宪法的渠道。

其次，在课堂的宪法教育中，形式也主要是教师讲授，学生往往缺少参与和互动的机会。这一方面是因为宪法相关内容在整个课程体系中占比本就不多，不是教学重点；另一方面在于部分思政课教师并未接受系统的宪法学教育，理论功底薄弱，又缺少专业支持，难以将知识充分展开，只能一带而过。如此，

---

① 超过 80% 的大学生是通过学校课程学习包括宪法在内的法律知识。另一项调研表明，只有 33% 的大学生在高校学习过宪法，并均是通过“思想道德修养与法律基础”课。参见李红玲：《当代大学生法治思维培育研究》，哈尔滨师范大学 2019 年博士学位论文。

青少年学生容易形成一种刻板印象：宪法只是看似重要，且枯燥乏味。

最后，值得肯定的是，有识之士已经意识到了青少年宪法教育应当走出课堂、拥抱时代，譬如选择年轻人喜闻乐见的形式。所以目前市面上出现了一些宪法相关通识作品，如青岛出版社的《宪法为本驻我心》、中国法制出版社的《第一本法律漫画书》以及科普宪法的动画短视频。这是很好的尝试，但也至少存在两个方面的不足。

第一，故事“小品”化。此类作品基本上没有明确的故事线，不涉及角色之间的关系，不展现角色成长，只是围绕不同的知识点，设计相应的“小品”式短故事。如此处理有其优势，但也有不足，包括阅读碎片化，难以培养学习者的稳定兴趣；在情节上容易重复，导致审美疲劳；结构简单，容易陷于直白的说教。此外，亦不利于打造“IP”，深度建设和开发教育资源。“小品”式的宪法故事，只能是一种缺乏后劲的“一次性”学习。

第二，作品类型单一，均为漫画书或短视频。但域外同类作品则在类型上丰富得多，包括纪录片、动画剧、广播剧、漫画、小说等，为学习者、特别是青少年提供了多元化的选择，多管齐下，自然更容易取得理想效果。

综上，内容与实践结合不紧密、形式上相对单一导致了当前我国青少年宪法教育对青少年吸引力不足，不能激发其兴趣和喜爱，难以引发内心共鸣。换言之，既不通俗，亦不有趣，这对于青少年教育是比较不利的，结果自然容易曲高和寡。如何使宪法教育既通俗又有趣，两组域外经验值得学习。

三、通俗化和趣味化的域外经验

美、日两国的宪法教育同样不乏严肃的内容和形式，譬如庄重肃穆的仪式、供专业人士使用的学术著述，但二者均在社会教育层面进行了大胆探索，使宪法教育得以摆脱大众眼中的固有印象。

（一）美国的宪法纪录片

2013 年，美国公共电视网（PBS）出品了纪录片《美国宪法之旅》，观众跟随主持人展开一场穿越全美的旅行，通过旅途中的日常见闻，感受美国宪法如何存续至今并深刻影响和支配现代美国社会。作为一部典型的美式“主旋律”作品，《美国宪法之旅》希望使观众在接受宪法教育的同时，产生对美国宪法、美式价值观的认同。为达到这一目的，整部作品呈现四个特点：（1）较高的包容性。不拘泥于单一视角，受访者无论年龄、性别、肤色、出身、宗教信仰、性取向等皆有充分表达，既有“草根”民众，亦有社会精英（如知名学者、联邦法官），如此，令不同背景或立场的观众都能找到共鸣。（2）一定的自我批判性。虽是“主旋律”作品，但并不回避美国宪政的局限性，如此处理，使本片至少在表面上看起来中立客观，更具说服力。（3）紧密联系实践（生活）。一方面，本片充分利用了美国丰富的宪法判例资源，以纪实形式再现或探讨了经典判例；另一方面，无合适判例的，则采用最新事例，譬如介绍隐私权时选取了社交网络信息泄露问题，紧跟时事热点。如此，避免了内容的空洞单调。（4）细节的幽默化处理。尽管本纪录片主题十分严肃，但始终在人物形象、遣词造句等诸多细节上贯穿美式幽默，这使该作品既内容生动活泼，又不至于冲淡主题。

（二）日本的宪法动画、漫画、游戏

众所周知，日本的宪法动画、漫画、游戏（Anime、Comics、Games，ACG）文化比较发达，享誉世界，日本人也很擅长在宣传教育中加以运用。以宪法教育为例，有森田优子的《Constitution Girls　日本国宪法》、田中创的《日本国宪法之恋》等。在其他动漫作品中，也频现宪法元素。[①] 上述作品各有特点：《Constitution Girls　日本国宪法》实际上是日本宪法的逐条释义，最大特色是将宪法规定卡通化、拟人化，各个国家机构甚至天皇都被拟作年轻女性，明显主要是吸引男性读者；《日本国宪法》则相反，同样是释法，主要针对年轻女性读者；《日本国宪法之恋》则虚构了一个校园爱情故事，以女主

---

① 譬如将世界各国拟人化的动漫《黑塔利亚》，歌曲《天子の憲法四条》《男の憲法》《憲法セブンティーン》等。此外，还有流行偶像组合成员内山奈月与学者南野森合著的《宪法主义》，也曾引发抢购热潮，参见《AKB48 成员内山奈月写宪法知识入门书籍　批评安倍修改集体自卫权》，载观察者网 2014 年 8 月 3 日，https：//www. guancha. cn/Neighbors/2014_ 08_ 03_ 252836_ s. shtml。

角由平友爱对男主角何井丸吉的追求为主线，通过各种诙谐幽默的小故事，推进男女主角感情线的同时，逐一阐释日本宪法的主要条款。内容表达上，以《Constitution Girls 日本国宪法》为例，介绍日本《宪法》第六条“天皇的任命权”时，一页是拟人的漫画，拉近与读者的距离；另一页简要概括本条款的内涵、背景、相关判例等，二者结合，增加了学习的趣味性。在《日本国宪法之恋》的“信教の自由”一节中，女主角因爱慕男主角，在与朋友的交谈中引出“宗教信仰自由”的主题，进而介绍了日本宪法的相关内容。①

美、日两国的经验表明，作为国家“根本大法”的宪法，完全能够以通俗、轻松的形式来表达。上述作品并非单纯的市场行为，背后往往有政府支持，目的十分明确：使国民，尤其是青少年都对宪法产生兴趣，进而了解与学习宪法，最终遵守和信仰宪法。经过多年实践，已形成了较为成熟、稳定的运作机制。以日本为例，根据调查，近年来日本国民，尤其是青少年对宪法的关注不断提升，宪法意识、宪法知识水平已达到了较高水准，② 无疑取得了良好效果。

四、完善我国青少年宪法教育的建议

党的十九届四中全会《中共中央关于坚持和完善中国特色社会主义制度推进国家治理体系和治理能力现代化若干重大问题的决定》再次强调了加强宪法实施和监督，坚持宪法法律至上，这就离不开宪法教育。该决定还指出，要加强对港澳地区青少年的宪法教育，但从长远来看，无论是内地还是港澳地区，青少年的宪法教育都不容有失。使我国青少年宪法教育通俗化、趣味化只是手段，目标依然是争取良好的教育效果。要实现这一目标，不能盲目照搬国外经验或推倒重建，需要坚持理论基础、立足我国国情、尊重既有体制。根据《青少年法治教育大纲》，青少年宪法教育的实施路径，应当因循学校教育、社会教育、家庭教育的路径推进。故而，首要的是完善当前的

---

① 参照田中创『恋する日本国憲法』(ブランポート出版局，2012 年)。

② 「憲法に関する意識調査」による。

校园宪法教育。

（一）学校教育

1. 融入思政课程体系

在学校思政课程体系中，真正地给予宪法高度重视，要将宪法学习教育作为一项引导青少年坚定中国特色社会主义制度自信的核心任务。[①] 为此，应增加宪法内容的比重，组织青少年系统学习，并将宪法明确纳入考试内容。编写专门的思政宪法教材或读物，条件允许的，可开设固定的宪法思政课。

2. 健全现有的校园思政课宪法内容体系

可以参考权威的马克思主义理论研究和建设工程重点教材《宪法学》的体例，根据情况进行调整，但至少应包括 7 个部分：（1）宪法基础理论。包括宪法的概念、特征、本质、类型、渊源、效力，以及宪法的制定、解释、修改。（2）简明宪法史。以我国历史上的宪法性文件为线索，从清末立宪开始，重温中国近现代史，将党领导人民为宪法斗争的历史作为重点，比较党领导的制宪与清政府、北洋政府、南京国民政府的立宪，梳理现行宪法的诞生与历次修改，并简要介绍英、美、法、德、日等国宪法。（3）我国宪法的指导思想和基本原则。（4）我国宪法的基本制度。包含宏观层面的“三要素”（国家性质、国家形式、国家标志）以及具体层面的政治、经济、文化、社会制度，帮助学生对我国宪法确立的上层建筑形成全面的认知。（5）公民基本权利和义务。分为总论和分论，其中总论包括基本权利的概念、主体、效力、保障、限制等；分论则是现行《宪法》第二章所规定的公民的各项基本权利与义务。（6）国家机构。本部分内容包括静态和动态两个方面：静态方面，为国家机关的体系、组成、权限及相互关系等；动态方面，即国家机关（权力）运作的逻辑和过程。应注意补充国家机构改革的最新进展和趋势。（7）宪法实施与监督。宪法实施主要从国家和公民两个维度展开，讲解宪法实施的具体路径，介绍当今世界各国宪法监督的主要模式，最后重点阐述我

---

① 参见孙尧：《加强宪法法治教育为法治中国建设提供支撑》，载《中国人大》2019 年第 24 期。

国的宪法监督制度。

3．增加校园宪法教育内容

在校园宪法教育中增加以下三个方面的内容，且都必须紧密结合宪法文本：（1）补充彰显我国宪法特点和先进性、培育宪法自信的内容。譬如我国宪法的价值基础和追求、对中华传统文化的继承发扬、对人类优秀文明成果的吸收借鉴、宪法实施取得的伟大成就等。（2）补充联系和回应现实的内容。譬如习近平总书记关于宪法的重要论述，中国特色社会主义人权发展道路，我国宪法与社会主义核心价值观、人类命运共同体等时代命题的关系，用中国宪法的话语来解释和回应国际国内热点问题。（3）补充对青少年未来人生有具体助益的内容。譬如国家权力运行的基本规律、党和国家机构的系统知识、党内法规的基本知识等。

4．改善宪法教育方法

改变教师单方面输出知识的模式，建立“讲—问—议—答—评—验”的教学流程；语言上应力求严谨而生动，恰当运用青少年熟悉的流行词汇、句式；教具上充分运用多媒体手段，使教学“立体”化；多结合事实热点，或设计虚拟案例，后者可不拘一格、与时俱进，譬如选取青少年熟悉的历史人物、艺术人物、借鉴文艺作品情节等；开展“情景式”教育，譬如模拟议会、法庭、选举等，积极互动，引导青少年亲身参与和体验，在教育中贯彻宪法精神与核心价值。

为了促进教育方法的改善，有关部门应积极鼓励宪法教育工作者勇于担当、充分发挥主观能动性，并宽容探索过程中出现的失误。不宜动辄用违纪违规压制创新，使教育工作者陷入如履薄冰、谨小慎微之境地。当然，坚持立场、守住底线，也是宪法教育工作者的义务，宪法教育不能破坏宪法本身。

5．培育专门的宪法教育人才

与人大、高校、科研机构、相关社会组织、律所等合作，引进专业人士参与，尽量避免由非专业人士（譬如行政领导、其他学科教师）兼职的情况，提升青少年宪法教育的精细度和深度。

（二）社会教育

除了完善校园宪法教育，还需要超越课堂，发展形式多样的社会教育。除了充分开发和利用互联网网络，常见的做法是在公共图书馆、文化馆、博物馆等定期举行面向青少年的宪法讲座、展览，或设计便于青少年理解的通俗课程及读物，譬如美国著名宪法学家 Akhil Reed Amar 录制的《Constitution Law》系列公开课、日本学者长谷部恭男等人合著的《爆笑問題のニッポンの教養 みんなの憲法入門 憲法学》[①]。曾红极一时、作为国学通识教育之典范、引发“国学热”至今不衰的《百家讲坛》，则是值得参考的本土范例。[②]还可围绕宪法创作或将宪法植入电视剧、纪录片、电影、歌曲、综艺节目、动漫、游戏等青少年喜闻乐见的传媒产品。[③] 总之，把生活中任何可能涉及宪法的场合，都变为向青少年宣传、普及宪法的“课堂”。如此，将宪法与生活充分结合，作为知识“入脑”，作为信仰“入心”。

（三）家庭教育

家庭同样在青少年宪法教育中发挥重要作用。家庭是青少年最早接受法治教育的场所。家庭对青少年的智力、体力的成长，道德品质的发展，个性特征的形成产生全方位的影响。青少年的各种心理态度、心理品质、心理特点、性格以及行为习惯的形成与家庭环境和家庭教育有着直接的联系。对此，应积极推动家庭与学校形成开展青少年宪法教育的合力。积极引导家长重视家庭美德和家庭文化的建设，成为子女学法、守法、用法的榜样。要办好家长学校，完善家校合作机制，大力宣传推广家庭文化建设和家庭教育的成功

---

① 参见长谷部恭男、田中裕二、太田光『爆笑問題のニッポンの教養 みんなの憲法入門　憲法学』（日本讲谈社，2008 年）。

② 类似的节目还有 CCTV12 社会与法频道的《法律讲堂》栏目，但该栏目多是讲授部门法问题，且影响力暂不可与《百家讲坛》同日而语。

③ 以日本广播协会为例，仅在 2017 年，为纪念日本《宪法》颁行 70 周年，推出一系列节目，形式多样，历年来涉及宪法的各类节目和作品更是不胜枚举。在我国，CCTV12 社会与法频道的“普法栏目剧”颇受年轻观众欢迎，可以成为向青少年宣教宪法的合适载体。

经验，制定家长宪法教育手册，提高家长对孩子进行宪法教育的意识和能力，指导家长及时督促改正青少年的不良行为，预防产生违法行为。同时，要发挥学生宪法教育对家长的作用，了解家长需求，拓展学校宪法教育的影响。

青少年宪法教育也应当有自己的“底线”，即事业性和专业性。不可否认，通俗化、趣味化是一柄“双刃剑”，特别是在市场力量介入后，当涉及商业利益时，就有可能使教育偏离正确轨道。以前述日本宪法动漫为例，某些作品过度迎合市场，不惜制造低俗噱头，如软色情图片、暗示性文字，或过度戏谑调侃、宣扬错误思想观点等，这些显然有悖于社会主义法律与道德，是我们应当反对和避免的。宪法教育属于《宪法》第二十四条规定的、作为“社会主义精神文明建设”重要组成部分的“纪律和法制教育”，自然应当在内容和形式上都“反对腐朽思想”，严格遵守我国宪法、法律、公序良俗。青少年的宪法教育是一项“事业”而非“产业”。要确保教育的专业性，需要宪法学者走出书斋，走进基层，放下身段和利益得失，脚踏实地对青少年进行宪法启蒙。同时，各级教育部门和学校要根据实际，积极建设综合性的青少年宪法教育实践基地，让青少年在真实的宪法教育实践情景中进行学习。有条件的高等学校可以利用“三下乡”活动，组织学生进入社区、街道开展宪法教育宣传，普及宪法知识，在实践中学法、用法；各级党委和政府应积极作为，与教育部门、学校合作开发宪法教育项目。有关行政部门要按照“谁执法、谁普法”的原则，利用学校宪法教育平台，为学校提供相应的宪法教育资源和实践机会，为宪法学者服务社会创造机会、条件和保障。此外，在如今互联网盛行的年代，要充分利用网络上的优质宪法教育资源，丰富教学的形式和内容，建立学校、社会、家庭共同参与的立体宪法教育网络，增强网络宪法教育的吸引力。青少年宪法教育是一项“希望工程”,[①] 通过全面、持续、务实且生动的宪法教育，我国青少年的宪法意识必将取得长足进步，最终，使整个社会形成坚定的宪法信仰、浓厚的宪法文化，保障宪法的实施。

---

① 参见汪铁民：《加强青少年宪法教育是一项希望工程》，载《中国人大》2017 年第 23 期。

法治副校长制度：生成逻辑、实践挑战与优化路径

蒋逸天*

摘　要　近年来，法治副校长制度在全国范围内快速推进，但其背后的学理逻辑并未得到充分阐释。法治副校长制度依托于当代中国法治建设的宏观背景，产生于法治校园建设的实际需求，具有自身的正当性逻辑。实践中，法治副校长制度存在角色定位不明、选聘机制不完善、职权职责不明晰等问题，亟须加以法治化建构。为此，应当优化法治副校长的多元身份定位，完善以“双轨制”模式为基础的法治副校长聘用机制，厘清法治副校长的组织法定位与具体职权职责，加强针对法治副校长的培训考核。

关键词　法治副校长　法治校园　未成年人保护　法治教育

近年来，中小学法治副校长制度在全国范围内快速推进。基于我国法治校园建设的实际需要，相关法律和政策文件对法治副校长制度作出了相应规定。《法治社会建设实施纲要（2020—2025年）》指出应当“配齐配强法治课教师、法治辅导员队伍，完善法治副校长制度”①。《预防未成年人犯罪法》

* 蒋逸天，东南大学法学院博士研究生，教育部－东南大学教育立法研究基地研究人员。研究方向：行政法学和教育法学。

① 《法治社会建设实施纲要（2020—2025年）》，2020年12月7日中国共产党中央委员会发布。

(2020 年修订) 第十八条规定:“学校应当聘任从事法治教育的专职或者兼职教师,并可以从司法和执法机关、法学教育和法律服务机构等单位聘请法治副校长、校外法治辅导员。”此外,教育部发布了《中小学法治副校长聘任与管理办法》,对法治副校长制度作出了相应的制度安排。①

但是,从理论层面看,目前涉及法治副校长制度的研究成果较为匮乏,难以为教育实践提供充分的理论供给。具体而言,主要存在三个方面的问题:其一,缺乏对法治副校长制度兴起原因的认识。法治副校长制度依托于法治中国的宏大建设背景。只有从宏观的理论视野对法治副校长制度加以认识,才能深刻把握其正当性逻辑与发展规律。其二,缺乏对法治副校长角色定位的认识。实践中,法治副校长的身份具有多元性,由此产生了一系列规范和实践层面的问题,需要从理论上加以阐释和厘清。其三,缺乏对法治副校长具体制度的研究。目前相关法律和政策文件仅仅是宏观层面的规定,缺乏微观层面的细化和展开,有待加以明确化和具体化。基于上述问题意识,本文试图对法治副校长制度进行初步的理论建构,以期为教育实践和法治实践提供有益借鉴。

一、从法治社会到法治校园:法治副校长制度的生成逻辑

法治副校长制度依托于当代中国法治建设的宏观背景,产生于法治校园建设的实际需求,具有自身的正当性逻辑。②

---

① 《中小学法治副校长聘任与管理办法》,2021 年 12 月 27 日教育部发布。

② 关于我国法治副校长制度的历史梳理,参见范天续:《论新时代检校衔接工作机制的完善——以法治副校长为视角》,载《青少年法治教育》2022 年第 6 期;欧阳晨曦、项彦:《日本青少年法治教育经验考察》,载《预防青少年犯罪研究》2022 年第 3 期;张鸿巍、侯棋:《法治副校长制度:体系透视与未来展望》,载《预防青少年犯罪研究》2022 年第 2 期;吕德锋、王春梅:《从中小学需求侧看法治副校长的工作职责》,载《青少年法治教育》2022 年第 6 期,等等。1996 年 7 月,广东省阳江市首创“法制副校长制度”。2002 年出台的《关于加强青少年学生法制教育工作的若干意见》提出要完善兼职法制副校长和法制辅导员制度。到 2016 年,教育部等部门印发《青少年法治教育大纲》,将“法制副校长”正式更名为“法治副校长”,标志着我国“法治副校长”制度建设迈入了崭新的阶段。

（一）宏观背景：当代中国法治建设的实际需要

法治建设是党和国家高度重视的命题之一，是当代中国实现全面现代化的关键因素。习近平总书记明确提出了“法治兴则国兴，法治强则国强”的重要论断，强调“我们提出全面推进依法治国，坚定不移厉行法治，一个重要意图就是为子孙万代计、为长远发展谋”。在习近平法治思想的指导下，当代中国法治建设处在快速推进阶段，形成并发展了一系列契合时代精神与法治建设需要的重要制度安排。在此背景下，法治副校长制度在全国范围内受到高度重视，在实践层面发展迅速。①

第一，法治副校长制度是从法治社会建设到法治校园建设的重要制度载体。在法治国家、法治政府、法治社会“三位一体”建设理念的引导下，法治社会建设被赋予了基础性和底层性的重要意义，构成法治国家建设的前提。② 从社会系统的角度看，学校是社会的组成部分之一，因而法治校园建设是法治社会建设的场域之一。由于学校承担教书育人、未成年人保护、为国家培养下一代人才等重要职能，法治校园建设对于法治社会建设的意义尤为凸显。法治副校长制度顺应法治社会建设与法治校园建设的宏观背景，将党和国家关于法治建设的重大战略部署落实到具体的教育实践中，推动教育法治实践的创新、完善与发展。从实践层面看，全国范围内超过 3.9 万名检察官在超过 7.7 万所学校就任法治副校长，实现了良好的法治效果。③

第二，法治副校长制度是沟通教育系统与政法系统的媒介与桥梁。在传统观念中，教育系统与政法系统属于不同的社会子系统。但在新时代法治建设的新需求下，两者巧妙地发生了紧密关联——法治校园建设需要政法系统的参与，而全社会法治精神的弘扬需要教育系统的助力。法治副校长兼具法

---

① 参见张鸿巍、侯棋：《法治副校长制度：体系透视与未来展望》，载《预防青少年犯罪研究》2022 年第 2 期。

② 参见张清：《习近平“法治国家、法治政府、法治社会一体建设”法治思想论要》，载《法学》2022 年第 8 期。

③ 参见黑黎：《检察官兼任法治副校长，呵护未成年人健康成长》，载《青少年法治教育》2022 年第 10 期。

治工作者与教育工作者的身份，能够实现政法系统与教育系统的有效整合。一方面，教育系统对法治理念认识的局限性要求政法系统对法治校园建设的参与。中小学教育系统具有相对封闭性，难以实现从法治社会建设到法治校园建设的重要衔接。中小学教育系统的领导和教师通常是教育科班出身，具有丰富的专业技能与教学经验，但在一定程度上缺乏对当今社会法治实践的认识和理解。因此，中小学教育系统外部力量（政法系统）对法治校园建设的介入较为重要。另一方面，法治副校长作为中小学教育系统外（政法系统）的法治工作者，能够丰富教育系统对教育法治建设的认识。法治副校长是以法律为业的专门工作者，具有丰富的法律实践经验和法治理论认识，能够更好地把握党中央关于法治建设的大政方针和法律实践中的具体问题，推动校园法治建设的完善与发展。

第三，法治副校长制度是培育法治认同与法治信仰的重要途径。法治认同，是指公民对法治建设持肯定态度的主观心理感受与判断。[①] 法治信仰，是指公民将法律视为权威，普遍性地遵守法律。[②] 但是，考虑到中国法治现代化进程的复杂性，作为法治实施之心理基础的法治认同与法治信仰却并未全面落地生根，一些质疑的声音仍时常在社会中出现。[③] 法治副校长制度对培育法治认同与法治信仰的意义主要体现在三个方面。其一，法治副校长制度能够增强校领导和教师群体对法治建设的认同，将校园法治建设的重要性提高一个台阶。法治副校长制度将校园法治建设工作摆在更高的位置，进一步增强教育工作者对校园法治建设的认识。其二，法治副校长制度有利于进一步培养青少年学生的法治认同与法治信仰。青少年阶段是一个人世界观、人生观和价值观的形成阶段。如果青少年学生在这个阶段形成了良好的法治素养，那么这种能力将会伴随其一生。法治副校长制度能够提高中小学法治教育的质量和水平，实现法治教育“从娃娃抓起”，为中国未来的法治建设奠定良好

① 参见陈佑武、李步云：《当代中国法治认同的内涵、价值及其养成》，载《广州大学学报（社会科学版）》2017 年第 9 期。

② 参见姜明安：《如何让法治成为国民信仰》，载《人民论坛》2013 年第 18 期。

③ 参见陈端洪：《立法的民主合法性与立法至上——中国立法批评》，载《中外法学》1998 年第 6 期。

的心理根基。其三，法治副校长制度能够营造良好的校园法治环境。法治副校长制度有助于推动整个校园形成良好的法治氛围。在这种良性氛围的熏陶下，全体师生将会进一步形成和深化法治认同与法治信仰，进而更进一步地在全社会范围内形成尊法、信法、守法、用法的良好法治文化。

（二）现实需求：法治校园建设呼吁有效制度介入

法治副校长制度的形成不仅来源于宏观层面法治社会的建设需要，同样来源于微观层面法治校园建设的现实问题。

第一，中小学法治教育的现实问题。虽然目前中小学法治教育的完善性正不断得到提升，但仍然面临着一系列问题。其一，法治教育的社会资源利用不充分。该问题主要表现为社会资源使用质量不高和社会资源配合不到位等两个方面。① 在实践中，调动社会资源参与校园法治建设需要考虑多方社会关系，手续复杂且效率低下，难以真正落实。② 其二，法治教育的校内资源利用不到位。在中小学课堂中，思想品德课（道德与法治课）和思想政治课是法治教育的主要途径。但是在实践中，思政课教师通常非法律科班出身，对法律原理和法治理念的理解深度不足，容易陷入机械化和碎片化的知识灌输，不利于学生法治素养的全面提升。③ 为了解决目前中小学法治教育的现实问题，法治副校长制度是一管有力的“强心剂”。一方面，法治副校长制度能够有效统筹法治教育的校外资源，实现校内资源与校外资源的良性互动；另一方面，法治副校长制度能够增强校内教师（尤其是思想政治课教师）的法律能力和法治素养，使其摆脱“不敢讲法治”“不会讲法治”的现实困局。

第二，中小学师生权利保障的现实问题。权利保障是中国特色社会主义

① 参见陈鹏：《中小学法治教育实施途径的现实困境及解决策略》，载劳凯声、余雅风、陈鹏主编：《中国教育法制评论》（第 17 辑），教育科学出版社 2019 年版，第 1－11 页。

② 参见陈鹏：《中小学法治教育实施途径的现实困境及解决策略》，载劳凯声、余雅风、陈鹏主编：《中国教育法制评论》（第 17 辑），教育科学出版社 2019 年版，第 1－11 页。

③ 参见李昱蓉：《法治意识培育中的矛盾探析》，载《中学政治教学参考》2018 年第 11 期。

法治理念的重要命题之一，是检验法治水平的重要标准。[①] 在中小学，由于缺乏充分的法治校园建设土壤，师生权益保障存在一定的问题。其一，教师权利保障问题。当教师的权益受到侵害时，往往难以获得畅通的救济渠道。其中，较为典型的问题是教师申诉制度问题。由于校园缺乏法治化建设，作为内部纠纷解决机制的教师申诉制度很难发挥作用，当事人往往需要通过外部渠道寻求救济，容易产生一系列纠纷。[②] 其二，学生权利保障问题。由于中小学学生生活经验不足，在学校的教育活动和文体活动中容易发生意外事故，由此产生家长与学校之间、家长与家长之间的矛盾和冲突。只有依靠法治校园建设，才能缓解各方对立情绪，降低实践中的各种风险。此外，针对教育惩戒"非法治化"的问题，法治副校长能够通过指导和监督教育惩戒等方式，实现教育惩戒的"过罚相当"。[③] 法治副校长制度能够通过营造良好的校园法治氛围，让法治真正在中小学落地生根，更好地保护中小学师生的合法权益。

第三，预防校园暴力和未成年人犯罪的现实问题。随着网络和智能技术的发展，未成年人往往能够接触到网络社会的大量信息。在一些不良信息的引导下，由于心智尚未成熟的未成年人缺乏足够的辨识能力，出于猎奇、模仿等心理，很可能产生伤害他人、侮辱他人等违法犯罪行为。[④] 此外，在互联网数字化时代，校园暴力的范围逐渐扩大，社交平台的影响使校园暴力不断发酵，并衍生出新的暴力事件。[⑤] 尤其是在一些较为落后的偏远农村地区，校园暴力和未成年人犯罪的防控形势更为严峻。法治副校长制度能够通过对未成年学生的法治教育和管理工作，增强未成年学生的法治素养，有效预防校

---

① 参见杨春福：《习近平法治思想中的权利保障思想研究》，载《法治现代化研究》2021 年第 1 期。

② 参见湛中乐、靳澜涛：《教师申诉制度运行的法治困境及其出路》，载《湖南师范大学教育科学学报》2020 年第 4 期。

③ 参见许子健、易子薇：《检察官法治副校长指导、监督教育惩戒的理论证成与实践路径》，载《中国教师》2022 年第 10 期。

④ 参见包琳儿、任海涛：《论"互联网 + 法治教育"视阈下法治副校长职能的转变与工作的创新》，载《青少年法治教育》2022 年第 6 期。

⑤ 参见李一帆、刘会英：《数字化时代校园欺凌问题的现状与对策研究》，载《预防青少年犯罪研究》2022 年第 3 期。

园暴力和未成年人犯罪。

综上所述，法治副校长制度源起于法治中国建设的宏观背景，依托于校园法治建设的现实需求，具有相应的理论正当性与现实可行性。

二、法治副校长制度的实践挑战

（一）法治副校长多元身份的潜在冲突

法治副校长的身份具有多元性：从其本职工作的角度看，法治副校长的身份是法律职业工作者；从其承担的学校法律事务角度看，法治副校长的身份是校园法律咨询者和法律实施者；从其承担的青少年法律普及工作角度看，法治副校长的身份是法治教育者。但是，法治副校长的多元身份之间难免存在不协调之处，需要加以协调与整合。具体而言，主要存在以下几对冲突：本职工作之于副校长工作的压力；法律职业的专业性面向之于法治教育的群众性面向；法律工作的社会性面向之于校园法治的特殊性面向。

第一，本职工作之于副校长工作的压力。法治副校长工作具有兼职性质，并非专职工作。法治副校长之法律职业工作者的身份有助于保障其工作的专业性与可靠性，但同时有可能因为其本职工作的繁忙而牵制其在法治校园工作中投入的时间和精力。公安部门、检察部门和法院系统在行政管理和司法工作中承担着繁重的工作压力。尤其是就法院系统而言，“人手不足”“案多人少”的现实困境严重制约其在法治副校长工作中的投入。校园法治工作中，法治副校长履职的常态化机制往往难以得到保障。[①]

第二，法律职业的专业性面向之于法治教育的群众性面向。法治教育具有“法治”和“教育”的双重面向，对教育者专业素养有较高的要求。法治副校长通常具有较高的法律素养，具有较为丰富的司法实践经验。但是在教育领域，法治副校长在很大程度上属于“门外汉”，缺乏相应的专业技能和应

① 参见曹国华、章志丰：《检察视域下法治副校长工作机制的完善》，载《中国检察官》2022 年第 11 期。

对能力。法治副校长普遍不具有中小学教师资格证，难以把握中小学教育工作的客观规律。就法治教育而言，法律职业的专业性面向与法治教育的群众性面向存在天然的矛盾。作为专业人士的法律职业工作者可能不具备相应的教育能力，无法将复杂的法治原理传递给非法律工作者，这对法治副校长而言是一个较大的考验。

第三，法律工作的社会性面向之于校园法治的特殊性面向。法律职业往往面向社会群体，作为法律职业工作者的法治副校长在本职工作中面向的群体往往是法律当事人。在校园法治工作中，法治副校长面向的是未成年学生。对此，采用何种工作策略便显得尤为重要。例如，在向青少年学生讲解刑法知识时，可能存在一系列障碍。刑法是规制人性之“恶”的法律，其中的条文内容以惩治犯罪为根本导向。如果不当地向未成年学生介绍刑法中的内容，则可能会引发学生的“逆反”心理和“模仿”心理，对校园法治建设产生消极影响。又如，社会生活中的部分刑事案件涉及血腥、暴力等违法犯罪内容，不适合用于针对未成年学生的法治教育。将此类信息使用于法治教育，可能使学生产生恐惧、害怕等心理阴影，不利于其健康成长。由此可见，法律工作的社会性面向与校园法治的特殊性面向之间存在一定的矛盾和张力，有待从理论层面和实践层面加以纾解。

（二）法治副校长的选聘机制有待完善

根据《中小学法治副校长聘任与管理办法》第六条第一款的规定，法治副校长应当符合四大要求：（1）政治素质好，品德优秀，作风正派，责任心强；（2）有较丰富的法律专业知识与法治实践经历，从事法治工作 3 年以上；（3）身心健康，热心教育工作，了解教育教学规律和学生的身心特点，关心学生健康成长；（4）具有较强的语言表达能力、沟通交流能力和组织协调能力。根据《中小学法治副校长聘任与管理办法》第六条和第十九条的规定，法院、检察院、公安机关和司法行政部门应当遴选、推荐符合条件的在职工作人员担任法治副校长，学校也可以从其他执法机关、法学教育和法律服务机构等单位聘任校外法治辅导员。此外，根据《中小学法治副校长聘任与管理办法》第七条的规定，教育行政部门应当与有关部门协商制订法治副校长聘任计划，会同派出机关综合考虑学校需求和工作便利，协商确定、统筹安排法治副校长人选，优先为偏远地区、农村地区学校和城市薄弱学校配备法治副校长。但是，针对法治副校长的选聘机制仍然存在以下问题。

第一，《中小学法治副校长聘任与管理办法》未将从法学教育和法律服务机构等单位聘请法治副校长纳入调整范畴。目前，《中小学法治副校长聘任与管理办法》第六条仅规定了公检法以及司法行政部门人员可以担任法治副校长，但并未对社会主体担任法治副校长作出肯定性规定。相反，《中小学法治副校长聘任与管理办法》第十九条规定了学校可以向社会主体聘请法治辅导员，但并未规定其可以担任法治副校长。从解释论层面看，社会主体究竟能否担任法治副校长，仍然是存在争议的。从规章的行政立法资料来看，教育部政策法规司认为，很多学校通过签订协议从法学教育或法律服务机构等单位聘请了法治副校长、校外法治辅导员，根据约定就某一项或多项学校法治工作提供针对性服务。此种情况属于学校自主聘请校外专业力量、构建多元参与学校治理的自主行为，《中小学法治副校长聘任与管理办法》对此并不禁止。[①] 但是，从规范逻辑上看，《中小学法治副校长聘任与管理办法》也并未明确认可社会主体担任“法治副校长”的实践逻辑。在政策导向上，《中小学法治副校长聘任与管理办法》更倾向于要求公检法以及司法行政部门人员担任法治副校长，但由此带来的问题是《中小学法治副校长聘任与管理办法》在调整范围上存在一定的局限性。

第二，法治副校长的人员构成不够科学完善。在实践中，中小学往往倾向于选择检察长等领导干部担任法治副校长。但是，由于检察长等领导干部的决策事务众多、本职工作繁重，难以抽出足够的时间投入法治副校长的工作中，导致法治副校长的象征意义高于实际价值。[②] 在法治副校长人选的统筹

---

① 教育部政策法规司：《完善中小学治理体系　健全学生权益保护机制——教育部政策法规司负责人就〈中小学法治副校长聘任与管理办法〉答记者问》，载中华人民共和国中央人民政府官网 2022 年 2 月 17 日，http：//www.gov.cn/zhengce/2022－02/17/content_5674374.htm。

② 参见黄瑛琦：《检察人员担任中小学校法治副校长的优势、困境及其出路》，载《广西政法管理干部学院学报》2021 年第 5 期。

和安排层面，检察院、法院和司法行政部门的内部协调工作和跨部门协调工作有待加强。如何根据法治校园建设的实际需要，协商确定、合理安排法治副校长人选，仍然有待进一步完善。

（三）法治副校长的职权职责有待明确

法治副校长在法治校园建设中应当发挥何种角色、承担何种职权职责，目前仍然是不明确的，有待进一步加以厘清。

第一，法治副校长对法治校园建设的"介入程度"不明晰。从理论上看，法治副校长的角色定位可以划分为"法律咨询者"和"法律实施者"。一方面，法治副校长在法治校园建设中发挥决策咨询的作用。这种情况下，其身份是"法律咨询者"。根据《中小学法治副校长聘任与管理办法》第五条的规定，法治副校长在法治校园建设中主要发挥"协助"作用，发挥"参与""协调""指导"等作用。另一方面，《中小学法治副校长聘任与管理办法》第五条却又要求法治副校长在法治校园建设中发挥具体的决策作用。这种情况下，其身份是"法律实施者"。根据《中小学法治副校长聘任与管理办法》相关内容，法治副校长具有相应的法律实施权限，参与到实施教育惩戒、制止侵害学校和师生合法权益的行为、学校安全事故的调解协商等事项中。"法律咨询者"和"法律实施者"的身份差别反映了法治副校长对法治校园建设的介入程度不同：法律咨询者是一种介入性较低的身份，法律实施者是一种介入性较高的身份。那么，法治副校长在法治校园建设中究竟应当保持怎样的"介入程度"？《中小学法治副校长聘任与管理办法》等规范性文件并没有给出明确的答案。在实践中，由于缺乏具体原则精神的指导，法治副校长也难以较好地把握介入具体校园法治工作的限度。

第二，法治副校长的组织法定位和职权职责不明确。其一，法治副校长的组织法定位不明确，其行为的外部效力和内部效力不明晰。从理论上看，法治副校长与其他"副校长"显然是有差别的。法治副校长作为教育系统的"编外人员"，原则上不享有等同于其他编内副校长的决策权限。那么，法治副校长决策行为是否具有外部效力和内部效力，抑或仅具有参考效力？此外，法治副校长是否需要为其决策行为承担纪律责任和法律责任？这些问题目前来看都是有待解决的重大问题。其二，法治副校长的职权职责不明确。实践中，有的法治副校长仅为“临时普法员”，职责定位还需进一步明确。《中小学法治副校长聘任与管理办法》第五条规定了法治副校长的六大类工作，分别是开展法治教育、保护学生权益、预防未成年人犯罪、参与安全管理、实施或者指导实施教育惩戒、指导依法治理。这些工作内容烦琐，条目众多，且与学校的众多日常管理工作相重合，未能真正厘清法治副校长的工作重心所在。

三、法治副校长制度的优化路径

针对法治副校长制度在规范层面和实践层面存在的问题，应当从以下四个方面加以完善：一是优化法治副校长的身份定位；二是完善法治副校长的聘用机制；三是厘清法治副校长的职权职责；四是加强针对法治副校长的培训考核。

（一）优化法治副校长的身份定位

在法治校园建设背景下，法治副校长并非可有可无的“虚职”，远不止“学校法律顾问”“临时普法员”之说，而是承载了深厚的法治使命。第一，法治副校长是校园法治工作领导者。“领导者”有别于“办事员”，法治副校长的工作有别于授薪律师或法务人员所承担的具体工作，其在更为宏观的校园法治建设层面发挥重要作用。所谓领导者，意味着法治副校长应当承担校园法治建设的统筹安排和顶层设计职能，指导下属具体工作的有序展开。仅凭法治副校长一人之力难以完成校园法治全部工作，相关的组织和协调工作便显得尤为重要。第二，法治副校长是校园法治守护者。[①] 有别于法律职业所要求的客观中立、不偏不倚等基本立场，法治副校长工作具有鲜明的价值导

---

① 参见姜元韶：《让法治副校长成为校园“守护者”》，载《人民教育》2022 年第 6 期。

向性。所谓守护者，意味着法治副校长应当承担未成年人权益保护、预防未成年人犯罪等重要职能，守护学生健康成长。第三，法治副校长是法治教育者和法治普及者。一方面，法治副校长承担针对学生的法治教育和普及任务。法治副校长应当针对不同年龄段学生的心理特质，有针对性地开展普法工作。另一方面，法治副校长承担针对学校教师的法治教育任务。中小学教师群体的法治素养会对学生产生重要影响。尤其是针对中小学思想政治（道德与法治）任课老师而言，法律思维和法律能力是其必备的专业能力。第四，法治副校长是校园法治建设的总参谋。针对法治校园建设实践中出现的复杂疑难问题，法治副校长能够发挥其法律专业优势，在校领导所参与的重大决策过程中发挥重要作用。

（二）完善法治副校长的聘用机制

针对法治副校长聘用机制的现实问题，采用“双轨制”聘用模式是一种较为妥帖的道路选择。一方面，中小学原则上应当从检察机关、司法机关、公安部门、司法行政部门等体制内聘用法治副校长；另一方面，中小学也可以从法学教育机构、法律服务机构等体制外聘用法治副校长。

第一，完善体制内法治副校长聘用机制。法院、检察院、公安机关和司法行政部门等法治副校长派出机关、教育行政部门和中小学应当密切合作，完善法治副校长聘用体系。在此过程中，法治副校长派出机关主要发挥遴选、推荐的职能。在遴选过程中，派出机关应当重视人员结构合理安排，合理配置领导干部与非领导干部，综合考量法治副校长的工作量、工作时间和工作强度等因素。教育行政部门应当与派出机关密切合作，统筹安排法治副校长人员，优先为偏远地区、农村地区学校和城市薄弱学校配备法治副校长。中小学应当根据自身法治校园建设的实际需求，与派出机关和教育行政部门充分沟通，按需确定法治副校长人选。在实践中，应当重视不同主体间的协调互助作用。具体而言，法治副校长需要在实际工作中担当起凝聚社会合力的重任，要建立起保护未成年人的协调各方关系的机制，注重学校和政法机关的配合，同时注意引入社会力量。此外，体制内法治副校长的工作应当以

“无偿”为原则，派出机关应当将法治副校长的工作时长纳入其在自身单位的工作量。

第二，积极引进体制外法治副校长。除公检法和司法行政部门外，还可以吸纳律师、大学法学教师、人民调解组织中的法律职业工作者。[①] 从比较法的层面看，日本不仅吸收公检法司工作者参与法治教育，同样通过律师协会和司法书士协会呼吁法律实务人士投入其中，将整个法律职业共同体均涵盖在内，具有一定的借鉴价值。[②] 考虑到我国法治校园的现实需要，大学法学教师、基层人民调解员的职业特征使其在一定程度上更能贴近学生的生活，便于学生理解和感受法律。在具体模式上，体制外法治副校长的运行模式可以参照《中小学法治副校长聘任与管理办法》予以实施，中小学应当与体制外机构签订劳务合同，对双方的权利义务关系加以明确化。此外，体制外法治副校长的工作应当以“平等有偿”为原则，参照《民法典》《劳动法》等相关法律法规予以落实。

（三）厘清法治副校长的职权职责

第一，明确法治副校长的组织法定位。从理论上看，虽然目前法治副校长制度采用的是“聘用制”，且法治副校长的身份编制并不在学校内部，但这并不妨碍法治副校长所参与的决策等工作的法律效力。一方面，应当承认法治副校长工作的内部法律效力。虽然法治副校长不属于常规意义上的校领导成员，但是法治副校长的身份定位决定了其在法治校园建设中的领导作用。为此，承认法治副校长工作的内部法律效力是法治校园相关工作有序展开的必要前提。针对法治副校长推动的“决策”等事项，应当承认其科层制效力，学校相关职能部门应当按照其具体要求予以贯彻落实；针对法治副校长推动的“建议”“协助”等事项，学校相关职能部门应当主动加以参考和研讨。

① 参见李红勃：《当前中小学法治教育存在的问题及解决对策》，载《课程·教材·教法》2020 年第 11 期。

② 参见欧阳晨曦、项彦：《日本青少年法治教育经验考察》，载《预防青少年犯罪研究》2022 年第 3 期。

另一方面，法治副校长的工作具有外部法律效力。从这一层面来看，法治副校长的法律人格被学校所吸收，因而具体体现为学校与其他外部主体的法律关系。当法治副校长的工作对学校造成损失时，学校亦可以根据聘用合同等约定要求其承担相应法律责任或纪律责任。

第二，明确法治副校长的具体职责。法治副校长的工作应当以法治教育为核心，以师生权益保护为重点，以预防未成年人犯罪为关键，以法治校园建设为根本价值导向。在实践中，确定法治副校长的具体职责时应当重点落实以下几个方面：其一，合规化。中小学应当以《中小学法治副校长聘任与管理办法》、各省市具体实施规定等规范性文件为指引，合理确定法治副校长的分管职责。一方面，不得安排法治副校长从事与校园法治建设无关的工作；另一方面，不得以各种形式“架空”法治副校长的权限，不得使其纯粹成为“临时普法员”。其二，契约化。中小学应当与法治副校长以聘用合同等形式厘清相互的权利义务关系，实现法治副校长职权职能的明确化和具体化。当一所学校存在多个法治副校长时，应当进一步明确各个法治副校长之间的具体分工，以实现法治建设效率最大化。其三，公示化。考虑到法治副校长并非体制内领导干部，必要的公示程序尤为重要。中小学应当在线上和线下醒目位置公示法治副校长的基本信息，让师生了解法治副校长的具体职权职能。

（四）加强针对法治副校长的培训考核

法治副校长并非专业的教育工作者，必要的培训机制和考核机制是其有效履职的关键所在。第一，加强针对法治副校长的培训工作。从培训时间上看，应当将任职前培训与常态化培训相结合，其中任职前培训应当不少于8个学时。从培训内容上看，应当将政治理论、未成年人保护、教育法律政策、心理健康教育、学校安全管理等多方面内容纳入培训范围，拓宽法治副校长的理论视野。此外，考虑到青少年教育工作的特殊性，应当特别重视针对法治副校长教育素养与教育能力的培训工作，重视提高法治副校长的语言表达能力、授课能力、教育沟通能力等专业素质。第二，加强针对法治副校长的考核机制。其一，各地区应当结合各自实际情况，制定相应的法治副校长考核办法，以可操作、可评估、可落实为指引，明确具体的测评标准与评估机制。此外，国家教育行政部门亦可出台相应的指南和标准作为评估法治副校长工作成果的参考依据。其二，各地区应当定期对本区域内法治副校长的履职情况进行考评，对工作成绩突出的法治副校长，应当予以表彰、奖励或者会同派出机关联合予以表彰、奖励。

结　语

总体而言，我国法治副校长制度目前正处于快速推进阶段，实践前景较为可观。从根本上看，法治副校长制度源起于法治中国建设的宏观背景，依托于校园法治建设的现实需求，具有相应的理论正当性与现实可行性。实践中，目前法治副校长制度存在角色定位不明、选聘机制不完善、职权职责不明晰等问题，有待进一步加以完善。为此，应当优化法治副校长的多元身份定位，完善以“双轨制”模式为基础的法治副校长聘用机制，厘清法治副校长的组织法定位与具体职权职责，加强针对法治副校长的培训考核。我们认为，经过长期的制度演进，我国法治副校长制度将会不断释放良好的制度效能，实现从法治社会建设到法治校园建设的框架转型，提高中小学教师队伍和学生群体的法治素养，为法治中国建设添砖加瓦。

青少年司法

美国少年司法“分流”的历史与借鉴

黄　刚*

摘　要　美国少年司法史就是一部“分流”史：第一次“分流”是少年法院运动——将罪错少年从成人刑事司法的桎梏下解放出来，实现了少年司法与成人刑事司法的分野；第二次“分流”是联邦少年司法“审前分流”计划——目的在于克服“交叉感染”和“标签效应”，是少年司法体系的再次革新；第三次“分流”是地方少年司法程序中的“非正式处遇”——目的在于贯彻“少年宜教不宜刑”理念，构成美国少年司法“分流”之主体。美国少年司法“分流”机制彰显了“少年宜教不宜刑”的现代少年司法理念，对我国未成年人罪错预防控制具有重要的启发意义，如重视社会力量的参与，不断强化父母在抚养教育儿童方面的责任，以及注重审前羁押的慎用与改良，等等。

关键词　少年司法　“分流”　未成年人罪错预防　历史与借鉴

纵观美国少年司法史，“分流”（diversion）理念——尽量减少罪错少年在正式司法体系中的涉足，降低正式司法处遇对罪错少年的不利影响——在其中扮演着不可替代的角色，有美国学者认为，“分流”主义（diversion justi-

* 黄刚，四川省成都市温江区人民检察院副检察长，四级高级检察官。

fication）与干预主义（interventionist justification）构成美国少年司法的两大正当化根据，其中“分流”主义较干预主义对美国少年司法的发源与发展发挥着更为持久、更不容置疑的影响。① “分流”理念暗含着这样一个理论前提，即罪错少年在现存司法体系中涉足越深，在体系中循环越频繁，他继续其犯罪行为的可能性就越高。② 因此，20 世纪 70 年代以后，“分流”的诸多优点——如避免正式法院记录的污名化（stigma tization）、提供康复服务以降低再犯、缓解法院人案矛盾以及为需要帮助与干预的少年提供干预途径等——为社会所发现，社会公众的热情导致“分流”项目被广泛应用，甚至出现了“分流爆炸”（a diversion “explosion”）。③ 本文拟探寻“分流”主义在美国少年司法中的发展历程，以期为我国未成年人罪错预防控制机制的现代化提供些许借鉴。

一、少年法院运动：美国少年司法史上的第一次“分流”尝试

少年法院运动的中心目标就是“保护罪错少年免受刑事司法体系的毁灭性惩罚”④，因而少年法院运动可以被视为美国少年司法发展史中的第一次“分流”尝试。尽管美国第一个独立于刑事法院体系的少年法院到 1899 年才在伊利诺伊州库克郡建立，但笔者认为，美国少年法院运动的历史要追溯至 18 世纪末 19 世纪初的刑罚改良运动，并根据各自对美国少年司法的影响可以划分为三个阶段，即专门少年矫正机构的建立、观护（probation）的大量适用和独立的少年法院体系的建立。

---

① See Franklin E. Zimring, *The Common Thread: Diversion in Juvenile Justice*, California Law Review, Vol. 88: 6, p. 2477 – 2496 (2000).

② See Thomas M. Kelley, et al., *Decentralized Intake and Diversion: The Juvenile Court's Link to the Youth Service Bureau*, Juvenile Justice, Vol. 27: 1, p. 3 – 12 (1976).

③ See Mark C. Stafford, *New Call for Assessing the Effects of 21st Century Juvenile Diversion*, Criminology and Public Policy, Vol. 15: 3, p. 949 (2016).

④ Franklin E. Zimring, *The Common Thread: Diversion in Juvenile Justice*, California Law Review, Vol. 88: 6, p. 2477 (2000).

（一）少年矫正运动与专门少年矫正机构的建立

美国的司法制度承继自英国的普通法体系，除了有限的刑事责任能力的规定（如“婴儿期辩护”，infancy defense），很少有关于儿童的特别规定。当这些少年被认定为刑事犯罪，他们与成年罪犯一样被处以死刑（capital）和肉刑（corporal punishments）。早期的美国改革者们认为死刑与肉刑的适用，特别是绞刑（gallows）的随意使用，对于所有的罪犯来说都过于血腥（sanguine）与残忍（brutal）。自纽约与费城开始，改革者采纳了监禁（imprisonment）作为部分死刑的替代措施，随后监禁很快也替代了公开鞭笞（whipping）、枷刑（the pillage）与其他身体刑。[①] 这就是美国司法史上的刑罚改良运动。

用自由刑取代死刑与残忍的肉刑，无疑是人类司法文明的重大进步。然而，刑罚改良运动对于少年的特性未能给予足够的关注，因轻微罪行将尚未完全明白其行为意义、还不清楚刑罚后果的少年投入监狱，剥夺其人身自由仍然过于残酷。这就导致了 19 世纪早期陪审团否弃权（jury nullification）在少年审判中的广泛运用——依照陪审团否弃权，陪审团可以无罪开释一个明显有罪的刑事被告人，拒绝对其施加明显不成比例的刑罚。[②] 此外，更为重要的是，刑罚改革者们逐渐发现了此后一直广受诟病的问题——“混关混押”问题以及由此带来的“交叉感染”。

于是 1824 年，纽约州的立法机构通过特许和授权罪错少年改造协会（the Society for the Reformation of Juvenile Delinquents）建立一个庇护所（the house of refuge）作为回应，授权该协会的管理者在新建的庇护所中接受“所有应被带走或者收容的流浪儿童，或者因刑事犯罪被定罪的儿童”中的“合适对象”（proper objects）。随后，纽约少年庇护所的做法为美国各地纷纷仿

---

① See Sanford J. Fox, *A Contribution to the History of the American Juvenile Court*, Juvenile and Family Court Journal, Vol. 49：4，p. 7（1998）.

② See Robert E. Shepherd Jr.，*The Juvenile Court at* 100 *Years*：*A Look Back*，Juvenile Justice，Vol. 6：2，p. 14（1999）.

效，至 1960 年，全美已经设置了 60 个类似的少年庇护所。[①]

自 19 世纪中叶开始，一种新的少年矫正理念——“家庭是最好的教养学校，而不是矫正机构”[②] 在美国少年矫正运动中悄然出现。少年庇护所所采取的聚集式体系（the congregate system）、严格管制的氛围（the regimented atmosphere）受到了批评，被指责为“将少年视为可以任意摆布的机器，而忽视了他们的心灵和灵魂”[③]。强调营造家庭氛围、注入爱的精神和尊重少年个性的新模式也就应运而生，芝加哥改造学校（the Chicago Reform School）的建立就是其中典型的代表。

芝加哥改造学校建立于 1855 年，其最初的矫正对象几乎与少年庇护所一样，被授权接收犯有轻罪（misdemeanor）的少年以及“欠缺适当父母照料、浪迹街头、调皮捣蛋（committing mischief）与在乞讨、无知、闲散与邪恶环境中成长”的少年。[④] 到 1857 年，芝加哥改造学校的对象范围进一步扩大，将实施了死刑犯罪（capital offense）以外的重罪（felony）少年也纳入教育改造的范围。[⑤] 芝加哥改造学校通过强调家庭式氛围与父母式关爱，使用生活小组，试图为少年提供制造业与农业的就业条件，在使用新方法方面获得了巨大的成功。

将行为偏差少年与犯罪倾向少年安置于家庭生活中的巨大价值在少年矫正运动中产生了深远影响，以至于很多机构走得更远，发起了一场“机构外

---

① See John C. Watkins, *The Juvenile Justice Century: A Sociolegal Commentary on American Juvenile courts*, Carolina Academic Press, 1998, p. 5. 转引自姚建龙：《长大成人：少年司法制度的建构》，中国人民公安大学出版社 2003 年版，第 52 页。

② 姚建龙：《长大成人：少年司法制度的建构》，中国人民公安大学出版社 2003 年版，第 57 页。

③ Fourth Annual Report of the Officers of the Chicago Reform School to the Board of Guardians 57 (1859). 转引自 Sanford J. Fox, *Juvenile Justice Reform: An Historical Perspective*, Stanford Law Review, Vol. 22: 6, p. 1208 (1970)。

④ See Charter and Ordinances of the City of Chicago, Together with Acts of m General Assembly Relating to the City, and Other Miscellaneous Acts, With an Appendix 338 – 39 (G. Thompson & J. Thompson cds. x856). 转引自 Sanford J. Fox, *Juvenile Justice Reform: An Historical Perspective*, Stanford Law Review, Vol. 22: 6, p. 1208 (1970)。

⑤ See Sanford J. Fox, *Juvenile Justice Reform: An Historical Perspective*, Stanford Law Review, Vol. 22: 6, p. 1213 (1970).

安置运动”。如纽约儿童救助协会（the New York Children's Aid Society）通过使用寄养家庭（foster homes）的方法将贫困少年输送至其他地区（主要是西部各州）的农户家中，希望通过农业劳动与家庭式氛围来解决少年罪错问题。①

专门少年矫正机构虽然是在刑罚改良运动中逐步建立的，但其对美国少年司法的影响却不容低估。

第一，将违反刑法的犯罪少年（juvenile offenders）与无人照管少年、贫困少年一起纳入少年矫正机构的接收对象范围，固然是受到当时“不道德是贫穷的根源”“游手好闲是邪恶的工厂”等不正确观念的影响，但同时反映了儿童观念的变化，即“少年应当是受保护的对象，而不应是受惩罚的对象”“少年所犯是错而不是罪”，这样的观念为美国少年司法呈现出福利倾向奠定了思想基础。

第二，建立专门的少年矫正机构，其中一个重要原因就是避免少年在监狱中与成年人“混关混押”导致的“交叉感染”，避免监狱成为少年的“犯罪学校”，基于这种动机将少年与成年罪犯分开处遇的做法可以认为是少年司法“分流”思想的开端。尤其值得注意的是，并非所有的犯罪少年、无人照管少年、贫困少年都是专门少年矫正机构的对象，只有其中的“合适对象”才能获准进入矫正机构，这种区分“可挽救”少年（the reformables）与“不可挽救”少年（the nonreformables）的做法既是为了避免矫正过程被污染的现实需要，也是少年司法“分流”机制的历史渊源之一。

第三，是否将“合适对象”交由法院和其他机构来判断，势必对法院的诉讼程序产生影响：法院的判断标准是“在法院看来，（少年）需要且将从改造学校的改造效应中受益”②，而一旦确定少年是“合适对象”，法院将发出收押令（mittimus），“不指控他犯罪，不记录对他的刑事诉讼，抹掉以前所有

---

① See Sanford J. Fox, *Juvenile Justice Reform: An Historical Perspective*, Stanford Law Review, Vol. 22: 6, p. 1210 – 1211 (1970).

② Law of Feb. x3, 2863, §9, [2863] Ill. Private Laws 136. 转引自 Sanford J. Fox, *Juvenile Justice Reform: An Historical Perspective*, Stanford Law Review, Vol. 22: 6, p. 1213 (1970)。

的指控，把他送到一所寄宿制学校，不管他被拘留的罪行有多严重”① ——这可能是早期少年法院关注“罪错少年”而不关注“少年罪错”的由来。要判断是否为“合适对象”，通过非正式的程序直接传讯少年及其父母比传召证人作证等对抗制诉讼程序更为简便，这也造就了早期少年司法的非正式诉讼程序传统。

第四，从少年庇护所到改造学校以及“机构外安置运动”，家庭式安置（不管是模仿家庭氛围还是送交寄养家庭）日益受到改革者的重视。1899 年伊利诺伊州制定第一部《失依少年、被疏于照管少年、罪错少年处遇与控制法案》（以下简称《少年法院法》），明确规定：“为达到其目的，本法令应作宽松的解释，即对儿童的照顾、监护和管教应尽可能接近其父母应给予的照顾、监护和管教，在所有情况下，如果可以适当地做到这一点，孩子将被安置在改进的家庭中，并通过合法收养或其他方式成为家庭的一员。”②

（二）观护制度的建立与大量适用

观护最早发源于波士顿。1841 年，一名叫作约翰・奥古斯图斯的鞋匠通过口头保证少年改过自新将少年从法院带走，从而开启了少年观护实践。到 1858 年，奥古斯图斯自愿为 1946 人提供了观护服务，被誉为“世界上第一位伟大的观护人”。③

观护实践的开端看似偶然，观护制度的建立却是一种必然。19 世纪下半叶，庇护所、改造学校等机构式少年矫正、处遇措施被质疑与批评。这些主要集中在以下两个方面：一方面，促使机构式矫正措施面世，同时机构式矫

---

① Fifteenth Annual Report of the Board of Guardians of the Chicago Reform School to the Mayor and common Council of the City of Chicago 24 (1871). 转引自 Sanford J. Fox, *Juvenile Justice Reform: An Historical Perspective*, Stanford Law Review, Vol. 22: 6, p. 1214 (1970)。

② Act of Apr. 21, I899, § z6, [1899] Ill. Laws 136 – 37. 转引自 Sanford J. Fox, *Juvenile Justice Reform: An Historical Perspective*, Stanford Law Review, Vol. 22: 6, p. 1211 (1970)。

③ See Graham Parker, *The Juvenile Court Movement*, University of Toronto Law Journal, Vol. 26: 2, p. 168 (1976). 亦可参见丁道源编著：《中外观护制度之比较研究》，台北，台湾文物供应社，第 15 – 17 页。转引自姚建龙：《长大成人：少年司法制度的建构》，中国人民公安大学出版社 2003 年版，第 86 页。

正措施旨在消除的“交叉感染”效应（the contamination effect）在这些机构中依然存在，只是换了一种面貌出现——从成年罪犯影响少年变成了少年之间相互影响，即使在存在较好区分与处遇计划的青少年教养院（reformatories）与“工业习艺学校”（training schools）也不能很好地实现改造或者拯救少年的目标。① 另一方面，即使地方立法一再声称这些机构“不是监狱”，地方法院的移送令状（the warrant of commitment）也并不意味着惩罚，但这些处遇措施对少年及其家庭的影响不言而喻。因此，美国当时最著名的社会工作者爱德华·迪瓦恩认为这种机构式处遇政策危害“家庭的完整”，呼吁“只要父母适合管理儿童，儿童就应当被允许跟其父母在一起”②。

与此同时，由纽约儿童救助协会等机构发起的机构外安置运动也遇到了一定的困难。不仅负责接收这些少年的州抱怨纽约在向西部地区输出其青少年罪犯以及这些纽约少年挤占了本州的寄养家庭资源，③ 对这些寄养家庭缺少必要的监督也导致实际情况不容乐观：很多被安置的少年不能适应新的环境，遭受忽视甚至虐待，有的甚至选择逃回城市。④

因此，当蒙森小学（Monson Primary School）和莱曼学校（Lyman School）在马萨诸塞州成立时，它们的附则规定，这些机构的官员必须监督被安排出去的孩子——“像家长一样提供咨询和建议”。然而，这些职责因机构工作人员不堪重负并未得到满意的履行。为了解决这一问题，1866 年州政府发明了“州（县）代理人”（state agent 或 county agent）制度，出席违警罪法庭与州最高法院的所有审判，并为等待审判的少年提供观护。1869 年，“州（县）代理人”的工作被扩大至包括对从工业学校（industrial school）与青少年教养院安置出来的少年进行监督（supervision）。至 1878 年，观护第一次在

---

① See Graham Parker, *The Juvenile Court Movement*, University of Toronto Law Journal, Vol. 26: 2, p. 168 (1976).

② See Graham Parker, *The Juvenile Court Movement*, University of Toronto Law Journal, Vol. 26: 2, p. 167 - 168 (1976).

③ See Sanford J. Fox, *Juvenile Justice Reform: An Historical Perspective*, Stanford Law Review, Vol. 22: 6, p. 1211 (1970).

④ 参见姚建龙：《长大成人：少年司法制度的建构》，中国人民公安大学出版社 2003 年版，第 58 页。

马萨诸塞州得到官方认可。[①]

观护制度在美国少年司法史中的地位不容小觑，霍穆尔·福克斯（Homer Fox）将观护制度称为“拯救儿童历史中最惊人的事件”，格雷厄姆·帕克（Graham Parker）教授则认为20 世纪拯救儿童的真实历史是观护历史。[②] 具体而言，主要体现在以下三个方面。

首先，从“混关混押”式的监狱到庇护所（聚集式体系）、少年改造学校（小组模式）等专门少年矫正机构，再到寄养家庭等机构外安置运动，最后发展至观护监督之下的原生家庭安置，在少年处遇措施的发展历程中，观护制度体现了社会对于“儿童最大利益”的认知的高级阶段——原生家庭才是最好的教养学校。这种社会观念对美国少年司法的运作影响甚大，对于家庭和社区的倚重成为美国少年司法的鲜明特色。

其次，观护实践面世的初衷之一在于克服机构内矫正难以避免的“交叉感染”，在少年见识了惩罚的威力之后又给予少年一次“额外的机会”，因此仍然是“少年应受保护而不是受惩罚”理念的体现。但保护并不意味着自由放任，观护不仅含有对少年日常进行监督的内容，更保留了一定的威慑作用——对少年之前实施的罪错行为进行惩罚的可能性。在此意义上，观护制度为暂缓起诉（deferred prosecution）、受案筛选程序（intake stage）等各种狭义的少年司法“分流”机制开启了思想源流。

最后，观护工作的内容——访问（visit）、监督（supervision）、评估（assessment）、建议（recommendation）决定了观护更倾向于运用专业的社会工作方法，通过专业社会工作理念的引入，为少年提供个性化的观护服务与监督，以满足少年个性化的需求。这也是导致早期少年司法“更关注需求而非行为”（focus on not deed but need）、具有鲜明的社会工作特征的原因，更是理解观护官员（probation officer）在案件筛选中发挥主导作用的钥匙。

---

① See Graham Parker, *The Juvenile Court Movement*, University of Toronto Law Journal, Vol. 26: 2, p. 167 – 168 (1976).

② See Graham Parker, *The Juvenile Court Movement*, University of Toronto Law Journal, Vol. 26: 2, p. 168 (1976).

（三）少年法院的诞生

理论上公认1899年美国伊利诺伊州《少年法院法》的颁布与第一个少年法院的建立是现代少年司法的开端。但事实上，在这之前，美国其他一些州的立法也有过积极的尝试。如马萨诸塞州1870年的一项法律规定，萨福克县（波士顿大部）法院对于少年被告人的庭审必须单独进行，1877年的一项法律首次使用了“少年被告人庭审期”的术语，要求在该庭审期中庭审记录（the records）与案卷（the dockets）单独保存。其他一些地区，诸如纽约、印第安纳等州也存在将少年与成年人分开羁押（separate confinement）、分开审判（separate hearings）、单独保存庭审记录与案卷、少年观护等少年法院审理程序的实践。①

然而，这些零散的实践并没有迅速扩散开来。直到1899年第一个全面、系统的《少年法院法》在伊利诺伊州颁布施行，第一个专业组织的少年法院在库克郡建立并运行，情况才有所改观。伊利诺伊州的少年法院改革迅速为其他州所仿效，到1928年，全美50个州中仅有2个州没有建立少年法院体制；到1932年，全美已经有超过600个独立的少年法院。② 进入20世纪以后，少年法院运动取得了空前的成功，少年法院遍及全美50个州，几乎所有发达国家都不在成人刑事法庭审判其罪错少年，美国少年法院的用语、程序与目标成为欧洲非英联邦国家、日本以及英国少年司法机构的蓝本。③

在笔者看来，伊利诺伊州《少年法院法》与库克郡少年法院之所以取得这样令人瞩目的成功，原因就在于第一次完整、全面地将“分流”理念运用于少年案件的司法处遇之中，从处遇理念、组织架构、程序设置、控制模式

---

① See Herbert H. Lou, *Juvenile Courts in the United States. Chapel Hill*, University of North Carolina Press, 1927, p. 15 - 18.

② See John C. Watkins, *The Juvenile Justice Century*: *A Sociolegal Commentary on American Juvenile Courts*, Carolina Academic Press, 1998, p. 52. 转引自姚建龙：《超越刑事司法　美国少年司法史纲》，法律出版社2009年版，第91页。

③ See Franklin E. Zimring, *The Common Thread*: *Diversion in Juvenile Justice*, California Law Review, Vol. 88: 6, p. 2479 (2000).

等多个方面实现了少年司法与成人刑事司法的全面分野。

首先，也是最为重要的，在地方立法中明确“少年宜教不宜刑”的观念，即“违法少年不应作为罪犯（被惩罚）而应当作为一名需要照料、教育与保护的儿童对待”[①]。《伊利诺伊州少年法院法》将罪错少年与被疏于照管少年（the neglected）和失依少年（the dependent）同样对待，给予尽可能接近少年之父母所应给予的照料、监护与约束。

其次，从组织架构来看，专门审理少年案件的少年法院（或者法庭）机构的设立标志着少年司法与成人刑事司法的全面分野。专门审理少年案件的少年审判机构与成人刑事法庭在机构上的分开设置，无论采用独立的少年法院、家庭法院、少年及家庭关系法院以及附属于刑事法院的少年法庭四种模式中的哪一种模式，以更长任期的专门法官来取代早期的法官“轮案制”（the system of rotation）必将促进少年法官与少年审判的职业化与专业化程度，而少年法庭“圆桌审判”等更为宽松的氛围也能消除成人刑事法庭庄严肃穆给身心尚未成熟的少年的影响，赢得少年的信任与合作，从而提升改造与康复成效。

再次，从程序设置来看，与成人刑事司法程序的正式性与注重权利保障不同，少年司法程序更注重消除审判程序对少年的不利影响，也符合“分流”理论的精神实质。少年案件的审判原则上采用“简易”（summary）方式，庭审记录与案卷单独保存，审判过程注重保密性（confidential）……这些与传统刑事诉讼截然不同的程序设置，目的不仅在于营造更为宽松、合作的法庭氛围，更在于竭力消除少年因起诉、审判、定罪等给少年贴上“标签”，阻碍其改过自新、复归社会的影响——这恰恰是少年司法“分流”理论诞生的重要推动力之一。

最后，从控制模式来看，少年法院的诞生是实证主义犯罪学的兴起导致社会控制策略转变的结果。19 世纪末 20 世纪初西方实证主义犯罪学的兴起，

---

① See Herbert H. Lou, *Juvenile Courts in the United States. Chapel Hill*, University of North Carolina Press, 1927, p. 20.

解释了少年罪错行为与其成长环境及其个人性格的正相关性，从而将医学类比应用于罪错少年的改造，着手建立一个基于“一种将少年偏差行为视为可预防或可治愈疾病的医学模式”的临床型少年法庭，司法控制的任务就演变为诊断犯罪原因（diagnose the causes of）并提出诊疗方案（prescribe cures for），而不是准确认定犯罪事实并判处与犯罪行为成比例的刑罚。[①] 这恰恰是传统刑事司法所不能完成的，必须设立专门的司法体系予以实现。

二、“布鲁克林计划”与“审前分流”：联邦司法体系的“分流”

以独立于成人刑事法院的少年法院为标志的美国少年司法体系的建立，意在克服成人刑事司法体系对于罪错少年的种种不利影响，为少年罪错等少年问题的处遇探索出了一条全新的路径。然而，少年法院毕竟是司法机构，少年法院程序也带有浓厚的机构化处遇色彩，成人刑事司法程序的一些不利影响，如标签效应与污名化效应自然也难以彻底根除——无论给少年冠以“少年犯”还是冠以“罪错少年”以及其他一些符号，都会影响少年的自我认知进而导致进一步的罪错行为，也会影响社会对于少年的认知给少年复归社会造成障碍。因此，在少年法院诞生约半个世纪以后，美国联邦少年司法体系逐渐开启了新的“分流”历程——与第一次“分流”系从成人刑事司法体系分流至独立的少年司法体系不同，第二次“分流”系从少年司法体系分流至以社区为基础的各类“分流”项目。

（一）“布鲁克林计划”

一般认为，美国联邦少年司法体系的“审前分流”肇始于“布鲁克林计划”（the Brooklyn Plan）。[②] “布鲁克林计划”因其首先在纽约市布鲁克林地区实施而得名，其首倡者系美国纽约东区首席联邦缓刑官康拉德·普林茨莲

---

① See S'Lee Arthur II. Hinshaw, *Juvenile Diversion: An Alternative to Juvenile Court*, Journal of Dispute Resolution, Vol. 1993: 2, p. 305 – 307 (1993).

② See Thomas E. Ulrich, *Pretrial diversion in the federal court system*, Federal Probation, Vol. 66: 3, p. 30 (2002).

（Conrad Printzlien）。

1938 年《联邦少年罪错法案》（the Federal Delinquency Act）通过以后，在罪错少年书面同意的情况下，他将被带到法庭面前适用少年法院程序接受审理。少年法院程序虽不严苛，但仍将留下官方记录，也会给未成年人贴上标签。[①] 普林茨莲对于罪错少年被判处缓刑与假释后难以回归社会的问题深恶痛绝，在成为纽约东区首席联邦缓刑官之后，为准确区分因环境影响造就的青少年罪犯（the situational juvenile offender）与更严重的青少年暴徒（the more serious young thug），普林茨莲提出了一项在审判前将因环境影响造就的青少年罪犯从正式司法体系中分流出来的计划，这就是美国少年司法史上大名鼎鼎的“布鲁克林计划”。[②]

“布鲁克林计划”的程序设计如下：罪错少年被侦查机关（investigating agency）带至联邦检察官办公室（the U. S. attorney's office）后，联邦检察官办公室将综合分析罪错少年的罪错情况、个人情况以及逮捕官提交的相关信息。如果认为罪错少年有可能改过自新，检察官将案件转介给缓刑官以获得有关罪错少年罪责程度和总体背景的详细报告。罪错少年随后将在其父母或者监护人提供的保证金的担保下予以释放。罪错少年将被告知一周以后再来并被告诫不得再惹麻烦。一旦报告完成，缓刑官将报告提交给检察官。结合缓刑官提供的报告，如果联邦检察官办公室认为罪错少年具有改过自新的潜力，将向缓刑部门写一封信，说明暂缓起诉的理由，并要求缓刑部门提供一段时间的监督。然后，该罪错少年在缓刑官的主持下接受一段时间的社区监督。社区监督结束后，缓刑官将向检察官提供一份关于该少年的改正情况的详细报告和一份建议。如果进展是积极的，最初的投诉就会被标记为“不予

---

① See Charles H. Z. Meyer, *The "Brooklyn Plan" of Deferred Prosecution for Juvenile Offenders*, Journal of Criminal Law and Criminology（1931 - 1951）, Vol. 37：6，p. 479（1947）.

② See Stephen J. Rackmill, *Printzlien's Legacy*, *the Brooklyn Plan*, *A. K. A. Deferred Prosecution*, Federal Probation, Vol. 60：2，p. 8（1996）. 其时，1938 年《联邦少年罪错法案》尚未颁布，联邦少年法院体系尚未建立，因此在“布鲁克林计划”实施之初，是将罪错少年从刑事司法体系分流至“布鲁克林计划”，而不是从少年司法体系“再次”分流。

受理”，而违反监督程序的人将被退回联邦检察官办公室并被起诉。[①]

1936年至1946年，布鲁克林地区的250余名罪错少年被安置于“布鲁克林计划”中，有10人完成高中学业，3人完成大学学业，2人从职业学校毕业，只有2人因违反相关条件被纳入联邦少年罪错法案的处遇程序之中。[②]

“布鲁克林计划”取得了巨大的成功。1945年，美国时任总检察长汤姆·坎贝尔·克拉克任命的少年犯罪问题特别缓刑委员会（the Committee on Probation With Special Reference to Juvenile Delinquency）根据“布鲁克林计划”，认为针对未成年人的暂缓起诉制度的适用，既有利于罪错少年的改过自新，也利于减少政府机构的工作、减少了调查与起诉这些案件的花费，因此“极度珍贵”且应“鼓励适用”。对于适用范围，该委员会建议限定为“初犯”，以及“具有相当好的家庭背景或者类似监护条件”的少年。该委员会的报告得到了总检察长克拉克的认可，1946年年初，克拉克总检察长敦促联邦检察官在合适的案件中考虑暂缓起诉的适用。[③]

（二）“审前分流”项目

“布鲁克林计划”实际上是一项针对罪错少年的暂缓起诉（Deferred Prosecution）计划，主要适用于联邦少年司法系统。直至1974年7月，联邦副检察长劳伦斯·H. 西尔贝曼宣布用“审前分流”取代了“布鲁克林计划”。[④]

进入20世纪60年代以后，美国少年犯罪率迅速攀升。据统计，自1960年至1976年，少年犯罪率上升416%，而少年人口仅增长129%。[⑤] 少年犯罪

---

① See Stephen J. Rackmill, *Printzlien's Legacy, the Brooklyn Plan, A. K. A. Deferred Prosecution*, Federal Probation, Vol. 60: 2, p. 8 (1996).

② See Printzlien C., *Deferred prosecution: Provisional release of juvenile offenders*, Federal Bar Journal, Vol. 7: 3, p. 282 – 283 (1946).

③ See Kennedy H. M., *Report of the Committee on Probation with Reference to Juvenile Delinquency*, Federal Probation, Vol. 12: 1, p. 7 (1948).

④ See Stephen J. Rackmill, *Printzlien's Legacy, the Brooklyn Plan, A. K. A. Deferred Prosecution*, Federal Probation, Vol. 60: 2, p. 14 (1996).

⑤ See Andrew J. DeAngelo, *Diversion Programs in the Juvenile Justice System: An Alternative Method of Treatment for Juvenile Offenders*, Juvenile & Family Court Journal, Vol. 39: 1, p. 21 (1988).

问题日趋严重，少年司法体系处理少年罪错问题的方法也日益引起社会大众的不满，如美国最高法院在 Kent 案中就明确指出，“少年得到的是两个世界中最坏的结果：他（或她）既得不到（刑事司法所给予的）成年人所得的（宪法）保护，也得不到（少年司法所给予的）少年理应得到的关怀与康复处遇”[①]。在此背景下，公众呼吁对罪错少年采取更为有效的处遇手段，这就导致了 20 世纪六七十年代美国“审前分流”项目的蓬勃发展。

1967 年，总统的法律执行与司法管理委员会（the President's Commission on Law Enforcement and Administration of Justice）提交报告鼓励采取有效步骤提升少年司法的运作，其中就包括将初犯与轻微犯罪从法律程序中分流至非司法性质的社区机构，作为正式少年司法程序的替代措施。[②] 该委员会的报告还建议每个社区研究建立青少年服务局（Youth Service Bureau）的可能性，从而警察、父母、学校与社会机构能够将少年转介至青少年服务局接受咨询、教育、娱乐与就业安置。同年，少年罪错与青少年犯罪总统特别委员会（the Presidential Task Force on Juvenile Delinquency and Youth Crime）也持相同观点，认为没有必要在所有案件中动用少年司法体系的全部力量，付诸少年法庭审理与宣布构成少年罪错应当作为最后的手段。[③]

这些报告的出台，导致各种“分流”项目在美国迅猛发展，几乎少年司法流程中每一个决定，从警察部门的警告到少年法院审判后判处缓刑，都被纳入“分流”的范畴。为了澄清这个问题，1967 年少年司法与罪错预防办公室为“分流”建立了标准：“分流”仅适用于那些原本将受审的青少年在被抓捕后至受审前被转介出少年司法体系的过程。[④] 1974 年，美国国会通过了《少年司法与罪错预防法案》（the Juvenile Justice and Delinquency Prevention

---

① See Kent v. United States, 383 U. S. 541, 562 (1966), p. 556.

② See S'Lee Arthur II. Hinshaw, *Juvenile Diversion: An Alternative to Juvenile Court*, Journal of Dispute Resolution, Vol. 1993: 2, p. 311 (1993).

③ See S'Lee Arthur II. Hinshaw, *Juvenile Diversion: An Alternative to Juvenile Court*, Journal of Dispute Resolution, Vol. 1993: 2, p. 311 (1993).

④ See Andrew J. DeAngelo, *Diversion Programs in the Juvenile Justice System: An Alternative Method of Treatment for Juvenile Offenders*, Juvenile & Family Court Journal, Vol. 39: 1, p. 24 (1988).

Act)，强调使用项目“将罪错少年从传统少年司法体系分流出去，并为机构化处遇提供急需的替代措施”①。通过联邦的资助，“审前分流”在全美范围内成为官方处遇程序的行之有效的替代手段，适用范围也从少年罪错案件逐渐拓展至成人刑事案件。

值得指出的是，1974 年《少年司法与罪错预防法案》通过后，实际上所有的少年案件都被置于地方法院体系的管辖之下。② 发源于“布鲁克林计划”的、以暂缓起诉为特征的“审前分流”系联邦司法体系的产物，对地方法院体系的影响有限：全美少年罪错案件约占全部刑事案件的 1/5，但据统计，1995 年至 1999 年这 5 年之中纳入“审前分流”项目的被告人中，未满 18 周岁的未成年人占比仅 1.3%。③

三、案件受理阶段的非正式处遇：美国现代少年司法“分流”之主体

与刑事司法“侦查—起诉—审理—判决—执行”的诉讼进程不同，美国少年司法程序并非刑事诉讼程序，除被少年法院法官决定逆送（transfer of juveniles to criminal court）的部分案件将在刑事法院体系采用与成年被告人一样的刑事诉讼程序外，少年法院程序更类似于民事诉讼程序，且在法院内部设置有案件受理部门来决定少年案件采取正式程序（formal processing）处遇还是非正式程序（informal processing）处遇。其中，非正式处遇程序的主要措施之一就是“分流”。

（一）美国少年司法程序中的案件受理

历史上，少年的父母与警察可以直接提出请求少年法院审理的申请（petition）。后来，为了缓解少年法院难以承受的案件审理负担，设置了专门的案

① See S'Lee Arthur II. Hinshaw, *Juvenile Diversion: An Alternative to Juvenile Court*, Journal of Dispute Resolution, Vol. 1993: 2, p. 311 (1993).

② See Stephen J. Rackmill, *Printzlien's Legacy, the Brooklyn Plan, A. K. A. Deferred Prosecution*, Federal Probation, Vol. 60: 2, p. 14 (1996).

③ See Thomas E. Ulrich, *Pretrial diversion in the federal court system*, Federal Probation, Vol. 66: 3, p. 33 (2002).

件受理（intake）程序，少年罪错处遇程序也随之分化为正式处遇程序与非正式处遇程序。正式处遇程序将导致向法院正式提交申请，从而将相对严重、需要少年法院关注和正式干预的案件提交少年法院处遇（如宣告构成少年罪错、要求接受一定时期的正式观护，等等）；非正式处遇程序则不会导致向法院正式提交申请，对于相对不那么严重的案件，通过将案件分流或者接受一定程度的惩罚（receive a sanction，如赔偿损失或者接受监督等）避免留下正式审理的官方记录。①

案件受理通常由少年法院内部的观护部门负责，但随着少年司法领域严罚政策的回归，检察官在案件受理阶段出现了越来越多的参与，以至于有学者研究后声称“在很多司法辖区检察官主导着案件受理阶段”②。

（二）非正式处遇程序与少年司法“分流”

案件受理部门经过审查，决定对少年罪错案件采用正式程序处遇的，将提出请求少年法院进行审理的正式诉请，案件将进入少年法院审理程序；决定采用非正式程序的，则在少年认罪的前提下，由少年自愿接受一定类型的惩罚（sanction）或者干预（intervention）。③

在非正式程序中，罪错少年接受的主要处遇措施就是“分流”，包括转介至处遇或者服务，或者要求少年参加青少年法庭庭审、社区服务、就业辅导计划，以及其他相关项目。如果少年成功完成“分流”项目，将不会留下“官方记录”。④ 这些“分流”项目往往以社区为基础（community – based）

---

① See Daniel P. Mears, *The Front End of the Juvenile Court*, in Barry C. Feld & Donna M. Bishop eds., The Oxford Handbook of Juvenile Crime and Juvenile Justice. Oxford University Press, 2012, p. 597.

② See Carrie J. Petrucci & H. Ted Rubin, *Juvenile Court: Bridging the Past and the Future*, in Albert R. Roberts, Juvenile Source book: Past, Present, and Future, Oxford University Press, 2004, p. 247 – 288.

③ See Daniel P. Mears, *The Front End of the Juvenile Court*, in Barry C. Feld & Donna M. Bishop eds., The Oxford Handbook of Juvenile Crime and Juvenile Justice, Oxford University Press, 2012, p. 956.

④ See Daniel P. Mears, *The Front End of the Juvenile Court*, in Barry C. Feld & Donna M. Bishop eds., The Oxford Handbook of Juvenile Crime and Juvenile Justice, Oxford University Press, 2012, p. 956.

进行规划与实施，大致可以分为以下几类：（1）观护类：建立在非正式的警察观护形式的基础上，罪错少年被置于警察的观护与监督之下，警察与少年及其家庭的联系次数并不固定。（2）处遇类：此类项目需要工作人员精通少年发展理论与家庭运作，以及必要的个案与小组咨询的知识与技能。（3）教育与工作类：该项目建立在一种前提之下，即如果少年继续学业或者工作，其卷入进一步的罪错行为的机会将减少。这是一个居家项目（in - house program），工作人员提供辅助性教育与就业咨询。当少年完成项目时需要提供可用的工作场所。（4）社区志愿者类：社区的志愿者扮演大哥哥大姐姐、教育辅导员的角色，或者提供就业机会。（5）娱乐项目类：该类型强调体育活动与团队运动。这些活动将青少年的身体攻击和性挫折转化为社会建设性活动，从而使少年有机会认识到良好体育精神、遵守规则、健康竞争的好处。①

美国少年司法在处理少年罪错案件时，对非正式程序更为倚重。20 世纪 90 年代的大多数年份内，被移送至少年法院的少年中，超过一半被采用非正式程序处遇。② 进入 21 世纪以后，采用非正式程序处遇的少年占比有所下降，但也接近 50%。如 2014 年，被移送至少年法院的少年中，采用非正式程序处遇的占 46%；在这些采用非正式程序处遇的少年中，案件被标记为“不予受理”（dismissed）的占 42%，接受“其他惩罚”（通常是分流项目）的占 33%，置于非正式观护之下的占 24%。③ 从上述数据来看，发生在案件受理阶段的“分流”应当是美国现代少年司法“分流”的主体。

---

① See Andrew J. DeAngelo, *Diversion Programs in the Juvenile Justice System: An Alternative Method of Treatment for Juvenile Offenders*, Juvenile & Family Court Journal, Vol. 39: 1, p. 25 (1988).

② See Daniel P. Mears, *The Front End of the Juvenile Court*, in Barry C. Feld & Donna M. Bishop eds., The Oxford Handbook of Juvenile Crime and Juvenile Justice, Oxford University Press, 2012, p. 586.

③ See Sickmund, Melissa and Charles Puzzanchera, eds. 2014. Juvenile Offenders and victims: 2014 National Report. Pittsburgh, PA: National Center for Juvenile Justice. 转引自 Daniel P. Mears, et al., *Juvenile Court and Contemporary Diversion: Helpful, Harmful, or Both*, Criminology and Public Policy, Vol. 15: 3, p. 957 - 958 (2016).

四、美国少年司法“分流”史的启发与借鉴

尽管当前我国尚未建立独立的少年司法体系，未成年人犯罪案件的处理程序依然未能摆脱成人刑事司法的“影子”，但近 30 年以来，尤其是 2012 年修正实施的《刑事诉讼法》建立了未成年人刑事诉讼特别程序，我国少年罪错司法控制机制正在向先发国家的少年司法机制不断迈进。因此，美国少年司法“分流”的理念与机制对完善我国少年罪错司法控制机制具有重要的启发作用。

（一）“分流”理念是少年司法发展史的主线，应当成为少年司法的核心理念之一

“分流”理念的精神内核在于尽量减少罪错少年在正式司法程序中的涉足，避免“交叉感染”和“标签”效应（包括罪错少年的自我认知与社会对罪错少年的认知两个方面）。从这一点上讲，“分流”理念确实是贯穿于美国少年司法发展史的主线：由于以肉刑与死刑为主体的封建刑罚对于少年而言尤为残酷与不人道，启蒙主义刑罚改良运动以自由刑代替了肉刑与死刑，适用于少年的死刑数量逐渐减少，直至 2005 年 3 月美国最高法院通过了废除对不满 18 周岁的少年犯适用死刑的裁决；[①] 由于监狱内少年犯与成年犯“混关混押”导致少年犯被成年犯所“污染”（contaminated）、监狱沦为“犯罪的学校”，少年矫正运动蓬勃发展，从庇护所到改造学校，再到寄养家庭等机构外安置运动，最后发展成安置于原生家庭的观护制度，专门少年矫正机构的建立与矫正方法的发展，最初的动因就是“分流”理念；由于注重正式性与对抗性的传统刑事司法依然将少年作为罪犯对待，刑事司法程序不仅在进行中容易对身心未臻成熟的少年造成巨大伤害，伴随刑罚的裁量与执行而来的附带后果——标签与污名化也成为罪错少年重新融入社会的巨大障碍，正是

---

① 参见姚建龙：《未成年犯死刑的废除与美国少年司法的走势》，载《青少年犯罪问题》2007 年第 4 期。

为了避免传统刑事诉讼程序的上述危害，促成了独立的少年法院体系的诞生，少年司法与成人刑事司法的分野恰恰是美国少年司法发展史上的第一次“分流”；由于刑事司法所具有的“标签”效应在独立的少年法院体系内部并未得到根除，加上少年司法个性化处遇要求决定了对可能进入少年司法体系管辖范围的少年进一步区分，“布鲁克林计划”、“审前分流”、案件受理部门的筛选与分流等少年司法分流机制也就应运而生，且仍在不断发展深化中。19世纪以来美国少年司法的发展史，其实就是一部“分流”理念的实践史。

“儿童应当是受保护的对象，而不应该是受刑事处罚的对象。”这样的进步儿童观念已经成为当今世界文明社会的共识，联合国《儿童权利宣言》明确指出：“儿童应受到特别保护，并通过法律和其他方法而获得各种机会与便利，使其能在健康而正常的状态和自由与尊严的条件下，得到身体、心智、道德、精神和社会等方面的发展。在为此目的而制订法律时，应以儿童的最大利益为首要考虑。”① 现代儿童心理学的发展进一步揭示了儿童“易感性”与“易变性”相互交织的特点——儿童既容易受到外界环境的影响出现罪错行为，也能够通过改变导致其罪错的外部环境实现行为矫治从而复归社会。现代儿童心理学的发展与实证主义犯罪学成果相互支撑，诊断犯罪原因并提出诊疗方案的临床型少年司法模式成为现代少年司法的基本范式。世界上各文明国家对于刑事司法在少年罪错控制方面的失灵失效认识日渐深刻，自1899年美国伊利诺伊州建立起第一个独立于成人刑事法院系统的专门的少年法院开始，少年司法的理念和机构在世界范围内迅速蔓延开来，几乎所有发达国家都不在成人刑事法庭审判罪错少年，美国少年法院的用语、程序与目标成为欧洲非英联邦国家、日本以及英联邦国家少年司法机构的蓝本。② 所有这一切，都表明少年司法“分流”理念曾经是、现在仍然是、未来还将是少年司法的核心理念之一。

---

① 《儿童权利宣言》，载联合国网站2021年12月19日，http：//www. un. org/zh/documents/treaty/files/A－RES－1386（XIV）. shtml。

② See Franklin E. Zimring, *The Common Thread*：*Diversion in Juvenile Justice*, California Law Review, Vol. 88：6, p. 2479（2000）.

（二）重视社会力量的参与与社会工作方法的应用

少年司法“分流”的主要目的在于减少正式的诉讼进程对罪错少年的危害，但“分流”并非无视，对案件单纯采取不予受理或者撤销案件处理，对罪错少年不闻不问、一放了事。事实上，少年司法“分流”兼具“分流出”（diversion from）与“分流至”（diversion to）的含义，也往往意味着会伴随一定时期一定程度的干预和帮助，而这些干预和帮助是少年司法体系自身难以完成的——实际上缓解少年法院自身的案件审理压力本身就是设置案件受理程序的动因之一，因而需要社会力量的介入与社会工作方法的引入。

从美国少年司法“分流”的发展史来看，在少年司法运作中社会力量的介入与社会工作方法的引入贯穿于美国少年司法整个发展进程：少年法院运动包括少年矫正体系的改革、少年法院的建立等都源自司法体系之外的社会力量的推动，其中，芝加哥妇女俱乐部（the Chicago Women’ Club）、赫尔之家（the Hull House）、纽约防止贫困协会等社会组织在其中厥功至伟；少年庇护所、改造学校、机构外安置运动的发起者与运作者并非司法部门或者政府机构，也是民间社会组织等社会力量，少年法院早期履行观护监督职能的观护工作人员也主要由社会力量组成并由芝加哥妇女俱乐部内设的少年司法委员会（the Juvenile Court Committee）提供资金资助，直到 1905 年才建立起正式的观护官员任用制度。①

从少年司法分流的程序来看，案件受理程序作为分流程序的前置程序，案件受理官员（intake officer）需要关注法律适用的充足性（legal sufficiency），同时必须决定罪错少年是否会危及其自身与其他人的安全、是否应被羁押，以及决定羁押后对其采取何种处遇措施或者服务。此外，他们还需要对案件应当如何处理（如采用正式处理程序还是非正式处理程序）提出建议。为帮

---

① 参见［美］玛格丽特·K. 罗森海姆、富兰克林·E. 齐姆林等编：《少年司法的一个世纪》，高维俭译，商务印书馆 2008 年版，第 61 -65 页。

助作出这些决定，案件受理官员需要通过筛选与评估程序（screening and assessment process）收集信息，如罪错少年的身体状况、精神状况、之前与司法体系的联系（如前科等）、家庭背景、在校期间的行为偏差或者其他问题，等等，并进行正式的风险与需求评估。① 这些类似于我国刑事诉讼法规定的社会调查与专业评估不仅需要法律推理，更多地需要依赖于社会学、医学、心理学等社会工作成果与社会工作方法。类型各异的“分流”项目的设计与运作，不仅建立在家庭和社区基础上，而且为了确保“分流”项目的实效，必须以满足罪错少年的个性化需求（need）为目标，主要任务也包括提供咨询、教育与就业辅导，这些更是少年法院体系“不可承受之重”甚至是其“不能完成的任务”，更离不开社会力量的参与和社会工作方法的应用。

（三）不断强化家庭在少年罪错控制机制中的作用

美国少年司法“分流”带有浓厚的儿童福利色彩，而儿童福利理念的重要内容之一就是“儿童必须生活在家庭中”②，因此美国少年司法“分流”机制高度重视发挥家庭在促进罪错少年“康复”中的作用，不断强化父母在抚养教育儿童方面的责任。

在少年矫正运动的蓬勃发展中，“家庭是最好的教养学校，而不是矫正机构”的观念逐渐成为社会共识，机构式教养所（institutional reformatories）逐渐向家庭式教养所（cottage reformatories）转变，随后以寄养家庭为依托的机构外安置运动与以原生家庭为基础的观护实践悄然兴起。“机构安置—模拟家庭（家庭式教养所）—寄养家庭—原生家庭”这一发展过程从观念与实践两个方面生动诠释了家庭在少年矫正运动中发挥着越来越重要的作用。

对于父母抚养教育子女责任的强调，也为少年法院的诞生奠定了哲学基础。少年法院体系以国家亲权哲学为基础，即在少年之父母不履行或者无力

---

① 参见 Daniel P. Mears, *The Front End of the Juvenile Court*, in Barry C. Feld & Donna M. Bishop eds., The Oxford Handbook of Juvenile Crime and Juvenile Justice. Oxford University Press, 2012, p. 577。

② 郭静晃：《儿童福利》，台北，扬智文化事业股份有限公司 2009 年版，第 21 页。

履行抚养教育子女职责时，国家代替父母、像父母一般照顾子女的“最佳利益”。既然少年法院扮演着罪错少年“国家父母”的角色，对少年需求的关注就超过行为，对程序的非正式性、处遇的个性化以及康复的追求理所应当。事实上，自诞生之日起，少年法院在处遇罪错少年的同时也在不断地强化父母的责任，如在丹佛少年法院的早期实践中，父母被施加严格责任（rigid accountability），很多父母被处以罚款，在一些严重案件中存在疏忽的父母甚至被判处监禁。因此，“少年法院之父”林奇法官认为，“少年法院强化而不是减轻了家庭的责任”①。

（四）注重审前羁押的慎用与改良

审前羁押不仅会给罪错少年贴上标签，减损外界对少年的认知与少年的自我认知，而且容易引发“交叉感染”，因而恰恰是容易给罪错少年造成伤害的突出环节。因此，在美国少年司法“分流”的发展史中，审前羁押的慎用与改良占据了重要的位置。与成年人分开的少年羁押中心（juvenile detention center）是伴随着少年司法与成人刑事司法的分野出现的，但关于审前羁押过度使用（over - use）、羁押条件有待改善以及预防性羁押（preventive detention）的合宪性等问题一直广受批评，同时在不断改良当中。如 1974 年联邦《少年司法与罪错预防法案》禁止将身份罪错者羁押于少年羁押中心或者安全安置设施（secure placement facilities）。尽管最高法院在 1984 年沙尔诉马丁（Schall v. Martin）案②中，依据国家亲权哲学肯定了针对少年的预防性羁押不具有惩罚性质也不违背法律的正当程序要求，慎用与改良审前羁押的努力远未停止。③

美国少年司法审前羁押的慎用与改良的主要路径就是发展家庭羁押、电子镣铐等羁押中心羁押替代措施，如发起于 20 世纪 80 年代的少年羁押替代

---

① Ben B. Lindsey, *The Denver Juvenile Court*, Maine Law Review, Vol. 2: 5, p. 149 - 150 (1909).

② Schall v. Martin, 467 U. S. 253 (1984).

③ See William H. Barton, *Detention*, Barry C. Feld & Donna M. Bishop & eds., The Oxford Handbook of Juvenile Crime and Juvenile Justice, Oxford University Press, 2012, p. 637 - 639.

行动计划（Juvenile Detention Alternatives Initiatives）。该计划主要包含以下几个方面的内容：（1）建立广泛的协作机制，促进少年法院法官、检察官、公社辩护律师（public defender）、观护官员、警察等少年司法体系工作人员与相关社会服务机构的广泛协作；（2）增进共识，将安全羁押（secure detention）视为缺少其他替代措施的情形下不得已的手段；（3）客观受案审查，通过设计风险评估工具（risk assessment instruments）等客观的受案审查工具，确保审查决定的一致性与客观性；（4）创设审前羁押替代措施，主要采用以社区为基础的监督措施替代审前羁押，主要包括家庭羁押辅之以观护官员监督、家庭羁押辅之以电子镣铐监督、课后或者晚间报告中心（after school or evening reporting center）以及非安全性庇护所床位（nonsecure shelter beds）等。①

---

① See William H. Barton, *Detention*, Barry C. Feld & Donna M. Bishop & eds., The Oxford Handbook of Juvenile Crime and Juvenile Justice, Oxford University Press, 2012, p. 653 – 654.

未成年人认罪认罚从宽研究

蒲　敏*

摘　要　未成年人认罪认罚从宽因其主体特殊性而在制度的适用中呈现出不同于成年人的特征，总的表现为要更加重视未成年被追诉人认罪认罚的自愿性、合法性，确保其程序性权利和实体性权利得到保障。从实践来看，未成年人认罪认罚从宽现有相关规范涉及不多，案件类型也比较集中，且事实上适用率也较高，表现为启动集中在审查起诉阶段，社会调查是重要环节，精准量刑提出率高和以简易程序为主的特点，在总体效果上能够实现被追诉人与被害人双方的心理预期，达到修复社会关系的目的。但也存在律师帮助形式化、合适成年人“见证人化”、缺乏法定代理人异议处理程序以及从宽途径狭窄等问题，需要进一步解决。

关键词　未成年被追诉人　认罪认罚　从宽处理

认罪认罚从宽制度本身并不排斥适用于未成年人犯罪，但认罪认罚从宽制度的产生，根本上是出于解决成年人刑事司法问题的目的，如果不考虑未成年人犯罪的特性而贸然对未成年人刑事案件适用认罪认罚从宽，则是忽视了少年司法和成年人司法的不同，容易对未成年人的权益造成损害，也难以

* 蒲敏，法学硕士，成都建工资源循环利用有限公司审计法务岗专员，四川师范大学少年司法研究与服务中心特邀研究员。

实现该制度本身的作用与价值。因此，在未成年人刑事案件中正确适用认罪认罚从宽，需要对认罪认罚从宽进行差异化改造，使其成为教育矫治涉罪未成年人的有效方式。如此既可以促进认罪认罚从宽制度本身的完善，更能够推动未成年人刑事案件处理程序和体系的改善。

一、未成年人认罪认罚从宽的制度特征

未成年人认罪认罚从宽因其主体特殊性而在制度的适用中呈现出不同于成年人的特征，分别表现在对未成年人的主体性保障、程序特征和结果特征三方面，总的表现为在未成年人犯罪的案件中适用认罪认罚从宽要更加重视未成年被追诉人认罪认罚的自愿性、合法性，确保其程序性权利和实体性权利得到保障。

（一）未成年人认罪认罚从宽的主体性保障

1. 法定代理人与合适成年人制度

法定代理人与合适成年人对涉罪未成年人的主体性保障，首先体现在对此类案件进行意见听取的专门规定中。办理未成年人认罪认罚案件，检察院和法院应当就未成年人认罪认罚听取法定代理人或合适成年人的意见。前者一般是未成年被追诉人的父母或其他与之有血缘关系的亲属，后者则包括被追诉人居住地的基层自治组织的工作人员、关爱未成年人的相关组织的工作人员等，通常关系到社会力量的介入。法定代理人一方面对监护未成年人健康成长、不作出越轨行为负有法定义务，另一方面作为被追诉人的亲属会对被追诉人的相关权益保持密切关注，因此在适用认罪认罚从宽时听取他们的意见能够在一定程度上保证未成年被追诉人认罪认罚的自愿性和程序合法性。与法定代理人相比，合适成年人是在法定代理人无法出现的情况下才到场参与未成年人认罪认罚。合适成年人虽然与被追诉人不具有亲属关系，但他们通常是负有关爱社会未成年人工作职责的群体，也能够就未成年人工作结合专业知识进行判断，听取合适成年人的意见，也能够基本实现法定代理人到场的效果。

法定代理人和合适成年人加入诉讼流程，补足未成年被追诉人的诉讼能力还体现在关于具结书签署的规定中。与成年人认罪认罚一样，未成年人认罪认罚也需要签署具结书，其是认定被追诉人认罪认罚的书面形式。未成年被追诉人签署具结书时，其法定代理人也应当到场见证并签字确认，法定代理人无法到场的则需要合适成年人到场并签字确认。由法定代理人或合适成年人见证未成年被追诉人签署认罪认罚具结书并确认签名，是对未成年人认罪认罚自愿性和合法性的确认，更是补足其诉讼能力欠缺的表现。

2. 辩护权保障

有关认罪认罚的涉罪未成年人辩护权的保障，首先体现在关于犯罪嫌疑人、被告人辩护权保障的总体规定中。最高人民法院、最高人民检察院、公安部、国家安全部、司法部《关于适用认罪认罚从宽制度的指导意见》(以下简称《认罪认罚从宽制度指导意见》) 用专章对保障辩护权进行了确定，包括要落实被追诉人获得有效的法律帮助权、提供值班律师法律帮助以及有效进行法律帮助的衔接等。再结合《刑事诉讼法》的规定，未成年被追诉人没有辩护律师的，将会获得强制法律援助，并且将律师帮助贯穿到未成年人刑事诉讼的全过程。因此，在未成年人适用认罪认罚从宽的案件中，将有效保障未成年人的辩护权，通过专业律师的法律帮助对其诉讼能力进行补充。

除此之外，《认罪认罚从宽制度指导意见》也体现了对未成年被追诉人主体资格的尊重和确认，在特殊情况下为涉罪未成年人行使自主辩护权留有一定空间。《认罪认罚从宽制度指导意见》中关于法定代理人、辩护人不签署认罪认罚具结书有一项特殊规定，即未成年人认罪认罚，但法定代理人、辩护人不同意的，即使未签署具结书也依然可以认定为认罪认罚，从而继续进行诉讼流程。从这一点来看，未成年人适用认罪认罚从宽的，既要帮助补足其诉讼能力，也要对未成年人的自由意志和主体资格予以尊重和确认。在未成年人刑事司法体系中，未成年被追诉人的辩护权同其他诉讼权利一样，多数由法定代理人代为行使，产生意见分歧时司法机关也以采取法定代理人意见为主。认罪认罚从宽对未成年被追诉人作出该项特殊规定，除了国家亲权理论的影响，也可以认为未成年被追诉人与法定代理人就是否适用认罪认罚从宽产生意见分歧时，更偏向于保障未成年人的话语权。但无论从哪个角度进行理解，这一规定的最终目的都是保障未成年人在刑事诉讼中的主体地位和资格，而不是只将其视作一种达到目的的手段。

（二）未成年人认罪认罚从宽的程序特征

1. 不适用速裁程序

《认罪认罚从宽制度指导意见》明确规定速裁程序对未成年认罪认罚案件排除适用，但也提出办理案件要及时、从快从简。[①] 办理未成年人认罪认罚案件，依然要全面贯彻教育、感化、挽救的方针，因此即使未成年人认罪认罚，诉讼程序仍然肩负两大任务：一是教育挽救，二是最大限度地保护未成年人的合法权利。刑事诉讼程序对涉罪未成年人进行教育、感化和挽救，将对未成年人的法律教育贯穿全程，但效果最直观、最显著的还是在法庭审判阶段，而速裁程序则省去了法庭审判的关键环节，进行集中审理和集中宣判，因此其法庭教育效果也大打折扣，故暂时无法兼顾提高诉讼效率和对未成年人进行法庭教育的功能，而流程的简化也难以使涉罪未成年人对认罪认罚的后果产生正确的认识，从而进行判断和选择。此外，速裁程序由独任法官进行直接、集中和快速审理，审判流程的极致简化意味着被告人的诉讼权利将会不可避免地受到限制，在适用认罪认罚从宽制度的基础上再适用速裁程序，将不利于保护主义的实现。

2. 从简程序选择有限

未成年人认罪认罚后的审判程序因立法规定未成年人不适用速裁程序而只有普通程序和简易程序两种选择，若要实现程序从简便只有简易程序一种。简易程序的适用条件中的其中一项要求被追诉人承认所犯罪行，这与认罪认罚相衔接，但纵观简易程序的排除条件，便可知并不是所有未成年人认罪认

---

① 《认罪认罚从宽制度指导意见》第五十七条规定，“……坚持从快从宽原则，确保案件及时办理，最大限度保护未成年人合法权益”。

罚的都能适用简易程序。[①] 这样看来，未成年被追诉人认罪认罚之后在程序选择上的权利实质上是受到限制的。当然，这一限制具有合理的解释。程序从简必然意味着被追诉人部分诉讼权益的让渡，至于这种权利让渡是不是一种公平的交易、能否给被追诉人带来对等的回报，目前的研究对此仍然持保留态度，毕竟“这种实体从宽却是以减损其程序权利为代价的，并不直接表现为程序从宽”[②]。在未成年人犯罪的刑事案件中，对这种权利让渡更应该保持慎重态度。未成年人认知能力和心智发育都尚不完全，很难正确判断从简程序到底影响了自己哪些诉讼权利，因此即使存在外部力量如监护人、律师的帮助，对其适用从简程序也应进行必要限制。换言之，立法在未成年人认罪认罚后的程序从简选择权和其他更大的诉讼利益中作出了倾斜。

3. 签署具结书非必要

《刑事诉讼法》规定“未成年犯罪嫌疑人的法定代理人、辩护人对未成年人认罪认罚有异议的”[③]，不需要签署具结书，在后来的《认罪认罚从宽制度指导意见》中也重申了这一规定。对此规定的含义亦已经取得了较为一致的认定，即此时不签署具结书也仍然认定未成年被追诉人认罪认罚的成立，从而继续适用从宽程序。

法律对自然亲权寄予期望，希望其能充分发挥对未成年人的教育和保护作用。然而，每一个涉罪未成年人背后往往都存在自然亲权的缺失、软弱或不当。未成年人对于国家的未来发展又至关重要，因此为了填补家庭保护的缺位，国家代替不称职或无能力的父母成为未成年人的监管人和保护人。从国家角度来看，未成年人犯罪的，对其适用认罪认罚从宽与少年司法所秉持的基本原则相一致，对未成年被追诉人是有利的，若此时法定代理人不同意未成年被追诉人认罪认罚，则有滥用法定代理权之嫌。为了最大化地保护未成年人的利益，使其能够享受认罪认罚从宽制度带来的益处，国家亲权此时

---

① 《刑事诉讼法》第二百一十五条规定，若未成年被追诉人是盲、聋、哑人，所涉案件有重大社会影响、共同犯罪案件中其他被告人不认罪或不同意适用简易程序，以及兜底性规定所指的不宜适用的其他情形，有以上任一情形都不能适用简易程序，而只能适用普通程序审理。

② 郭华：《认罪认罚从宽制度中程序从宽的误释与重述》，载《法学杂志》2021 年第 5 期。

③ 《刑事诉讼法》第一百七十四条第二款第二项。

就要代替自然亲权。司法机关此时作为国家亲权的形象代理人，就可在法定代理人不同意的情况下直接认定未成年人认罪认罚的成立，继续进行相应程序。

（三）未成年人认罪认罚从宽的结果特征

1. 从宽幅度更大

根据《认罪认罚从宽制度指导意见》的规定，对于具有自首、坦白情节，同时满足认罪认罚从宽条件的，应当给予其在法定刑限度内更加从宽的处理结果。由此可见，立法将认罪认罚评价为一项独立量刑情节，不与其他情节作重复性评判。所以若是同时具备，应累加从宽情节，因此从宽幅度就会比单独的从宽情节更大。所谓不作重复性评价，是指对认罪重合部分不作重复性评价，但在量刑上进行单独评价的从宽量刑。由此看来，具备自首、坦白情节，同时认罪认罚从宽的，虽然性质上看并不会产生重复性从宽，但从结果看实际上确实产生了“相对更大从宽幅度”的结果。未成年人犯罪的，以是否适用附条件不起诉为分界进行讨论。案件适用附条件不起诉的，认罪认罚可作为附带考察期限的考量标准，成为适当降低考察期限的考察条件之一。不适用附条件不起诉的，从最基本的几项量刑情节来看，先以未成年人犯罪这一量刑情节对基准刑进行调节，再对认罪认罚、自首、坦白等进行调节，根据调节比例，同向相加、逆向相减。若未成年被追诉人从宽量刑情节越多，从宽幅度自然也就越大。

2. 能够实现权利保护

对未成年人适用认罪认罚从宽仍然要贯彻教育、感化、挽救的基本方针，在整个适用程序过程中始终要最大化保护未成年人的合法权益。从方式上看，工作中还要贯彻法治教育路线，对涉罪未成年人进行悔过教育，通过惩罚与教育相结合帮助其树立正确的三观。同时通过特有的制度设计来保护未成年人在适用认罪认罚从宽中的合法权利。此外，还通过多重制度安排帮助补充未成年被追诉人的诉讼能力、监督认罪认罚的适用过程。如在未成年人认罪认罚中，其法定代理人必须在场，并且在签署认罪认罚具结书时应当一并签字同意，如果法定代理人无法到场，则还有未成年人专属的合适成年人到场制度，由涉罪未成年人所在学校、社区或具有未成年人工作专门知识的成年人到场监督认罪认罚从宽程序的开展。值班律师制度和强制辩护制度则会为未成年被追诉人提供必要的法律帮助，为其选择自愿认罪认罚保驾护航。律师还可以就自己所了解的案件情况、未成年被追诉人状况，就定罪量刑、适用程序选择向办案机关提出专业意见，传达被追诉人的真实意志。也就是说，对未成年人适用认罪认罚从宽并非舍弃公平正义去追求效率，而是始终在两者之间寻求平衡。

二、未成年人认罪认罚从宽的实践考察

（一）适用现状

1. 现有规范有限

在规范层面，对涉罪未成年人适用认罪认罚从宽进行专门规定的内容并不多。2017年，最高人民检察院未成年人检察工作办公室发布了《关于未成年人刑事案件开展认罪认罚从宽制度试点的意见》，对如何在未成年人刑事案件中适用认罪认罚从宽进行了总体性规定。然后在2019年发布的《认罪认罚从宽制度指导意见》中，有4条关于未成年人认罪认罚案件办理的专门规定，除此以外再没有全国统一性的相关规定。于是在实践中多是由各地区进行自主化探索，如天津市河北区作为认罪认罚从宽试点地区，河北区人民检察院就在2017年结合当地未检工作实际情况出台了《未成年人刑事案件适用认罪认罚从宽制度工作办法（试行）》。办理未成年人认罪认罚从宽的案件，更多的是在认罪认罚从宽本身的制度基础上结合其他办理未成年人刑事案件的有关规定。①

① 目前办理未成年人案件的主要规定包括：公安部发布的《公安机关办理未成年人违法犯罪案件的规定》，最高人民检察院发布的《人民检察院办理未成年人刑事案件的规定》和《关于加强新时代未成年人检察工作的意见》，以及最高人民法院发布的《关于办理未成年人刑事案件适用法律的若干问题的解释》等。

2. 案件类型集中

《刑事诉讼法》并未对认罪认罚从宽的适用范围在案件类型上作出限制，只要满足条件的都可以适用。《未成年人检察工作白皮书（2020）》的统计数据表明，2020年未成年人刑事案件有七类犯罪占比重超过八成，从多到少依次是盗窃、聚众斗殴、寻衅滋事、强奸、抢劫、故意伤害和诈骗，案件类型虽然既有财产型犯罪也有人身暴力型犯罪，但总体上罪名比较集中。在试点和刚正式立法时，司法机关在处理未成年人刑事案件时普遍不愿意在重罪和情节恶劣的案件中主动适用认罪认罚，原因在于彼时认罪认罚从宽没有专门关于涉罪未成年人适用的规定，到底如何适用要靠司法机关的摸索，加上此类案件的被害人往往也是未成年人，在本来就对涉罪未成年人从轻减轻处罚的情况下还要适用认罪认罚从宽，很容易引发被害人方的不满情绪，甚至导致冲突。如今司法机关逐渐放开了步子，结合案件具体情况决定是否可以适用，开始了对涉罪未成年人适用认罪认罚从宽的自主化探索。

3. 适用率较高

最高人民检察院发布了《未成年人检察工作白皮书（2020）》和《关于人民检察院适用认罪认罚从宽制度情况的报告》，两份文件整理的都是2019—2020年认罪认罚从宽在全国的适用情况，因此两份数据在时间上不存在较大的差别。2019—2020年，全国犯罪案件适用认罪认罚从宽办结1416417件，共1855113人，直至2020年8月适用率为85.9%；[①] 2019—2020年，全国未成年人犯罪案件适用认罪认罚从宽制度为50062人，适用率达92.63%（见图1）。[②] 未成年人犯罪案件认罪认罚从宽制度的适用率略高于成年人犯罪案件认罪认罚从宽制度的适用率，原因在于未成年人案件类型相对集中，以轻刑犯罪为主，犯罪人数也远少于成年人，因此认罪认罚从宽制度的适用率表现得更高。笔者在中国裁判文书网上以“全文：未成年人、认罪认罚；关键词：

---

① 参见《最高人民检察院关于人民检察院适用认罪认罚从宽制度情况的报告》，载正义网2020年10月17日，http://news.jcrb.com/jsxw/2020/202010/t20201017_2213990.html。

② 参见《未成年人检察工作白皮书（2020）》，载最高人民检察院网上发布厅2021年6月1日，https://www.spp.gov.cn/xwfbh/wsfbt/202106/t20210601_519930.shtml#。

未成年人；案件类型：刑事案件；文书类型：判决书”作为检索条件，共检索到文书 2509 份，在相对严格的搜索限定条件下可以大致判断 2017—2022 年全国未成年人犯罪适用认罪认罚从宽的数据变化情况（见图 2）。

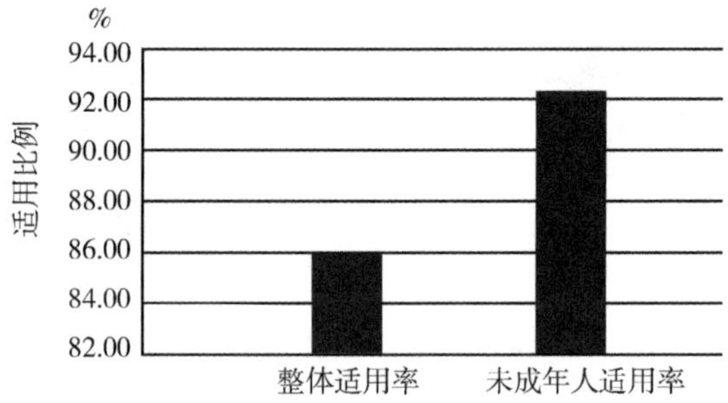

图 1　认罪认罚从宽适用率情况

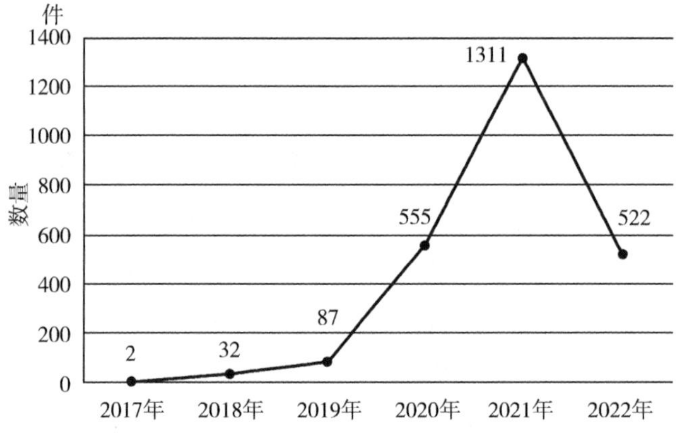

图 2　2017—2022 年未成年人认罪认罚从宽适用情况

（二）运行机制

为更好地研究目前未成年被追诉人认罪认罚从宽的适用情况，笔者以“全文：未成年人、认罪认罚、具结书；关键词：未成年人；案件类型：刑事案件；文书类型：判决书”为检索条件，在裁判文书网上对 2019—2021 年间的文书进行检索，在排除了不符合条件、有效信息少的判决书之后，获得 50

个有效样本案件。同时，为了更好地了解未成年人认罪认罚工作的运行机制和效果，笔者还结合了能够从网络上收集到的检察案例、各地检察院、法院公布的典型案例，一共形成一份包含63份案例的样本，以期展开更全面的考察。

1. 启动集中在审查起诉阶段

依据《刑事诉讼法》的规定，未成年人认罪认罚从宽可适用于整个诉讼流程。但从样本案例统计结果来看，审查起诉阶段仍然是未成年人认罪认罚的主要启动阶段，检察机关在启动主体中占据绝对主导地位。在搜集整理的63份样本案例中，侦查阶段启动认罪认罚从宽的案件只有1例，明确在审判阶段启动的案件则为2例。在未成年人犯罪的刑事案件中，由于这类案件普遍案情简单、侦破难度不大，侦查阶段对未成年被追诉人适用认罪认罚从宽被认为不具有较大的价值。适用认罪认罚从宽也并不代表证明标准的降低，相反，由于被追诉人为未成年人，侦查机关在完成证据闭环时往往更加细致谨慎。此外，对于未成年人案件，如果要适用认罪认罚从宽还要更加重视被追诉人自愿性的保障问题，如此一来，在侦查阶段适用认罪认罚从宽的必要性则更小。在适用过程中，也会产生启动阶段混乱的问题，如未成年被追诉人都在侦查阶段表示认罪认罚，但有些在当时就启动程序，有些到审查起诉或者审判期间才启动，如样本案例中的鲁某、白某诈骗案，白某系未成年人，在侦查中其如实供述犯罪行为、认罪认罚，但直到审查起诉阶段才启动认罪认罚从宽程序。由于认罪认罚阶段的不同将直接影响到量刑从宽的幅度，这样一来容易出现同案不同判的问题。

2. 社会调查是重要环节

办理未成年人刑事案件需要遵循未成年人犯罪社会调查制度。同时，适用认罪认罚从宽制度可能判处管制、宣告缓刑的，也需要进行社会调查评估。① 从调查评估的方式和内容上看，与涉罪未成年人的社会调查制度有着异

---

① 《认罪认罚从宽制度指导意见》第三十六条规定："审查起诉阶段的社会调查。犯罪嫌疑人认罪认罚，人民检察院拟提出缓刑或者管制量刑建议的，可以及时委托犯罪嫌疑人居住地的社区矫正机构进行调查评估，也可以自行调查评估……"第三十八条规定调查评估的内容，包括对犯罪嫌疑人、被告人的居所情况、家庭和社会关系、一贯表现、犯罪行为的后果和影响、居住地村（居）民委员会和被害人意见、拟禁止的事项等进行调查了解，在此基础上形成评估意见。

曲同工之处。

因此，未成年被追诉人适用认罪认罚从宽的，对其进行社会调查是一项不可或缺的程序。原则上对所有未成年犯罪嫌疑人都应该进行社会调查，[①] 通过对未成年被追诉人进行社会调查，可以综合运用犯罪学、社会学和心理学等学科知识合理评估未成年被追诉人的悔罪情况、人身危险性和社会危险性，其调查报告可以作为对未成年人适用认罪认罚从宽的参考以及后期教育矫治措施的依据。在已统计到的未成年人认罪认罚案件中，明确进行了社会调查的案例为 17 件，占比约为 27%，即使排除一些无法进行社会调查的特殊情形，这一比例也仍然显得有些过低了。

在未成年人认罪认罚从宽中，未成年被追诉人是否真诚悔罪、真实地认罪认罚本身是一件主观性很强的判断，而社会调查或社会评估报告和认罪认罚具结书一样，能够作为判断未成年被追诉人认罪认罚真实性、自愿性的客观依据，因此在未成年人认罪认罚案件中科学有效地利用好社会调查制度，对于审查其认罪认罚自愿性、确定从宽幅度和从宽方式都有所裨益，但在目前的未成年人认罪认罚司法实践中，社会调查还是其中一项未得到充分重视的程序。

3. 精准量刑提出率高

落实精准量刑是目前深入推进认罪认罚从宽的难点痛点，也可以检验这一制度的实际运行效果。比起幅度量刑，对认罪认罚的未成年人进行精准量刑并告知其量刑结果更有利于确保未成年人认罪认罚的稳定性，避免未成年被追诉人对庭审时才知道的量刑结果不满意进而反悔或上诉。对于涉罪未成年人来说，精准的量刑结果也表明即使是未成年，法律也不会对其一放了之、

---

① 首都综治委预防青少年违法犯罪专项组、北京市高级人民法院、北京市人民检察院、北京市公安局、北京市司法局、共青团北京市委员会《关于对未成年犯罪嫌疑人、被告人进行社会调查工作的实施办法（试行）》中对可以不进行社会调查的例外情况进行了说明，包括以下几种情形：（1）未成年犯罪嫌疑人、被告人不讲真实姓名、住址，身份暂时无法查清的；（2）与拟调查对象无法取得联系，或者尚未查找到拟调查对象，或者拟调查对象拒绝配合，可能严重影响调查结果的；（3）因办理案件需要，社会调查员暂时不宜与未成年犯罪嫌疑人、被告人接触的；（4）因办理案件需要，司法机关、社会调查员暂时不宜与必须要调查的拟调查对象接触，且该情况可能严重影响调查结果的。

一宽再宽，对自己的行为仍然要承担起相应的责任，打消了涉罪未成年人认为自己可能不会承担刑事责任的侥幸心理，倒逼其真诚悔罪、自愿认罪认罚。在整理的样本案例中，共有38份案例的裁判文书中明确载明了公诉机关的量刑建议内容及审判机关对此的采纳情况，其中29个案件公诉机关实现了精准量刑且都被法院采纳，精准量刑率和采纳率都较高。但对认罪认罚的未成年人进行精准量刑，仍然存在实际操作上的困难，除了具有对一般成年人认罪认罚进行精准量刑难的共同原因外，还在于认罪认罚未成年人的从宽尺度未与成年人的从宽幅度进行区分，导致检察机关难以把握，并且即使依照成年人的从宽幅度对涉罪未成年人进行精准量刑，其结果可能导致从宽程度过大，以此引致被害方的强烈不满。

4. 以简易程序为主

程序上从快从简是未成年被追诉人认罪认罚后应该享受的程序优待，保护主义也要求让未成年被追诉人及早地脱离诉累，以免过多地受到刑事诉讼程序产生的消极影响。在收集整理的案例中，共有29个案件的文书载明了审判程序的选择，其中简易程序18例，普通程序11例。由于速裁程序的排斥适用，未成年被追诉人只能选择简易程序来享受程序从简待遇，并且若出现简易程序设置的限定条件则只能选择普通程序，因此，从审判程序来看，未成年被追诉人并不能得到多大的程序从宽上的优待。有鉴于目前我国并没有建立起单独的未成年人刑事司法制度体系，缺乏未成年人从简审判程序的个性化建设，而法庭及法官以其庄重肃穆的空间和人物形象特点致使法庭教育成为了未成年被追诉人庭审现场不可简化的环节。如此，认罪认罚的未成年被追诉人若要更多地享受到程序从简的优待，目前只能将重心放在审前阶段，如限制强制措施、缩短审前阶段需要的时间以尽快实现法庭审判。

（三）适用效果

从最高人民检察院发布的《未成年人检察工作白皮书（2020）》来看，其对较高的适用率评价为“反映出认罪认罚从宽制度与未成年人司法理念高度契合，在未成年人犯罪案件中适用情况更好，更有利于教育挽救涉罪未成年人”①。办理未成年人认罪认罚案件的基层人民检察院也认为“将认罪认罚从宽制度与对未成年人犯罪教育为主、惩罚为辅的原则相结合，充分彰显未成年人检察工作的法律温度”②。从法院的角度来看，未成年人犯罪的案件类型比较集中，又以轻刑罪名为主，以认罪认罚从宽制度办理会更加提高效率。在适用结果方面，基层法院也认为适用认罪认罚从宽“体现了教育与惩戒相结合、从轻但不放纵的办案理念”③。最高人民检察院《关于人民检察院适用认罪认罚从宽制度情况的报告》显示，适用认罪认罚从宽案件的一审被告人上诉率为3.9%，低于其他刑事案件11.5个百分点，从总体适用结果上可以判断出该制度能够最大限度地减少对立冲突。在认罪认罚从宽案件中，得到被害人谅解、与被害人达成谅解协议是其中的重要考察因素，结合本文统计的样本案例，除有一案的被告人以量刑过重提起上诉外，都是一审结案、无上诉抗诉，可见适用认罪认罚从宽办理未成年人犯罪案件能够实现被追诉人与被害人双方的心理预期，达到修复社会关系的目的。

三、未成年人认罪认罚从宽的现有不足

（一）律师帮助形式化

依据立法，涉罪未成年人在侦查阶段作出认罪认罚表示，就可指派值班律师参与到对涉罪未成年人的程序和实体帮助中。但相比法律援助律师，立法对值班律师权利的规定尚不明确，司法实践中只能对涉罪未成年人提供一些法律咨询类帮助。并且值班律师是参与到每次讯问中，还是直到涉罪未成年人认罪认罚工作已做完、签署具结书时才参与，这些都没有明确。侦查阶段的工作是查明事实、固定证据，很容易产生侵害涉罪未成年人合法权益的情况，尤其是认罪认罚案件并不意味着可以降低证明标准，对侦查机关来说

---

① 《未成年人检察工作白皮书（2020）》，载最高人民检察院网上发布厅2021年6月1日，https：//www. spp. gov. cn/xwfbh/wsfbt/202106/t20210601_ 519930. shtml#1。

② 普正涛：《禄丰县检察院首例适用认罪认罚制度未成年人刑事案件获判》，载禄丰市人民政府网2019年9月30日，http：//www. ynlf. gov. cn/copy_ 1_ search. jsp？ wbtreeid =1007。

③ 《陕西高院发布7件未成年人司法保护典型案例》，载腾讯网2021年6月1日，https：//new. qq. com/omn/20210601/20210601A00E2600. html。

涉罪未成年人如果表示了认罪认罚，他们的工作量也并不会减少，那么较有可能会出现侦查机关忽视涉罪未成年人认罪认罚请求，从而延迟了认定涉罪未成年人认罪认罚阶段的情形。此时，若没有值班律师的参与，光凭涉罪未成年人本人或者其法定代理人、其他合适成年人很难发现这一问题。遗憾的是，在实践中，大多数值班律师都只是充当了涉罪未成年人认罪认罚程序合法的见证人，其功能并没有得到完全发挥。

法律援助在我国起步更早，制度相比值班律师更完善，但对于未成年人认罪认罚从宽的作用可能还比不上值班律师。在笔者整理的63件样本案例中，由法律援助律师进行指定辩护的为32件，占比超过一半。在未成年人认罪认罚案件中，法律援助律师是向未成年被追诉人提供专业法律帮助的主要力量，不过有4起案例明确提到在审查起诉阶段由检察机关指派值班律师为未成年被追诉人提供法律帮助，并见证认罪认罚具结书的签署，可见法律援助律师并非参与未成年人认罪认罚的诉讼全过程，律师对未成年被追诉人的法律帮助呈现阶段性、非连续性特征。大多数法律援助律师到审判阶段才介入，除非涉罪未成年人在审前阶段未认罪认罚，直到法庭审判时才当庭认罪认罚，否则对于审前已认罪认罚的案件，法律援助律师甚至不用接触未成年被告人，只需要出席庭审时简单发表希望法庭从轻处理的意见即可，呈现严重的形式化趋势，这也与“以审判为中心”的要求相悖。

即使到了法律援助律师的主场——审判阶段，其也可能因为内心不重视、能力参差不齐、司法机关对未成年人刑事案件把控严格等原因而难以进行有效的辩护。基于笔者收集整理的63件样本案件（其中有32件案件为指定辩护），我们可以通过法律援助律师发表的辩护意见及意见采纳率来一探法律援助律师对认罪认罚未成年人辩护权的保障程度如何。从辩护类型上看，样本案例中的法律援助律师都是进行量刑辩护及政策性辩护，无程序性辩护和无罪辩护。如图3所示，辩护意见也比较集中统一，如必提的“未成年人”“自愿认罪认罚”“如实供述、具有坦白情节”“从轻、减轻处罚”等，都属于一旦提出就会被采纳的辩护意见，并且与检察机关的量刑建议大致相同，因此会出现样本案例辩护意见采纳率较高的现象。除此之外，法律援助律师作出建议免除刑事处罚、适用缓刑的辩护意见案例都分别只有一件，剩余的辩护意见都对刑罚种类没有产生重要影响。

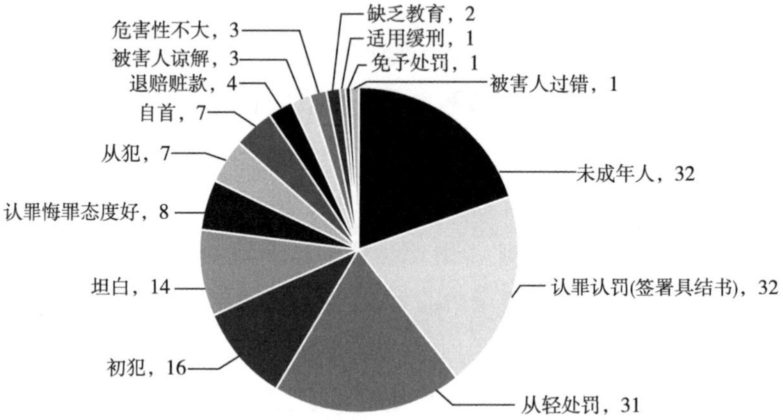

图 3　样本案例辩护意见的提出情况（单位：件）

（二）合适成年人制度实践效果欠佳

首先，合适成年人一方面要帮助涉罪未成年人真诚悔罪，促使其认罪认罚；另一方面也承担着监督司法机关的职责，因此选择一个真正合适的成年人才能发挥其应有价值。法律并未明确涉罪未成年人享有合适成年人的选择权，一般是由司法机关来确定合适人选，这样确定出来的合适成年人有涉罪未成年人的亲属，也有之前完全与涉罪未成年人不相识的人。司法机关在选择这类合适成年人时可能会出于其具有专业知识的考量，能够帮助更好地了解涉罪未成年人的心理状况，但普遍又没有在启动认罪认罚从宽之前给予合适成年人与涉罪未成年人足够的时间增进了解，其相处时间几乎限于对涉罪未成年人进行讯问之际。这类合适成年人可以认为具备了一些专业知识，然而，还有更多的合适成年人文化水平并不高，其自身甚至都不了解认罪认罚从宽制度，也很难发现司法机关在适用过程中权力的不当行使或义务的不当履行。在这种情况下合适成年人只能充当司法机关对涉罪未成年人适用认罪认罚从宽具备程序正当性的见证人。

其次，未成年人认罪认罚从宽的，合适成年人应当在什么阶段到场，是限于其中一个阶段、只到场一次，还是贯穿侦查、审查起诉和审判全过程，这些目前都没有明确规定。但赋予了合适成年人在涉罪未成年人的认罪认罚具结书上签字确认的权利。这一规定具有明显的现实回应性，基于现实考量，当确实无法找到涉罪未成年人的法定代理人时，必须有人来完成签字确认，在程序上似乎是合理的。签字确认权本身是法定代理人基于其身份而享有的权利，并且其能够做到权利义务相统一，履行好保障涉罪未成年人认罪认罚能力、监督司法机关的义务。但合适成年人尤其是与涉罪未成年人并无亲缘关系的合适成年人，是否能够在享有认罪认罚具结书签字确认权利的同时，履行好相应的保障未成年人诉讼能力的义务，基于当前制度安排尚需商榷。

（三）缺乏法定代理人异议处理程序

根据对《认罪认罚从宽制度指导意见》的理解，法定代理人对未成年被追诉人认罪认罚有异议的，此时不签署具结书也可以继续适用认罪认罚从宽，但该规定似乎到此为止，没有继续就法定代理人对未成年被追诉人认罪认罚有异议的后续问题进行说明和规定。在未成年人犯罪的案件中，法定代理人享有十分广泛的诉讼权利，这些诉讼权利几乎都可以不经被代理人同意就可以由法定代理人径直行使。如法定代理人对认罪认罚有异议进而行使上诉权，就是较有可能发生的。司法实践表明，在认罪认罚案件中主要的上诉理由有对事实认定有异议、对罪名认定有异议、对自愿性真实性有异议、量刑过重几种，[①] 且一旦被告人上诉的，将不再适用认罪认罚从宽。上诉权一旦行使就会引发二审，此时未成年人认罪认罚但法定代理人有异议，程序又该如何展开，以及二审法院认为案件不应适用认罪认罚从宽的，这一程序的启动主体是否应受到追责等，因为具结书签署非必要性的笼统规定，牵扯出了一系列尚待明确的问题。

---

① 参见刘宇：《认罪认罚从宽程序中的上诉理由审查制研究——以100份认罪认罚二审裁判文书为分析样本》，载《福建警察学院学报》2021年第5期。

当然，实践中也可能出现另一种情形，即未成年被追诉人不同意认罪认罚但法定代理人同意适用，此时也是产生意见分歧的一种状况，但这种情况不属于这里所说的法定代理人异议。认罪认罚具有人身性，它基于犯罪嫌疑人身份而产生，即使法定代理人因自然亲权或法律规定而享有广泛的诉讼权利，但并不包括可以代替未成年被追诉人认罪认罚的权利。因此，本文所讨论的法定代理人异议仅指法定代理人对适用认罪认罚从宽有不同意见的情况，异议权属于法定代理人享有的权利，在未成年被追诉人签署具结书的环节虽未限制但实则忽视了这一权利。法定代理人的地位虽然在适用认罪认罚从宽产生异议时被让位于国家亲权，但其仍然承担着保障未成年被追诉人诉讼权利的重要责任，因此对其异议不宜直接忽略，应当有所回应。

（四）从宽途径狭窄

最高人民检察院发布的《未成年人检察工作白皮书（2020）》显示，在未成年人犯罪中，盗窃占比 26.4%、聚众斗殴占比 13.6%、寻衅滋事占比 10.5%、诈骗占比 7.4%，[①] 总占比超过一半，是常见的未成年人犯罪被指控的罪名，这一结果与本文统计的样本案例结果大致相同。在本文统计的样本案例中，盗窃罪（25 例）、抢劫罪（7 例）、诈骗罪（6 例）、聚众斗殴（4 例）和故意伤害（4 例）这几类犯罪总量在所有样本中占比超过一半。认罪认罚未成年人的从宽渠道主要是在法定刑内从轻处罚，从刑罚判处情况来看，监禁刑仍然是未成年人认罪认罚之后得到的主要实体从宽结果（见图 4）。

① 《未成年人检察工作白皮书（2020）》，载最高人民检察院网上发布厅 2021 年 6 月 1 日，https://www.spp.gov.cn/xwfbh/wsfbt/202106/t20210601_519930.shtml#1。

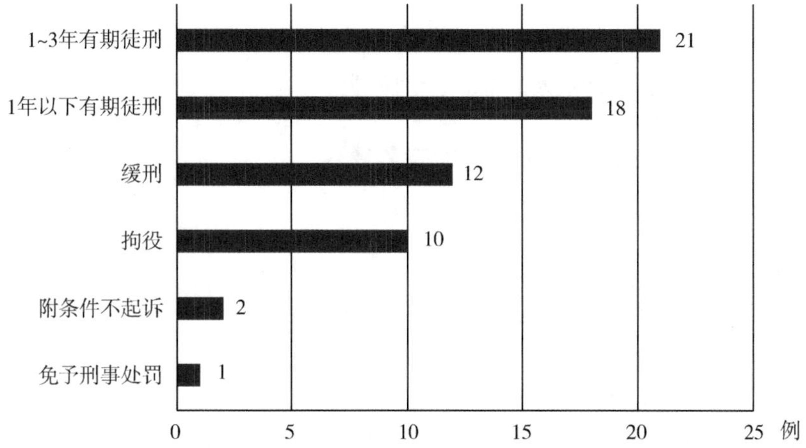

图 4　样本案例刑罚判处情况

有观点认为，“广义上的认罪认罚从宽可以表现为附条件不起诉”①。笔者同样认为，未成年人认罪认罚从宽与附条件不起诉能够得到很好的衔接，从而成为涉罪未成年人从宽的一种选择。原因在于附条件不起诉虽然可能会得到不起诉的结果，但要以经过考验期的考察为条件，很好地将教育与惩治结合在一起。不过从样本案例来看，在未成年人认罪认罚从宽的案件中附条件不起诉的适用有着较大的个案差异，如案情相似的几起盗窃案，一起作了附条件不起诉的决定，其他的却被判处了有期徒刑，出现了同案不同判的结果，导致整体上附条件不起诉的适用率并不高。

对涉罪未成年人来说，适用非监禁刑为原则性规定，对满足非监禁刑适用条件的，司法机关应当尽量适用，但实践中存在不少人为扩大监禁刑适用范围的情形。此外，对于认罪认罚的未成年人来说，还存在非监禁刑种类欠缺的问题。实践中，对涉罪未成年人适用的非监禁刑仍然参照成年人的刑种，其中可适于我国未成年人主要犯罪情况的只有管制和罚金，在一些案件中或许会涉及剥夺政治权利。一方面对认罪认罚的未成年被追诉人要求提高非监

---

① 周莹莹、金彦宇：《未成年认罪认罚“从宽”问题研究》，载《三明学院学报》2019 年第 3 期。

禁刑适用率，但另一方面非监禁刑刑罚种类少，不能和未成年人犯罪现状相适应。因此，若要在未成年人刑事案件中更好地适用认罪认罚从宽，应当探索更多的适合涉罪未成年人的非监禁刑种类。

四、未成年人认罪认罚从宽的完善建议

（一）落实律师有效帮助

律师帮助不到位、无效性和易中断是认罪认罚未成年被追诉人在获得律师帮助方面面临的问题，要落实律师有效帮助可以从以下几个方面入手。第一，强调律师在场的必要性。就启动来说，无值班律师或辩护律师在场的，不得启动未成年人认罪认罚从宽程序，之后的每个阶段、每次讯问时也应确保律师在场。第二，完善值班律师的权利。现行立法认为，值班律师在认罪认罚从宽中担任着为被追诉人提供法律咨询的法律帮助者角色，但实际上在法律援助律师资源分布不平衡、总体紧缺的情况下，值班律师跟涉罪未成年人相处时间更多，能够发挥的作用更大。从整体趋势来看，规范层面也相继赋予值班律师更多权利，如《认罪认罚从宽制度指导意见》《人民检察院刑事诉讼规则》都相应确认值班律师应具有查阅卷宗的权利和会见犯罪嫌疑人的权利。在未成年人认罪认罚从宽中，为了实现律师法律帮助的稳定性和连续性，还应当允许值班律师和辩护律师一样享有出庭的权利，在缺乏辩护律师时能够实现身份过渡，以保证有一位律师能够参与未成年人认罪认罚从宽的全过程。第三，涉罪未成年人及其法定代理人、合适成年人有监督律师工作并提出律师帮助无效意见的权利。在认罪认罚从宽过程中，涉罪未成年人及其法定代理人、合适成年人若认为值班律师或辩护律师提供无效帮助或帮助不到位，可向司法机关提出意见，及时申请更换律师，对此要求司法机关应联合律师派出部门对律师应尽义务进行审查，情况属实的，对相关律师处以相应惩罚，如扣除补贴、建立个人法律帮助工作台账并记录在案。

（二）完善合适成年人到场规则

首先，对于合适成年人的选择，应当尊重涉罪未成年人自愿选择的权利，

优先考虑本人提出的人选，如相比家里的亲戚，涉罪未成年人或许更愿意同他的某位老师交流。这也要求司法机关要认清合适成年人的角色定位，在认罪认罚从宽中，正确选择合适成年人能够帮助涉罪未成年人打开心结、吐露心声，说出犯罪原因，才能因此帮助其认罪悔罪。由涉罪未成年人自己选择的合适成年人可能会与其在生活或情感上存在不同程度的联系，也会更加自觉地履行义务，对适用认罪认罚从宽过程进行有效监督。当涉罪未成年人没有自主选择的合适成年人，需要由司法机关从当地的合适成年人库中进行选派时，应当确保合适成年人在讯问工作开始前能够与涉罪未成年人有充分、单独见面的时间，以必要的交流让双方能够建立起暂时的信任关系。出于保护涉罪未成年人的目的，讯问次数一向受到严格控制，但只讯问一到两次亦并不现实，故在尽量减少讯问次数的同时应当确保每次讯问、认罪认罚从宽的每个阶段都有合适成年人在场，使合适成年人的监督贯穿全过程。

其次，对参与认罪认罚从宽的合适成年人队伍，也要进行有方向性的扩充，高校的教师就可作为重点纳入对象，尤其是当地高校法学院、教育学院、心理学院的教师，既具备专业知识，工作时间弹性也较大。教师的角色本身对未成年人有着更多情感上的关怀，专业知识又能让其保持客观理性，可以很好胜任合适成年人的角色。

最后，由于并不享有法定代理人所有的各项诉讼权利，合适成年人签署认罪认罚具结书必须是在用尽所有办法都无法联系上涉罪未成年人的法定代理人时才能由其代签，在可以联系法定代理人但其无法到场签字的，应由法定代理人以书面或视频记录方式出具说明，授权由合适成年人代签。

（三）补充法定代理人异议处理程序

在未成年被追诉人签署的认罪认罚具结书中，法定代理人的签署被称为“签字确认”，这一“签字确认”实际上并不具备民事法律关系上“追认生效”的意义，而是因为国家亲权代替了自然亲权。但自然亲权被代替不代表其权利不能得到合理的行使，法定代理人对认罪认罚有异议完全可以是出于合理正当的理由，如对事实认定有异议、对罪名认定有异议、对自愿性和真实性有异议，以及认为量刑结果过重等，并且这些也都可能成为今后上诉的理由。因此，在未成年被追诉人认罪认罚过程中，司法机关不能一味忽视法定代理人的异议，只顾完成认罪认罚诉讼程序进而埋下上诉的隐患，而应该及时回应，以消解异议。

未成年人认罪认罚从宽程序的启动阶段以审查起诉阶段为主，因此这里以审查起诉阶段为例。对于在该阶段法定代理人提出异议的，应建立异议审查程序，经法定代理人指明异议原因、提交书面材料，由检察机关进行异议审查。审查认为异议及理由成立的，由案件主办检察官与未成年被追诉人、法定代理人以及律师再次“协商”。若就异议部分达成一致意见，则可继续诉讼流程。若就异议部分无法达成一致意见，但未成年被追诉人坚持认罪认罚，则将法定代理人的异议作为附录一并移交法院，通过庭审查明异议，决定是否适用认罪认罚从宽。

（四）拓宽从宽处理渠道

首先，要确立未成年人从宽量刑尺度标准。目前检察机关在对认罪认罚的未成年人提出精准量刑建议时仍存在一定困难，在于目前并没有适用于涉罪未成年人的从宽量刑尺度标准。对于成年人认罪认罚从宽案件，司法实践普遍认同 30%、20%、10% 这种三级从宽幅度。但适用同样的从宽幅度到未成年人犯罪的案件中，与未成年人犯罪本身享有的量刑优待结合后，即使每一个都是独立的从宽量刑幅度，但综合在一起较有可能产生过度从宽、罪刑失衡的结果。因此，一方面，可参照《关于常见犯罪的量刑指导意见（试行）》①，设置符合未成年人认罪认罚特征的从宽标准。同样可以年龄为标准分为 12～14 周岁、14～16 周岁与 16～18 周岁三个从宽幅度，同时设置悔罪赔偿、是否累犯、案件性质（如是否造成重大人身伤害的案件）等减少从宽幅度的反面考察要素，探索适用于涉罪未成年人的重叠减刑计算方式，避免

① 根据 2021 年最高人民检察院和最高人民法院联合发布的《关于常见犯罪的量刑指导意见（试行）》规定，对于已满 12 周岁不满 16 周岁的未成年人犯罪，减少基准刑的 30%～60%；已满 16 周岁不满 18 周岁的，减少基准刑的 10%～50%。

出现极端的重复从宽结果。另一方面，司法机关可充分借助大数据这一工具实现对认罪认罚未成年人的精准量刑，通过完善当下的智慧司法平台建设，挖掘、整合本级或上级法院类案判决数据，形成专门数据库。

其次，要探索更多元化、适用于涉罪未成年人的非监禁刑措施。根据主要犯罪类型统计，未成年人犯罪以轻罪为主，但监禁刑的适用率却居高。对一些犯轻罪的未成年人来说，实施监禁刑势必会给其造成生理和心理上的负面影响。此外，未成年人认罪认罚从宽适用的刑罚措施也还比较单一。对此，可做好认罪认罚从宽与附条件不起诉的衔接，削弱附条件不起诉的限制条件。认罪认罚从宽与不起诉制度在某些方面具有共同之处，如两者皆蕴含着宽严相济的刑事政策理念，又如两者都兼顾公平与效率的价值追求，并且作用于刑事诉讼的程序分流。《认罪认罚从宽制度指导意见》也着重强调了在认罪认罚从宽要充分适用不起诉。①

附条件不起诉属于办理未成年人案件的特别程序，对决定适用附条件不起诉的未成年人需设置考验期间，只有在此期间未成年人顺利接受个性化帮教措施、完成规定义务，检察机关才会作出不起诉的决定。若检察机关已对未成年人认罪认罚作出了从宽认定，附条件不起诉设置考察期限还是应以一般的法定量刑结果为依据。为了对未成年被追诉人的认罪认罚行为作出回应，可在设置考察期限时选择 6 个月这一最低期限。对于不满足附条件不起诉条件的案件，未成年被追诉人认罪认罚的，直接适用认罪认罚从宽的规定即可。此外，还应提高缓刑适用率，降低对认罪认罚的涉罪未成年人认定适用缓刑的门槛；探索更多的非监禁刑罚措施和个性化处遇机制，通过帮教、进行社区服务等措施“对症下药”，让涉罪未成年人得到真正的教育和矫治。

---

① 《认罪认罚从宽制度指导意见》第三十条规定，要扩大相对不起诉的适用范围；完善检察机关起诉裁量权，对不需要判处刑罚和可能判处免刑的轻微刑事案件可以依法不起诉；继续坚持存疑不起诉。

刑事和解中未成年人表意权探析

——以《儿童权利公约》第十二条为视角

王繁敏*

摘　要　依据联合国《儿童权利公约》第十二条的规定，未成年人在刑事和解中对涉及本人的事项，应当有发表自己意见的渠道，并且其意见应得到尊重。在刑事和解程序中，由于未成年人属于无行为能力人或限制行为能力人，不具有成年人所享有的充分自主权，根据我国法律规定，其和解需要由第三人代为进行。至于此过程中如何获取、对待未成年人的意见，以及代为和解的具体执行方式等问题没有细致的规定，这不利于保护未成年人权益。我国未成年人代为和解的规定与《儿童权利公约》确立的尊重未成年人意见的基本原则存在差异。建议根据联合国文件的精神，转变保护未成年人的理念，明确相关规定，保障并尊重未成年人在刑事和解中自由表达意见的权利。

关键词　儿童权利公约　刑事和解　表意权　未成年人

* 王繁敏，法律硕士，徐州市人民检察院检察官助理。研究方向：诉讼法学与少年司法。

引 言

相较于传统的刑事诉讼程序，刑事和解更加注重对双方关系的调整和未成年人的身心恢复，能避免因过长的诉讼程序给未成年人带来的不利影响。以上种种都是建立在未成年人有效参与刑事和解程序的基础之上。有效参与意味着未成年人拥有自由表达意见的权利，刑事和解达成的最终结果中有未成年人意愿的体现。但未成年人属于无行为能力人或限制行为能力人，不具有完全的自主权，为了更好地保护刑事和解中未成年人的权益，法律规定由其法定代理人或近亲属代为和解。① 至于和解的过程中如何确保代理人能够切实地履行职责不损害未成年人的利益、和解协议不违背未成年人的意见，法律没有给出具体的解决方案，这也导致实践中违背未成年人意愿强行和解的情况时有发生。

儿童权利委员会（以下简称童权委）指出在处理未成年人的刑事案件时，为了保护未成年人最大利益，传统的刑事司法目标应当让位于悔过自新和恢复正义的目标。② 联合国《儿童权利公约》第三十九条、第四十条也明确指出，缔约国应当促使遭受侵害的未成年人和涉罪未成年人的身心得以康复并且重返社会。由此可见，联合国支持对涉入司法程序的未成年人适用恢复性司法以帮助未成年人健康成长，开始新的生活。在保障未成年人意愿方面，早在1948年联合国大会通过的《世界人权宣言》就已经强调人人都有自由发表意见的权利。③ 随后在该宣言基础上通过的《公民权利和政治权利国际公约》再次提到这一权利。1989年11月20日联合国大会通过的《儿童权利公约》是第一个全面阐述未成年人权利和基本自由的国际公约。《儿童权利公约》第十二条特别强调了未成年人有自由发表意见的权利，该条款明确指出各缔约国不仅有义务保障未成年人表达意见的权利，还要认真对待未成年人

① 《最高人民法院关于适用〈中华人民共和国刑事诉讼法〉的解释》（2021年）第五百八十八条、第五百八十九条。该条款并非专门针对未成年人作出，但是未成年人亦应适用此条。

② 参见联合国儿童权利委员会：《第14号一般性意见：儿童将他或她的最大利益列为一种首要考虑的权利》（2013年），CRC/C/GC/14，第二十八段。

③ 《世界人权宣言》第十九条规定：人人有权主张和发表意见的自由，此项权利包括持有主张而不受干涉的自由，和通过任何媒介和不论国界寻求、接受和传播消息和思想的自由。

的意见，使未成年人能够对相关的程序和决策发挥影响，其中第二款尤其强调了要保障具体司法程序中未成年人的表意权。随着《儿童权利公约》被广泛接受，未成年人的表意权作为一个重要的原则被越来越多的国际法律文件所强调，如联合国经济及社会理事会在《关于在涉及罪行的儿童被害人和证人的事项上坚持公理的准则》中专门规定了未成年人的表意权，同时特别强调必须要给予未成年受害人和未成年证人充分行使其自由表达其意见的机会。联合国大会第二十七届特别会议通过的《适合儿童生长的世界》重申要尊重未成年人言论自由的权利，努力促进未成年人参与决策过程。

对于涉入司法程序的未成年人而言，尽快摆脱司法带来的消极影响、回归社会是重中之重，刑事和解的恢复性司法理念与未成年人司法中挽救、教育、帮助的核心价值观念不谋而合，是解决未成年人涉入刑事诉讼问题的重要途径。重视未成年人在刑事和解过程中的表意权、参与权是发挥未成年人刑事和解程序功能的重要基础。我国司法程序中对未成年人的保护仍处于被动、消极的阶段，借鉴国际法中对于未成年人保护和尊重未成年人表意权的理念，能够使未成年人更好地参与、适用刑事和解程序，减少因涉入司法程序所带来的消极影响，也促使未成年人更加成熟，有利于避免未成年人再次犯罪或再次被害，对其发展前景也更有帮助。

一、《儿童权利公约》中未成年人表意权的内涵与分析

保护未成年人的理念在许多国际文件中都有所体现，但是将未成年人视为权利主体的理念却是在《儿童权利公约》中首次得以确立，因此《儿童权利公约》也被誉为“儿童权利保护的大宪章”。《儿童权利公约》第十二条规定：“1. 缔约国应确保有主见能力的儿童①有权对影响到其本人的一切事项自由发表自己的意见，对儿童的意见应按照其年龄和成熟程度给以适当的看待。

---

① 联合国《儿童权利公约》（1990 年）第一条规定：为本公约之目的，儿童系指 18 岁以下的任何人，除非对其适用之法律规定成年年龄低于 18 岁。由此可知，我国的未成年人与《儿童权利公约》所称的儿童内涵一致，所以除直接引用《儿童权利公约》及联合国其他规定原文外，本文将“儿童”“未成年人”统称为“未成年人”。

2. 为此目的，儿童特别应有机会在影响到儿童的任何司法和政策诉讼中，以符合国家法律的诉讼规则的方式，直接或通过代表或适当机构陈述意见。"1991 年童权委第一次会议决定将未成年人的表意权确定为《儿童权利公约》的四项核心原则[①]之一，作为解释《儿童权利公约》必须遵守的基本原则和价值。尊重未成年人的精神贯穿《儿童权利公约》始终，为了更好地理解《儿童权利公约》所规定的未成年人表意权，我们不能孤立地分析第十二条的内容，必须要结合《儿童权利公约》其他条款以及童权委作出的一般性意见进行理解。

（一）未成年人表意权的内涵

1. 未成年人是权利主体

《儿童权利公约》第十二条提到有主见能力的儿童对影响自身的事务有表达自己意见的权利，根据童权委在 2009 年第五十一届会议上达成的《第 12 号一般性意见：儿童表达意见的权利》，《儿童权利公约》第十二条第一款所强调的是每个儿童，有主见能力不应当被理解为行使权利的限定性条件。这就表明《儿童权利公约》承认未成年人的权利主体地位，即便未成年人尚未像成年人一样具有完全的行为能力，但是他们的主体地位仍不能被质疑和削减。[②] 此外，自《儿童权利公约》被世界各国广泛采纳以来，第十二条逐渐发展出了新的内涵，除其明文要求的保障儿童表达意见并确保该意见获得适当尊重和重视之外，第十二条在概念上被广泛地称为"参与"[③]，由引言中介绍的国际文件的相关规定也可以看出这一趋势。在学界有学者将"所有儿童表达意见并得到认真对待的权利"表述为"儿童参与权"[④]。承认未成年人参

---

① 四项核心原则分别为：非歧视原则（第二条）、儿童利益最大化原则（第三条）、儿童的生存和发展权（第六条）以及表达意见的权利（第十二条）。

② 参见敖海静：《论儿童表达意见的权利——〈儿童权利公约〉第 12 条评注》，载《人权》2019 年第 6 期。

③ 联合国儿童权利委员会：《第 12 号一般性意见：儿童表达意见的权利》（2009 年），CRC/C/GC/12，第三段。

④ 段小松：《联合国〈儿童权利公约〉研究》，人民出版社 2017 年版，第 73 页。

与权的实质就是承认在未成年人事务中，只有未成年人参与其中才能使决策者明白未成年人关注的利益所在，才能真正作出有利于未成年人的决定，即儿童才是“儿童问题的专家”①。倘若一味地由成年人根据自己的意志决断未成年人的事务，不仅不能改善未成年人的处境，甚至有可能侵害未成年人的权益。因此，我们必须承认未成年人是拥有权利和意志，有能力参与社会的完整个体。未成年人权利的保护亦有赖于未成年人自己采取积极的行动，未成年人也有能力采取相应的行动，应当摒弃那种将未成年人视为行为能力欠缺、无法形成意思表示或意思表示无意义的偏见。

2. 表意权是一项选择权

《儿童权利公约》第十二条规定了未成年人有表达意见的权利，但这并不意味着未成年人涉及其自身的事项中一定要表达自己的意见。相反，未成年人拥有表达意见的权利也有拒绝表达意见的权利。童权委亦表示未成年人有权不行使表意权，表达意见是未成年人的一种选择而非义务。尤其是对于遭受性侵害的未成年人而言，倘若强迫其必须行使自己的表意权，在一定程度上就是对未成年人的迫害。所以我们尊重未成年人表达意见的权利和意愿，就必须要确保未成年人放弃表达意见的权利时清楚地知晓拒绝表达意见可能会导致的后果，在不清楚权利的内容和对所处理的事项的影响的情况下的放弃便是一种不理智而又盲目的选择。因此，政府、未成年人的法定代理人、监管人或律师必须在未成年人作出相应的决定前，将必要的信息、建议充分告知未成年人。

（二）未成年人表意权分析

童权委关于《儿童权利公约》的第 12 号一般性意见，将该条款分成 8 项组成要素进行了具体的分析。结合文章所要探讨的主题，以下内容将围绕“能够形成自己的意见”、“自由发表自己的意见”、“按照其年龄和成熟程度给以适当的看待”以及“直接或通过间接代表或适当机构陈述意见”4 项要

---

① 贺颖清：《中国儿童参与权状况及其法律保障》，载《政法论坛》2006 年第 1 期。

素再次展开分析。

1. 能够形成自己的意见

“能够形成自己的意见”并非对未成年人表达意见的限制性条件，结合《儿童权利公约》第五条规定的相关人员有责任给予未成年人适当的指引和指导，帮助未成年人行使《儿童权利公约》所确认的权利，以及第十三条规定的“儿童应有自由发表言论的权利”，我们可以看出《儿童权利公约》并未对未成年人行使权利的年龄进行限定。这就意味着根据《儿童权利公约》，每个未成年人都是《儿童权利公约》所规定的一切权利的主体，即便是“最年幼的孩童也有权发表意见的权利”①。另外，未成年人发表意见权的重心在于如何推进未成年人对影响自身的事务发表意见，至于是否能够形成自己的意见应当交由国家判断，不能将证明责任强加到未成年人身上。童权委也强调缔约国应假设未成年人都有能力形成自己的意见，并且承认其表达意见的权利。事实上，未成年人早在他们能够通过说话或书写表达之前就能以多种方式作出选择，传递自己的感情、见解和愿望。所以赋予他们表意权，重视他们的意见有助于他们将来健康成长和发展。

2. 自由发表意见

“自由”是指未成年人可以在没有压力的情况下表达意见，以及不发表意见的权利。要让未成年人没有压力地表达意见，一方面要保证外界不得阻碍、操纵未成年人发表意见，即他们必须被保证有适当的环境来让他们发表属于“自己”的意见，而非他人强加或灌输给他们的意见。另一方面要保证未成年人获得有关事项的足够信息，以便他们形成自己的意见。倘若对涉及自己的信息掌握得不够充分，很难想象未成年人发表的信息是真实而自由的。除此之外还要尊重未成年人不发表意见的权利。

3. 适当看待

首先，针对未成年人发表的意见，相对方应当按照年龄和成熟程度给予

① 联合国儿童权利委员会：《第7号一般性意见：在幼儿期落实儿童权利》（2006年），CRC/C/GC/7，第十四段。

适当的看待。这表明，我们不仅要赋予未成年人发表意见的权利，还应当认真地对待未成年人提出的意见。由于未成年人在生长和发育的过程中，每个人表达意见的能力并不相同，甚至会出现巨大的差别，这就决定了在对待未成年人意见的时候，不能按照同样的标准来对待未成年人的意见。依照《儿童权利公约》的主张，国家应当在对每个未成年人能力评估的基础上，给予其意见以适当的看待。年龄是判断未成年人的行为和选择是否具有理性和对行为认识程度的一个重要因素。我国法律也将年龄看作判定未成年人行为能力和责任能力的一个重要标准，如《民法典》第十九条规定："八周岁以上的未成年人为限制民事行为能力人，实施民事法律行为由其法定代理人代理或者经其法定代理人同意、追认；但是，可以独立实施纯获利益的民事法律行为或者与其年龄、智力相适应的民事法律行为。"第十八条第二款规定，16 周岁以上的未成年人，以自己的劳动收入为主要生活来源的，视为完全民事行为能力人，即其所实施的民事行为与成年人实施的民事行为具有同样的法律效力。将年龄作为判断未成年人能力标准的原因在于，未成年人的成熟程度会随着知识、阅历等方面的积累而逐渐加深，这种积累是需要时间来慢慢进行的。在相同的社会制度下，同一年龄段的群体的成熟程度可能在很大程度上是近似的。成熟程度很难进行定义，但将年龄作为判断标准是容易操作且确定的，法律需要的标准正是这种统一而明确的。所以法律对未成年人行为效力的确定大都是以年龄为标准。但童权委认为未成年人的理解能力除了与其生理年龄相关，信息、社会和文化习俗以及支持水平都会影响其在形成意见方面的能力发展。为此，必须要在考察个体的具体情况的基础上进行评估。

其次，必须要正视未成年人与日俱增的自主能力。《儿童权利公约》第五条规定未成年人有权获得指导和指引。这些指导或者指引是为了帮助欠缺知识和经验的未成年人更好地行使《儿童权利公约》规定的权利。随着未成年人经验和知识的不断积累，未成年人决策、认知能力不断增强，他们自主决定事项的范围越来越大，所谓的指导和指引的力度应当逐渐减弱，最终应变为平等的交流。

如果未成年人只是拥有就相关事项发表意见的权利，没有落实请求未成年人发表意见的方式和该意见被重视的程度，那么这种赋权是没有意义的。只有充分地考虑未成年人提出的意见，而不是以成年人的思维来确定未成年人的最大利益，才能明确未成年人真正的利益是什么，进而作出真正有利于未成年人利益的决定。事件对未成年人的影响越大，就越要充分考虑未成年人的意见，以便选择最优的处置方式，减少事件对未成年人的负面影响或最大化地维护未成年人的利益。刑事案件对未成年人的影响无疑是巨大的，影响到未成年人的身心发展和未来前途，涉及刑事案件的未成年人的意见是应当且必须被慎重考虑的。同时“适当看待”是一种权衡，认真对待未成年人的意见并不意味着一定要采纳，而是应当通过考量未成年人的意见，明白未成年人所关注的利益点在何处、以什么样的视角看待所要面临的事项，倘若其意见损害了未成年人自身的利益，相关的事项决定者仍可以拒绝采纳其意见。

4. 直接或间接陈述意见

《儿童权利公约》第十二条第二款强调了司法和行政诉讼中未成年人陈述意见的权利。未成年人享有表达意见或不表达意见的权利。在其决定表达意见之后，未成年人还有权利选择通过何种方式来表达意见，既可以直接表达意见，也可以通过间接代表或适当机构来代其发表意见。在具体程序中，为了更好地保障未成年人的利益，童权委认为应尽可能使得未成年人在任何诉讼中都有机会直接陈述意见，包括诉讼可能会涉及的其他争端解决机制，如调解、和解和仲裁等。倘若选择间接陈述，代表未成年人发表意见的人可以是其父母、律师或社会工作者等。这种交由成年人的表意方式能够更加清晰地传递意见，加快决策的效率。但其存在的问题也是不容忽略的，在间接陈述中，未成年人的代表人不一定能够将未成年人的意见恰当地转达给决策者，甚至代表人的利益很有可能与未成年人的利益存在冲突。因此，在代表人代为陈述未成年人意见时，必须要确保代表人为未成年人的利益服务。倘若是为个人私利或机构利益，那么必须要有相应的措施将其排除在外，以维护未成年人的利益。

二、我国刑事和解中未成年人表意权保护现状

（一）理念有待提升

尽管《未成年人保护法》在 2006 年第一次修订时，就在“总则”部分明确提出未成年人享有参与权，从字面上认可了未成年人的权利主体地位。但是基于“以义务为主体的”立法模式，2020 年修订的《未成年人保护法》对未成年人的保护仍然被置于被动的受保护地位，全文中“应当”两字共出现 156 次，如全社会应当如何、学校应当如何、任何组织应当如何。“不得”出现过 48 次，未成年人只被视为“受保护的对象”。未成年人的权利主体地位被忽略，未成年人的权利主要靠成年人来进行保护。《刑事诉讼法》中“未成年人刑事案件诉讼程序”一章，在原则部分明确规定司法机关办理未成年人刑事案件，应当保证未成年人行使其诉讼权利，但其后的 10 条法律条文中“应当”出现 16 次，如司法机关应当通知法律援助机构委派律师援助未成年人、对未成年人应当严格限制适用逮捕措施等。法律将保障未成年人权益的重任，全部转化成了检察院和法院的义务，未成年人无须自己行动起来维护自己的权益，只需要被动地等待、接受他人的保护。即便是在一些事项上需要了解未成年人的意见也不是直接在条文中赋予未成年人表意权，而是规定司法机关有征询的义务：应当听取未成年犯罪嫌疑人、被告人的意见。① 这种独断的保护方式，很大程度上是由忽视了未成年人权利主体地位所造成的。

（二）未成年人刑事和解的构建忽略未成年被害人

2012 年《刑事诉讼法》中专章规定了“未成年人刑事案件诉讼程序”。但是，从对未成年人刑事案件的定义②来看，我国仍然没有将未成年被害人作为未成年人刑事案件的一部分，也没有专门规定未成年被害人的权利。从

---

① 《刑事诉讼法》（2018 年修正）第二百八十条第一款。

② 最高人民法院《关于审理未成年人刑事案件具体应用法律若干问题的解释》第一条规定：“本解释所称未成年人刑事案件，是指被告人实施被指控的犯罪时已满十四周岁不满十八周岁的案件。”

《刑事诉讼法》中“未成年人刑事案件诉讼程序”一章的规定来看，该章总共有 11 条，大部分权利框架围绕“加害人”展开，仅有 1 条和未成年被害人有关。在“当事人和解的公诉案件诉讼程序”一章中，无一条涉及未成年被害人的条款。

2018 年《刑事诉讼法》“当事人和解的公诉案件诉讼程序”一章主要针对刑事和解的程序事项作出了规定。其中，有两条涉及“自愿性”的相关规定，第二百八十八条主要规定了公诉案件当事人和解的适用条件、案件范围以及除外情况的规定，被害人自愿和解是适用条件之一。第二百八十九条规定了有关机关应当对当事人和解进行合法性和自愿性审查，同时还要听取当事人及其他有关人员在刑事和解中的意见。由于未成年被害人属于无或者限制行为能力人，根据最高人民法院《关于适用〈中华人民共和国刑事诉讼法〉的解释》（以下简称《刑事诉讼法司法解释》）第五百八十九条的规定，应由其法定代理人或近亲属代为和解。这种规定基于无或限制行为能力人尚未成熟的心智以及不完全的自主能力的考虑，由其法定代理人代为行使其权利似乎能更好地保证其权益的实现，有其合理性。但这种粗犷的规定，没有考虑到未成年人自主性的参差，无论是婴幼儿还是《民法典》规定可视为完全行为能力人的未成年人，抑或《刑法》规定的已经能够承担刑事责任的 12 周岁以上的未成年人，都采取这种“一刀切”式的交由其法定代理人代为和解的处理方式，不仅会忽视不同年龄段未成年人之间表达能力和自主决策能力的差异，也会削弱未成年被害人在刑事和解中的参与程度和表达意见的权利。

（三）未成年人表意权的法律规定零散且粗犷

目前，未成年人权利的保障工作在《刑事诉讼法》《刑法》《民法典》《未成年人保护法》《预防未成年人犯罪法》《反家庭暴力法》《义务教育法》以及相关的司法解释中得到了明确体现，但上述法律规定中涉及“未成年被害人”的条文呈现碎片化的特点且内容相对粗浅。尤其是相较《儿童权利公约》而言，对未成年人表意权的规定零散分布在各个部门法中，缺乏系统性。《未成年人保护法》第一百零二条规定在办理未成年人案件时，应当听取未成年人的意见。《刑事诉讼法》第二百八十九条规定双方当事人和解的，司法机关应当听取当事人和其他有关人员的意见。对“未成年人角色地位”定位的不同导致《未成年人保护法》《刑事诉讼法》的“听取意见”与《儿童权利公约》中的“尊重儿童意见”存在一定的差异。虽然两者追求的目标均是在影响未成年人本人的事项中听到未成年人自己的声音，充分发挥未成年人的作用，但“听取未成年人意见”无论是在内涵上还是在外延上均显“狭窄”，并未规定在听取之后应当以什么态度对待未成年人的意见。

此外，我国在刑事和解领域也未专门规定未成年人的表意权，使未成年人在刑事和解中表达意见的权利缺乏明确、直接的法律依据。现行《刑事诉讼法》专章规定了刑事和解程序与未成年人刑事案件诉讼程序，但二者分别独立成章，且内容没有相互涉及。这就决定了未成年人的刑事和解依附于一般的刑事和解程序之中，未成年人的表意权没有特殊的规定来保障。前文已述，在现行规定下，涉及未成年人的案件刑事和解问题都采取“一刀切”的处理方式交由其法定代理人代为实施。但关于代理人与未成年人之间是否会产生意见上的不一致，二者产生意见冲突时应当以谁的意见为准，以及如何保证代理人维护未成年人的利益没有具体的规定，这种笼统的规定会导致未成年人无法顺利地发表自己的意见，其意见也得不到应有的尊重。

（四）代理人代理权限不明确

《刑事诉讼法司法解释》仅对代为和解的适用情形作出了规定，并没有明确代为进行和解的代理人的代理职责，且我国现行立法也没有监督未成年人代为和解中的代理人职责履行情况的相关规定。《未成年人保护法》第四十三条规定，有关单位监督未成年人的父母或其他监护人依法履行监护职责。但是，监护职责与代为和解中应履行的职责并不相同，这就致使代理人履行和解职责缺乏有效的监督。此外，《民法典》第三十六条规定了撤销监护人资格的情形，这在一定程度上保障了未成年人的合法权益。《刑事诉讼法》对于代为和解中代理人不恰当履行职责或侵害未成年被害人权益的行为却没有相应的处置机制。刑事和解中未成年人的代为和解人员一般都是由其父母担任，代理职责的实施在很多情形下依赖代理人的自觉行为，代为和解权过大，甚至产生了侵害未成年人和解意愿可能。2021 年 4 月 7 日晚，山东省日照市一名 13 岁女生，跪地自述遭强奸的视频在网络上流传开来。视频中，女孩手持纸板自述被强奸的遭遇，以及家人强迫她和解，但因女孩拒绝而暴打她的经历。此事件曝光后有媒体采访到了女孩的父亲，其父的回答前后略显矛盾，但承认家人收到了一笔以和解为名的 10 万元钱财。[①] 此案已经被日照市公安机关受理，并抓获了嫌疑人，因为涉及未成年人，后续并不清楚如何发展，倘若案件属实，在此次案件中侵害未成年人权益的不仅仅是罪犯还有未成年人的亲属。

从上述案件可以看出，未成年人的合法权益又一次受到了侵害。究其原因，在于《刑事诉讼法司法解释》规定了被害人是无或限制行为能力人的，有关人员可以代为和解，但是并没有对代理人在代为和解过程中所拥有的权利和对被代理人应当承担何种义务作出具体的规定。《刑事诉讼法司法解释》第五百九十一条规定："审判期间，双方当事人和解的，人民法院应当听取当事人及其法定代理人等有关人员的意见……" 至于代理人与被代理人之间是否会产生意见上的不一致，产生意见冲突应当以谁的意见为准，以及如何保证代理人维护被代理人的利益都没有具体的规定。过于笼统的法律规定赋予了代为和解的第三人过大的权利，却未明确其权利的边界，致使未成年人往往被剥夺了发表意见的权利，甚至其自身的遭遇也沦为第三人牟利的幌子，与其设立的初衷背道而驰。

三、思考与建议

（一）转变保护理念

依靠成年人保护未成年人权益的模式虽然减轻了未成年人自身的负担，在保护未成年人方面更加简洁、快捷，但是依靠各个义务主体的"强保护"

---

① 参见丁慧：《"13 岁女生自述遭强奸"，越蹊跷越要等真相》，载《新京报》2021 年 4 月 9 日，第 A02 版。

并不是实现未成年人权利的终点，况且以成年人思维来处理未成年人所遇到的问题，必然会在某些方面与未成年人的想法意见产生分歧。就《儿童权利公约》而言，未成年人保护最理想的效果应该是将未成年人塑造成自主自治的权利主体。除提供必要的保护和保障之外，更重要的是对未成年人的放权，进一步发展未成年人的自主能力，让未成年人在保护未成年人事业中多一份参与，在过程中有所收获。为更好更长远地帮助未成年人成长为合格的、负责任的公民，应当将《儿童权利公约》所规定的未成年人是权利主体的理念作为制定未成年人保护性规定的前提，承认未成年人是权利的主体。在刑事和解领域，一方面需要法定代理人协助未成年人进行和解，另一方面需要确立未成年人刑事和解制度的独立价值。相较于成年人刑事和解中以经济赔偿为主，未成年人的刑事和解应当更加注重对于涉罪未成年人的赔礼道歉，未成年被害人叙说过程，以及加害人与被害人之间的对话过程，加强未成年人在刑事和解中的参与程度。

（二）给予未成年被害人同等的保护

未成年人刑事案件既包括有未成年加害人案件也包括涉及受害人是未成年人的案件，此外，实践中未成年人犯罪侵害的对象往往也是未成年人，本着全面保护与平等保护的原则，未成年被害人的刑事和解也应当纳入未成年人刑事和解案件中。[①] 一方面要摒弃一味主张打击、严惩未成年犯罪人的观念，认为惩罚了犯罪人就是补偿了被害人的思想。在涉及未成年加害人的刑事和解中不仅要关注加害一方是否赔偿到位，更要审查其是否有赔偿的意愿，未成年加害人是否有悔过的意愿。[②] 另一方面也不能忽略对未成年被害人进行身体救助、心理辅导等工作，在刑事和解中鼓励未成年受害人充分陈述自己的受害感受和损害，表达对加害方的量刑意愿和补偿要求，能够疏导未成年

---

① 参见谢萍：《未成年人刑事和解对话会——从“一纸协议”到恢复、治疗、协商并融》，载《青少年犯罪问题》2011年第3期。

② 参见古芳：《从物质补偿到精神层面的谅解与恢复——我国未成年人刑事案件和解制度的发展方向》，载《人民检察》2015年第7期。

人“报复”以及“渴望补偿”的心理，弥补其因被害导致的心理创伤，使其更快地回归社会。

（三）保障未成年人知情权

1. 知情权内容

为了使未成年人有效参与刑事和解，应当保障其知悉可能会左右其自愿性的重要内容。这主要包括以下几点：一是未成年人在刑事和解中所享有的权利。如知情权、表意权、反悔权、异议权、赔偿请求权等。司法机关还应告知权利的行使方式、期限和救济途径。二是刑事和解程序的知情权。未成年被害人有权获知案件的和解程序以及具体阶段，办案机关负有告知的义务。三是和解信息知情权。具体包括告知未成年人《刑事诉讼法》中关于刑事和解程序的有关规定、双方达成和解协议将产生的法律后果以及刑事和解中各自的权利、义务。四是有就有关案件和解情况向承办检察官、法官咨询的权利。

2. 规范告知义务

为保障上述权利内容真正实现，需要明确司法机关的告知义务，并对告知的期限、形式以及不告知的法律责任加以规定。首先，针对告知的期限，检察机关应在案件移送审查起诉之日起 3 日内完成和解条件审查和和解权利告知。其次，明确告知的形式，告知应以书面与口头相结合的形式。司法程序的性质决定了告知书应当是要式的，但是基于司法文书的专业性和未成年人理解能力的有限性，仅仅以书面形式告知未成年人相关的诉讼权利无法保障其知情权。因此，司法机关即便已经书面告知，也应当运用未成年人能够听懂的语言予以详细说明，确保未成年人尽可能地理解其所拥有的权利和程序信息。同时，书面告知的，应当有未成年人签收的回执；口头告知的，应有告知笔录。对于较为年幼尚不能完全识字的未成年人，可以由其法定代理人代为签字。最后，要完善不告知的法律责任，为保障未成年人的知情权得到充分实现，应当在立法中明确规定司法机关不履行告知义务时的法律后果。对于司法机关工作人员侵犯未成年人知情权的行为，应及时予以纠正；情节严重的，可对直接责任人员予以行政处分。如果司法机关不履行告知义务而使未成年被害人的和解权利受到重大损害，未成年人可以行使刑事和解反悔权。如果由于司法机关不履行告知义务而导致未成年被害人遭受财产损失，司法机关应对未成年人的损失承担损害赔偿责任。

（四）规范代理人在代为和解中的行为

1. 事前审查代理资格

未成年人与其代理人之间很可能产生利益上的冲突，因此在确定未成年人的刑事和解代理人时，司法机关首先应当事先审查代理人是否具有恰当履行代为和解的能力，倘若代理人对未成年被害人有过虐待、遗弃等行为或有酗酒、赌博等恶习，则应当更换更为合适的成年人代为进行和解。此外，应当审查代理人与未成年人之间是否有利益冲突，如果代理人与对方有利益关系或亲密关系，又与被代理的未成年人有相当的关系，那么应当避免其成为任何一方的代理人，以确保未成年被害人最大利益得到保障。在刑事和解过程中，代理人应当将案件的进程以及其所了解的案件有关的信息恰当地转述给未成年人，认真听取未成年人的意见，并签署未成年人知情保证书，确保未成年人对刑事和解的情况有充分了解，能够形成自己的认识。

2. 撤销不当代理人的代理资格

在代理人与未成年人意见发生冲突或代理人有损害未成年人权益的行为时，应当有恰当的程序终止这种代理关系。根据最高人民检察院颁发的《未成年人刑事检察工作指引（试行）》第四十九条的规定，未成年人在诉讼程序中有权申请更换合适成年人，检察机关有义务协助其更换合适成年人或在一定条件下主动询问未成年人是否要更换合适成年人。因此，在刑事和解中未成年人有正当理由认为其代理人损害其自愿性或其他合法权益时，未成年人有权向检察机关申请要求更换代理人。检察机关负有配合的义务，在核实未成年人申请的真实性和合理性之后，应当协助其更换代理人。同时，检察机关应当对刑事和解中未成年人的代理人的代理行为进行监督，在发现其没有认真履行代理职责，或做出损害未成年被害人利益行为时，应当制止，并征询未成年被害人的意见，决定是否更换代理人，以更好地保护未成年被害人在刑事和解中的权益。更换代理人原则上以两次为限，但代理不能正确行使权利、履行义务，不能依法保障未成年人合法权益的可以不受次数限制。

（五）间接陈述与直接陈述并行

一方面，尊重未成年人的意见要求刑事和解程序尽可能为未成年人提供直接陈述的机会，征求未成年被害人对赔偿或刑罚适用方面的意见，在一定程度上满足其报复、抚慰等情感需要和经济赔偿的物质需求，有利于未成年人尽早回归社会。另一方面，根据法律，刑事和解中的赔礼道歉事项必须由被告本人完成，所以涉罪的未成年人只有自己真诚地表达出悔意和补偿对方的意思，和解才能够达成。认真召开加害人与被害人的对话会，在对话中让未成年人从对方的角度理解案件发生的原因以及造成的侵害后果，使未成年被害人消除对加害人的恐惧心理，帮助他们走出受害阴影。教育涉罪未成年人，让其真心悔悟、真诚道歉，消除当事人之间的隔阂。

在刑事和解中很多时候未成年人并不习惯于直接表达自己的意见，尤其是对于未成年受害人而言，他们不愿意直接面对对方当事人，更愿意在父母、亲人的帮助下解决面临的问题。在这种间接陈述的情况下，要想保证未成年人的表意权就要确保代理人在履行代为和解义务之前，应当提前认真与未成年人进行意见交流。2020 年修订的《未成年人保护法》对原来的第十四条“听取未成年人意见”进行了修改，现行规定不仅要求父母、监护人听取未成年人的意见，还要充分考虑其真实意愿。① 在未成年人刑事和解领域可以参照《未成年人保护法》的该条规定，在《刑事诉讼法》中落实代理人具有听取未成年人意见的义务，为保障未成年人的表意权提供可供遵循的具体规范。在相关司法解释中进一步细化听取未成年人意见的方式和确保未成年人意见得到认真对待的规定，为实际问题的解决提供更加明确的指引。

---

① 《未成年人保护法》（2020 年修订）第十九条。

（六）认真考虑未成年人的意见

1. 制定评估方法

如果未成年被害人只是拥有就相关事项发表意见的权利，没有落实请求未成年被害人发表意见的方式和该意见被重视的程度，那么这种赋权是没有意义的。只有充分地考虑未成年被害人提出的意见，才能作出真正有利于未成年被害人利益的决定。年龄、经验、社会和文化习俗以及支持水平都会促进未成年人在形成意见方面的能力发展。未成年人年龄层跨度大，幼儿和青少年对事项的理解水平和决策能力有较大的差异，因此评估未成年人是否有表达意见的能力是一项复杂而又较为困难的工程，只能交由熟悉未成年人发展过程和心理变化的专业人员进行评判。根据我国的实际状况，可以考虑抽调部分专门办理未成年人案件的司法人员和熟悉青少年身心特点的人民调解员组织起来进行专门的培训，使其承担起评估未成年人能力的重任。

法律将年龄看作判定未成年人行为能力和责任能力的一个关键因素，如《民法典》对无、限制、完全民事行为能力人的规定，《刑法》对刑事责任年龄的规定。其实质在于，未成年人的主见能力、表达意见的能力会随着知识、阅历等方面的积累而逐渐加深，这种积累需要时间来慢慢进行。在相同的社会制度下，同一年龄段的群体的主见能力、表达意见的能力可能在很大程度上是近似的。因此，在对未成年人的能力进行评估时，可以将年龄作为判断的一项重要标准，随着年龄的增加，其意见被认真考虑的程度也应当逐渐加重。但生理年龄与心理年龄并非总是一致的，因此在个案进行中，发现有未成年人拥有严重不符合其年龄的思维能力和意见表达能力时，司法机关有权自由裁量决定是否开启社会调查以确定其表达能力的高低，对于超乎其年龄的思维能力和意见表达能力的未成年人，应慎重对待其意见，必要时还可以将其视为完全行为能力人，完全尊重其意见。[①]

---

① 参见张宏城主编，深圳市福田区人民检察院编：《未成年人检察工作 3.0 版新模式》，法律出版社 2018 年版，第 102 页。

2. 给予良好的反馈

主持未成年人刑事和解的人员必须告诉未成年人刑事和解的进程，并在未成年人表明意见后，向其说明其意见是如何考虑的。倘若决策者未能采纳未成年人的意见，应当告知未成年人具体理由。这种反馈保证了听取未成年人意见不会流于形式，而是受到认真对待。这可能会鼓励未成年人坚持自己的意见、同意或提出其他提议，也会更多地思考如何处理自己事务，解决所面临的问题。如果未成年人能够理智和独立地形成自己的意见，那么决策者在解决问题时更应当将未成年人的意见作为一项重要因素来考虑。

结　语

在联合国儿童权利委员会第六十四届会议通过的《关于中国第三和第四次合并定期报告的结论性意见》中提到，"缔约国管辖内的所有地区都缺乏促进和推动尊重所有儿童的意见并让儿童参与对其有影响的一切事务的有效和广泛机制，建议缔约国在中国内地、中国香港和中国澳门建立有效的协商机制，确保尊重儿童意见和让儿童参与对其有影响的一切事务，包括决策、法院判决和方案的贯彻落实"。刑事和解本是最有利于解决未成年人刑事纠纷的司法程序，但是基于我国对于未成年人表意权的忽视，刑事和解无法发挥其应有的作用，只有承认、尊重未成年人表达自己意见的权利，坚持全局思维、双向保护原则，才能使得未成年人刑事和解制度获得良性发展，真正维护好未成年人的权益、满足其需求。完善未成年人刑事和解制度需要多方发力，既要未成年人自身的权利觉醒和司法机关的强力保护，又要通过社会调查，国家补偿等制度保驾护航。

青少年刑法

负有照护职责人员性侵罪主体问题研究

舒　婷*

摘　要　《刑法修正案（十一）》规定了负有照护职责人员性侵罪并将其作为《刑法》第二百三十六条之一。这对全面打击性侵未成年人犯罪有着重大意义，但由于犯罪主体概念和范围上的概括性与模糊性，以及缺乏相关的司法解释，如果对本罪犯罪主体把握不当会导致打击面不断扩大，有违背罪刑法定原则的可能。因此，对本罪名犯罪主体的范围认定不仅要从本罪保护的法益——低龄未成年女性的特定性权益来理解与把握，同时要结合负有照护职责人员的身份特征即法律性、义务性、优势性的特点合理考量。只有正确界定本罪主体标准，从根本上保护低龄未成年女性的权利，才是对低龄未成年女性的特殊保护与保障人权的合理回应。

关键词　负有照护职责人员　特殊职责　法益　犯罪主体　身份特征

2013年10月由最高人民法院、最高人民检察院、公安部、司法部四部门联合出台了《关于依法惩治性侵害未成年人犯罪的意见》（以下简称《惩治性侵害未成年人犯罪意见》）（已失效），该意见首次提出了“特殊职责的人员”的这一概念，即对未成年人负有监护、教育、训练、救助、看护、医疗

* 舒婷，法学硕士，乐山市井研县宝五镇人民政府公务员。研究方向：刑法学。

等特殊职责的行为人，并对于这类群体进行了严格的规制。[①] 2020 年 12 月 26 日发布的《刑法修正案（十一）》第二十七条列举了 5 种类型的特殊职责人员，将此类特殊主体与低龄未成年女性（指已满 14 周岁不满 16 周岁的未成年女性）[②] 发生性关系的行为规定为犯罪并将其作为《刑法》第二百三十六条之一，设立了一个新的罪名：负有照护职责人员性侵罪[③]。但《刑法修正案（十一）》并未完全承继《惩治性侵害未成年人犯罪意见》的规定：首先，将被害人的年龄限缩为已满 14 周岁不满 16 周岁的年龄层；其次，特殊职责人员的列举范围有所调整；最后，删除了"利用优势地位""被害人孤立无援的境地"等条文，即只要这类特殊主体与该年龄段未成年女性发生性关系就构成犯罪。相较于中国过往性犯罪规定来说，一方面我国刑法条文中首次出现了性犯罪身份犯的法律规定，另一方面优化了性犯罪保护对象的年龄层。但由于本罪目前并无相应的司法解释，本罪主体范围就单纯从法条上的规定来看过于笼统，存在不明确性和抽象性，如果不将主体范围进行加以必要的限制，很容易将所有具有教育身份、医疗身份等特殊身份的行为人纳入本罪的打击范围，违背刑法谦抑性原则。

一、主体认定的基础：负有照护职责人员性侵罪的法益

在正确界定本罪主体"负有照护职责人员"的范围前需要先厘清其保护的法益是什么。法益具有解释犯罪构成要件目的的功能，即设立本条文的目的之所以能够实现，是因为犯罪构成要件的行为侵犯了设立本罪名所保护的

① 最高人民法院、最高人民检察院、公安部、司法部《惩治性侵害未成年人犯罪意见》第二十一条第二款规定：对已满 14 周岁的未成年女性负有特殊职责的人员，利用其优势地位或者被害人孤立无援的境地，迫使未成年被害人就范，而与其发生性关系的，以强奸罪定罪处罚。

② 参见付立庆：《负有照护职责人员性侵罪的保护法益与犯罪类型》，载《清华法学》2021 年第 4 期。

③ 《刑法修正案（十一）》第二十七条规定："在刑法第二百三十六条后增加一条，作为第二百三十六条之一：'对已满十四周岁不满十六周岁的未成年女性负有监护、收养、看护、教育、医疗等特殊职责的人员，与该未成年女性发生性关系的，处三年以下有期徒刑；情节恶劣的，处三年以上十年以下有期徒刑。有前款行为，同时又构成本法第二百三十六条规定之罪的，依照处罚较重的规定定罪处罚。'"

法益。[①] 因此在对负有照护职责人员性侵罪主体进行认定时应该以保护的法益为指导，对“负有照护职责人员”作实质解释，进而实现刑法目的。

（一）本罪法益的理论争论

本罪保护法益学界争议诸多，如免受侵扰的性健全发展权说[②]、性自主权和婚姻家庭法益[③]、身心健康权利和行为双方关系纯洁性的社会法益[④]、性的自决权和伦理禁忌说[⑤]。目前关于本罪法益较多学者持“性自主权说”与“身心健康说”。持“性自主权说”的学者认为立法推定处于这种特定关系下的低龄未成年女性面对这种特殊身份的行为人时，其性行为很难自主决定，由此得出本罪保护的法益是低龄未成年女性的性自主权。[⑥] 持“身心健康说”的学者认为本罪是在特定情形下提高了未成年女性的性同意年龄，得出本罪的保护法益是低龄未成年女性的身心健康。[⑦]

（二）本文的基本观点：复合法益说

本文认为本罪的法益是低龄未成年女性的特定性权益。这是一种复合法益，即低龄未成年女性的身心健康权和性健全发展权，也即当特殊职责人员与行为对象发生性关系时，违背了自己高度的保护责任，阻碍了行为对象的性健全发展，进而对其身心健康产生重大的不利影响。

---

① 参见张明楷：《法益初论》（2003年修订版），中国政法大学出版社2003年版，第216页。

② 参见张梓弦：《积极预防性刑法观于性犯罪中的体现——我国〈刑法〉第236条之一的法教义学解读》，载《政治与法律》2021年第7期。

③ 参见唐攀：《负有照护职责人员性侵罪的规范保护目的与解释适用》，载《江西警察学院学报》2021年第4期。

④ 参见于阳、周玲玲：《特殊职责人员性侵罪司法适用研究》，载《湖北警官学院学报》2021年第2期。

⑤ 参见周详、孟竹：《隐形强制与伦理禁忌：“负有照护职责人员性侵罪”的理据》，载《南通大学学报（社会科学版）》2021年第2期。

⑥ 参见周光权：《刑法立场进展与司法展望——〈刑法修正案（十一）〉总置评》，载《法学》2021年第1期。

⑦ 参见张义健：《〈刑法修正案（十一）〉的主要规定及对刑事立法的发展》，载《中国法律评论》2021年第1期。

本罪的设立是实现对未成年人特殊、优先保护，解决实践中出现的漏洞。在判断成年女性发生性关系的意思表示的问题上都会存在“半推半就”“欲拒还迎”等模棱两可的表达方式，在这种情况下不同的人会对此种场景作出不同的判断。那么当行为对象是低龄未成年女性时，其心路就更加难以探究。[①] 因此，理念的选择就显得尤为重要。如果按照“性自主权说”的立场对条文进行实质解释，成立本罪的核心仍然是低龄未成年女性的主观意志，本罪名将形同虚设。因为本罪的设立恰恰是认为实践中低龄未成年女性面对这类行为人时其主观意志容易受到对方基于身份的优势性等原因的压制，可能难以表达真实的意思表示。基于刑法的特殊性质，刑法对被害人天然地扮演“家长”这一角色，家长主义是限制未成年人性自主能力的重要力量。未成年人性自主能力受到限制并不完整有很多原因，如性同意能力的欠缺，可以说是存在瑕疵的虚假意思自治。刑法以“家长”的立场告诫“未成年子女”在什么时候与什么样的对象发生性关系才是最佳选择，因此立法者在这里的用意应该理解为当行为人存在侵犯低龄未成年女性特定性权益的行为时，刑法就应该以“家长”的身份强势介入。

本罪名作为《刑法》第二百三十六条之一，可见本罪的法益与强奸罪具有高度相似性，但正由于属于两个不同的罪名，意味着本罪的法益与强奸罪法益仍然存在一定差异。单纯持“身心健康说”认为二者发生性关系对低龄未成年女性产生负面影响，这里并不能很好地评价为何特殊职责人员这种身份会产生这种违法效果，因此还要结合低龄未成年女性的性健全发展权来探讨。特殊职责人员之所以被刑法禁止与其保护的低龄未成年女性发生性关系，是因为特殊职责人员负有保护其人格、生理和性健全发展的责任。行为人作为低龄未成年女性的保护人，即使对方主动追求发生性关系，行为人也应该恪守自身底线予以拒绝。当这种特殊关系转化为性关系，既是加剧对低龄未成年女性身心健康的侵害，也违背了其本身对其性健全发展进行保护的职责。

---

① 参见陈家林、吕静：《负有照护职责人员性侵罪的解释视角与规制边界》，载《中南大学学报（社会科学版）》2021年第5期。

因此将低龄未成年女性的身心健康权与性健全发展权作为本罪法益才能全面评价为何特殊职责人员会成为本罪主体的根本原因。

二、主体认定的基本标准：负有照护职责人员的身份特征

负有照护职责人员性侵罪的法条在主体构成要件上很显然采用“开放式”列举的形式，那么难点就在于如何理解“负有照护职责人员”这一身份要素。因此，要从法益保护的角度出发，提炼出本罪主体的核心特征，才能明确主体的具体范围。本文认为本罪主体的身份特征主要有三个，即法律性、义务性与优势性。

（一）法律性

负有照护职责人员的身份来源于法律的明文规定或者是基于行为人所实施的特定法律行为。这种身份区别于基于血缘形成的自然身份，是基于法律后天形成的。本罪的主体身份主要来源于法律的明文规定的特定身份、职业原因产生的特定身份、合同行为产生的特定身份以及其他法律行为产生的特定身份。

其一，行为人基于法律明文规定的特定身份。《民法典》明确规定了若干监护类型并明确规定了监护人的相关义务，其中婚姻家庭编也明确了法定收养的成立条件和双方的权利义务，因此负有监护、收养职责人员的认定大多来源于法律的明文规定。其二，行为人基于职业原因产生的特定身份。对未成年人负有特殊职责的职业一般具有一定的典型性，如医生、教师。能够将这种职业身份概括进本罪名的主体范围的原因之一是这类职业的行为人能与未成年人有大量的机会实际接触并对行为对象产生特定保护责任。其三，行为人基于合同行为产生的特定身份。例如，基于监护人与家政公司签订的劳务合同而负责照看被监护人的家政人员。大多数负有看护职责人员主要是基于合同规定产生了积极义务，对低龄未成年女性产生了特定责任。其四，行为人基于其他的法律行为产生的特定身份。部分事实关系可以参照法律规定囊括为本罪名主体范围，如尽管事实收养这一概念在《民法典》中并未规定，

但双方实质形成了抚养关系，事实收养人基于此产生了特定的养育照料责任，因此事实收养关系当然属于负有照护职责人员的范围。

（二）义务性

职责是义务的另一种表述。不同种类的职责人员的职责义务的具体内容虽然有差异，但核心都是对未成年人具有“保护义务”，保护其身心健康和性健全发展。“职责”这个词从字典上来看含义是指职务上应尽的责任，但与刑法的真实含义还是有着一定的区别。有观点认为，“职责”可以从义务的角度来理解，[①] 也就是这种特殊主体不得对低龄未成年女性作出违反身份的违法行为。特殊职责人员负有对未成年人身心健康、性健全发展等保护义务，当特殊职责人员与其发生性关系时，不仅偏离了正常的社会伦理轨道，还违背了保护义务，侵害了其身心健康权与性健全发展权。

1. 职责（义务）的条件限定

想要明确地界定某一类主体对于特定低龄未成年女性是否负有特殊职责，需要具备一些基本要件，才能更加明确“职责”身份的范围。

其一，这种特殊的义务需要存在于特定双方当事人之间，也就是特殊职责人员对应的行为对象是其负有特定保护职责的特定低龄未成年女性。并不能把本罪“教育、医疗”的范围扩大解释为所有的从事教育、医疗等职业的行为人。相较于不具有特定关系的双方来说，基于特殊职责存在的特定关系，低龄未成年女性拒绝发生性行为的意志才更容易受到影响和干涉。另外，只有在这种特定关系下，特定主体才会对特定低龄未成年女性具有保护义务。

其二，部分特殊职责人员与受其保护的低龄未成年女性发生性关系，除违反其保护义务之外还存在违背伦理的情形，即乱伦或违背职业伦理。我国香港特别行政区《刑事罪行条例》将男子与自己的女儿乱伦认定为犯罪。[②]

---

① 参见康相鹏、孙建保：《性侵未成年人犯罪中“负有特殊职责的人员”之界定》，载《青少年犯罪问题》2014 年第 1 期。

② 参见我国香港特别行政区《刑事罪行条例》第四十七条第一款规定：“任何男子与一名女子性交而知道该女子是她的孙女、外孙女、女、姐妹或母亲，即属犯罪，一经循公诉程序定罪，可处监禁 14 年……”

在我国内地，仅《民法典》有规定禁止与直系血亲或三代以内旁系血亲结婚。虽然我国《刑法》并未将具有与血亲发生性关系规定为犯罪，但是具备“血亲+特殊职责”双重身份的行为人与低龄未成年女性发生性关系更具有危害性。伦理禁忌的行为不一定是犯罪，但如果社会民众对这种伦理禁忌有着高度的反感，这种行为就更有机会被刑法加以规制。因此，当二者同时还具有血缘关系时，发生性关系时即使双方出于真实的意愿，因为违背伦理和性禁忌，更具有刑事可罚性。同时教师和医生在与低龄未成年女性的特定关系存续期间也应该遵守职业伦理道德，双方在此时发生性关系，也是不符合我国自古以来的儒家文化伦理要求，弱化了社会可接受性。①

其三，恋爱关系不能成为特殊职责人员出罪的理由。如今“师生恋”“医患恋”文学影视作品成为文娱市场的热门题材，未成年学生可能会憧憬这种恋爱模式，导致不能正确分辨与行为人之间的关系，那么特殊职责人员实施犯罪的成功率将会很高。特殊职责人员不能将低龄未成年女性的爱转化为性的感情和性关系，如果违背这一义务，低龄未成年女性的身心健康与性健全发展权会危殆化。二者不可避免地存在持续的全面的人格交流关系，所以特殊职责人员必须承担不能将这种关系转化为性关系的义务。即使主观上未利用这种特定身份，也不能否认其特殊职责一旦形成便天然对低龄未成年女性会产生一定的影响力，因此不能基于恋爱关系免除特殊职责人员的刑事责任。不过可以从相对较弱侵犯低龄未成年女性的特定性权益的角度，同时基于被害人的原因对行为人减少一定量刑。

2. 职责（义务）的时间限定

对本罪主体身份的认定时间，应该是以行为时为准。二者发生性关系时，行为人已经对其负有特殊义务，那么此时应该认为行为人违反保护义务且侵犯了低龄未成年女性的特定性权益。如果二者发生性关系时还不负特殊职责，或者这种特殊职责身份已经终止，这种特定职责因为已经不复存在且之前基

---

① 参见周详、孟竹：《隐形强制与伦理禁忌：“负有照护职责人员性侵罪”的理据》，载《南通大学学报（社会科学版）》2021 年第 2 期。

于此对低龄未成年女性产生的影响力与支配力也没有存续，就不能认定这种性行为侵犯了低龄未成年女性的特定性权益。

另外，对本罪犯罪主体身份的理解，不仅要从形成特定关系的时间长短来判断，还要结合双方形成特定关系下行为人对行为对象产生的影响力与支配力来整体把握。例如，行为人与低龄未成年女性依照《民法典》规定形成法律上的收养关系后几天养父便与被收养人发生性行为，养父也能成立本罪。这里是因为收养关系中低龄未成年女性在精神与经济上都需要依靠行为人，即使是刚建立起收养关系，养父对低龄未成年女性也会产生一定的影响力与支配力。又如，15 岁的未成年女性去医院拔牙并对牙科医生一见钟情，治疗后约牙医共同吃饭后发生性关系，此处就不能认为牙医构成本罪。因为这里是短暂的一次医疗诊疗关系，牙医并没有对未成年女性产生影响力与支配力，二者是平等关系，所以不能认为牙医此时是本罪规定的主体范围。

上述两个例子都是从外观条件来看在较短的时间里形成了本罪规定的特殊职责身份，但最后认定的结果大相径庭，因此时间的长短并不能作为整体认定本罪主体的唯一标准。虽然职责存续的长短对整体认定该主体身份存在一定的不准确性，但这对具体适用在个案认定主体身份上仍具有参考性。例如，家长工作需要出差一天，委托自己的朋友来家中帮忙照顾女儿一天，这里形成了短暂的临时看护的关系。但由于这种“临时看护”时间十分短暂，此时临时看护人还未与低龄未成年女性形成事实上的人身依附性，临时看护人对低龄未成年女性能产生的影响力与支配力很小，不能因为其表面具有特殊职责形式外观，就认为其属于本罪的犯罪主体。在这种看护关系下，特殊职责人员作为特定关系的优势一方，需要基于与低龄未成年女性的劣势方长期稳定且持续接触产生的影响力与支配力，这些长期稳固塑造的信任关系，无法通过短期和偶然的接洽存在。

（三）优势性

特殊职责人员几乎都是成年人，虽然不乏单纯懵懂的成年人和早熟的未成年人，但成年人和未成年人之间的年龄差等诸多原因必然导致了二者在思想、社会阅历和经验等的差异，这就导致特殊职责人员相较低龄未成年女性明显具有优势性。

1. 优势性的来源之一：权威

在中国几千年传统文化的影响下，未成年人基于对老师的“谆谆教诲”、基于对医生的“妙手仁心”、基于对监护人的“养育之恩”，服从这些权威成了应有之义。这类负有特殊职责的主体在身份和物质上为行为对象提供了经济基础，从学习方面辅助未成年人，在未成年人成长过程中担任了很重要的角色。另外，特殊职责人员与低龄未成年人大多数年龄差较大，在这种情况下年长一方对另一方的真实意志的影响也较大。在这种优势下，未成年人更习惯于服从。低龄未成年女性作为相对劣势一方，在经济和精神上都需要依靠特殊职责人员，当特殊职责人员对其提出要发生性行为要求的时候，在具备这种明显优势的情况下即使行为人不使用明显的强制手段低龄未成年女性也很难拒绝。

教师是性侵未成年人犯罪占比最高的犯罪主体，首先，教师这个职业属性本身对于学生就具有一定的权威，未成年人年龄越小这种权威对其的影响就越明显，这种权威来源于历史传统的文化影响。“一日为师终身为父”“尊师重道”有积极的一面，促进师生的良好关系发展与尊重老师的风气形成，但如果适用过度也可能会产生不当影响，如产生未成年学生认为在学校里要绝对服从老师安排不能反驳任何要求的风险。其次，由于未成年人还在受教育的年龄阶段，给“教师”这个职业身份带来了更多的犯罪可能，特别是被害人监护缺失的情况。这也导致了教师的权威在逐渐加深，这会使被害人很难在这种权威之下鼓足勇气去揭发犯罪人的罪行。

2. 优势性的来源之二：信任

熟人比陌生人更具天然的条件，让其有足够的条件性侵害受其保护的低龄未成年女性。特殊职责人员基于这种特定身份，更容易与低龄未成年女性形成信任关系，而作为“被保护者”的低龄未成年女性，对行为人具有天然的信任和依赖从而产生事实上的人身依附性，认为特殊职责人员并不会伤害自己。因此当特殊职责人员从保护者转变为加害者，与低龄未成年女性发生性关系时，行为对象就较容易因为这种信任感一时间无法意识到这是一种伤害行为，又或者表面顺从地与对方发生性行为。

特殊职责人员有很多是在低龄未成年女性还是幼女时便建立起这种特定关系，这便有可能导致行为人从行为对象还是幼女时便开始“洗脑”，传输一些不正确的思想观念，使被害人陷入一定的错误认识从而无法作出真正成熟理性的选择，甚至自愿主动地与对方发生性关系，在这种情况下，低龄未成年女性对性行为的同意是无效的，行为人的行为同样是一种犯罪行为。

三、主体的具体范围：负有照护职责人员性侵罪主体的认定

（一）“负有监护职责人员”的认定

我国监护制度来源于《民法典》，目前监护主体范围主要是指未成年人的父母、直系亲属与相关组织、单位和国家。法定监护是我国直接通过立法的形式确定监护人，这是一种长期的监护关系存续过程，此范围内的男性与低龄未成年女性处于监护关系的状态时应都属于本罪的犯罪主体范围。

1. 特殊情形：事实婚姻中行为人与同居人女儿之间的抚养关系

事实婚姻是指男女双方符合法定婚姻的实质要件但没有办理法定程序，以夫妻名义共同生活且为外人所知。[①] 从客观上看双方具有共同生活的事实关系，且从形式外观来看也具有公开性。这种关系使双方产生了情感交流、共同生活和抚养子女的事实结果。目前我国民法领域不再承认事实婚姻这一概念，但刑法不应该完全照搬民法领域的概念，二者的保护目的存在差异性。民法侧重于保护合法的婚姻双方权利义务，刑法的“重婚罪”整体侧重保护的是一夫一妻制度，从这个角度看刑法的保护层次更为宏观。基于民法与刑法保护目的差异，二者对婚姻的认定也存在不同，所以刑法在“重婚罪”的认定上使用了与民法不同的判断标准：重婚行为包含重婚者与第三人建立事

---

① 参见张民安：《非婚同居在同居配偶间的法律效力》，载《中山大学学报（社会科学版）》1999 年第 39 卷第 2 期。

实婚姻、相婚者明知其有配偶仍与之建立事实婚姻。[①]

女方在事实婚姻前与前配偶所生子女也共同生活在这种家庭环境中，这种“组成式家庭”呈长期性、固定性，这与短暂的同居关系存在本质区别，事实婚姻双方相互照顾，经济上互相扶持，并产生了子女的抚养教化的责任。虽然从法律的角度，这种关系下的男方与女方同前配偶所生的子女不构成法定的继父女关系，但从事实层面上来看，通常情况下男方也参与了子女的抚养过程。在这种状态下，二者虽然不是《民法典》所规定的监护关系，但仍然存在事实上的监护。这里的“事实上的监护”同样并非民法的概念，而是刑法基于对特定法益的保护而对监护的扩张解释。该低龄未成年女性与男方以家人相称，与行为人形成了信任关系，经济也依赖于家庭里的两位成年人，男方便自然具备了优势性。在这种长期且持续的“事实上的监护”状态下，男方对该低龄未成年女性负有保护其身心健康与性健全发展的责任。此外，因为生活在同一屋檐下，给行为人创造了便利的犯罪条件。因此男方与该低龄未成年女性发生性关系，应该认定此时该男性是具备主体身份的。

2. 特殊情形：临时监护

根据《民法典》等相关规定，临时监护的主体主要是民政部门，民政部门可以采取交由其亲属抚养或送到其他家庭寄养，也可以送往未成年人相关救助保护机构或者儿童福利机构进行收留。2020 年《民法典》第三十四条第四款[②]规定，加强对临时监护主体的职责。这就说明临时监护人同样对其保护的低龄未成年女性负有特殊职责。但是，并不能将范围抽象扩大到这些单位团体的所有工作人员。这只是一种抽象的职责，具体应该下放到和低龄未成年女性长期且密切接触的特定工作人员身上。临时监护人应该与低龄未成年女性持续较长的时间接触才能产生同法定监护一样的保护义务。如果只是暂时性、临时性照看一天，这种短暂的临时监护还不具备优势性，不应该认为

① 参见张明楷：《刑法学》，法律出版社 2016 年版，第 927 页。

② 《民法典》第三十四条第四款规定：“因发生突发事件等紧急情况，监护人暂时无法履行监护职责，被监护人的生活处于无人照料状态的，被监护人住所地的居民委员会、村民委员会或者民政部门应当为被监护人安排必要的临时生活照料措施。”

其具备了特殊职责身份。

3. 特殊情形：被撤销的法定监护

撤销法定监护权并不意味着亲权由此消失，被撤销监护资格后，仍有恢复监护权的可能性。① 另外，监护人资格被撤销后可以在规定时间内书面向法院申请恢复监护人资格，且原监护人需要继续负担被监护人各种经济支出。双方的亲权依然存续，被撤销的监护人仍然负有保护其身心健康和性健全发展的义务，这种优势性并未消失，且监护关系被撤销后经济提供是呈继续性的，如果在监护权被撤销后又可以恢复的这类被撤销监护的职责主体，在法定恢复期内，可以理解这种职责身份仍然存续，较低龄未成年女性依旧具有优势性，当然符合本罪主体范围。

（二）“负有教育职责人员”的认定

《教师法》《教育法》的规定适用于各类学校、培训机构从事教育工作的老师和学校管理人员、辅助人员。② 但需要指出的是，“教育”的职业身份不等同于具有“负有教育职责人员”的身份，不能以整个教学环境为媒介将所有教职工群体认定为负有教育职责人员的范围。这种主体范围应该适当的限缩，不宜将打击面开放得过大。但至少可以确定一点的是，在学校环境中给低龄未成年女性授课的任课老师，本身负有传授知识的责任，再加上与未成年人长期的共处形成的不对等身份关系，同时负有保护其身心健康和性健全发展的义务，因此这类教师当然属于负有教育职责人员的范围。

1. 特殊情形：校园其他职工

学校作为教学机构，除教师外还有其他的辅助教学的工作人员，如管理

---

① 《民法典》第三十八条规定：“被监护人的父母或者子女被人民法院撤销监护人资格后，除对被监护人实施故意犯罪的外，确有悔改表现的，经其申请，人民法院可以在尊重被监护人真实意愿的前提下，视情况恢复其监护人资格，人民法院指定的监护人与被监护人的监护关系同时终止。”

② 《教师法》第二条规定：“本法适用于在各级各类学校和其他教育机构中专门从事教育教学工作的教师。”第四十一条第一款规定：“学校和其他教育机构中的教育教学辅助人员，其他类型的学校的教师和教育教学辅助人员，可以根据实际情况参照本法的有关规定执行。”《教育法》第三十六条规定：“学校及其他教育机构中的管理人员，实行教育职员制度。学校及其他教育机构中的教学辅助人员和其他专业技术人员，实行专业技术职务聘任制度。”

人员、行政人员、安保人员、后勤人员等。校园职工同样有部分主体需要对未成年人的身心健康和人身安全等进行保障和管理，如学校的校长等管理人员或其他行政工作人员。这类主体与学生并不是平等主体的关系，这里的不平等关系是指在学校的环境下基于对学生的管理权威而产生的关系落差。这种权威既可以运用在维持教学秩序和纪律管理，也有可能被行为人违法利用。因此，学校管理人员与行政人员明显较未成年人具有优势性，且同时对未成年人负有保护职责，所以应该属于本罪主体范围。厨师与保洁等后勤工作人员则应该不属于本罪主体范围。一方面，他们的工作职责只是做好后勤辅助工作，没有相应的保护职责，并且此类后勤工作存在随时调动和变更的可能性。另一方面，后勤人员相较授课老师与未成年学生接触较少，因此很难说面对低龄未成年女性时具有优势性。

保安是否属于本罪主体则需要根据工作环境来分别认定。具体来说，相较工作于医院场所的安保人员，校园保安更应该纳入本罪主体范围。与工作于医院环境的保安不同，校园保安本身就负有保护学生的职责。在校的未成年人并未和监护人一起，大多时候是与同龄人相处。去医院看病治疗的未成年人绝大多数需要监护人等成年人陪同，医院中未成年人的安全保障主要还是依靠陪伴就医的成年人而不是医院保安。医院的保安工作重心更是维护医院的安全与秩序，并不是保护来医院就诊未成年人身安全。但校园保安除维护校园秩序也要保护校园师生整体安全，如防止校外无关人员进入校园侵害校内学生安全，防止学生未经学校允许私自从学校外出等，这不仅是在保护未成年人，也有监管的意思。如果是较为固定长期的保安工作，在校园内的保安也有可能具备“负有教育职责人员”的身份。

2. 特殊情形：家教

家教的教学模式是一对一教学，这种特殊的教学模式使家教在某种程度上比校园老师与学生的距离感更近，正处于青春期的未成年女性可能会在这种亲密关系中，因对方的诱导而对行为人滋生出爱情的错觉。再加上家教与学生之间同样有可能存在这种身份关系的不对等，年龄差越悬殊，这种不对等就越明显。家教可以属于一种教育活动，但是家教能否成立本罪犯罪主体还需要从家教从业者的不同类型来认定。

主要职业是校园任课教师与教育培训机构老师的家教，二者本身对未成年人负有保护其身心健康和性健全发展的职责。在这种非常态化的教学环境下，很容易与受教育的低龄未成年女性发展成深度信任关系。再加上在一个老师对数位学生的长期正常教学模式的教师本来便具有一定的权威，更何况处于私密空间下一对一教学模式。这种优势性不言而喻，因此以上两种类型的家教从业者应该被认定为“负有教育职责人员”。但现在还存在另一种家教类型——大学生家教，这类家教从业者通常是大学生通过相关家教群或经他人介绍到未成年人家中兼职家教工作，主要任务是辅导未成年学生完成作业。首先，大学生自身也是学生身份，很难说面对受其辅导的未成年人具有一定的权威。其次，大学生家教主体呈年轻化，在这种年龄差较小的情况下同样很难认定具有明显的优势性。最后，大学生与受其辅导的低龄未成年女性很难构成特殊的保护关系，没有这种相应的特殊职责，就只是单纯的履行劳务合同的民事法律关系，那么大学生家教对低龄未成年女性的性侵害行为可能只能适用强奸罪或强制猥亵罪，而不能被本罪规制。

（三）“负有收养职责人员”的认定

收养是指领养他人的子女，在法律层面上形成非基于血缘的拟制亲子关系。我国收养未成年人的条件十分严格，需要同时满足“实质＋程序”双重要件成立才能认定为合法的收养关系，要求收养人具备年满30周岁、没有不利于未成年子女健康成长的违法犯罪记录、未患有不利收养的疾病等条件。此外，还规定了几种特殊情况，如无配偶的行为人收养异性子女，二者年龄差至少达到40岁。另外，在办理手续时需要经过县级以上人民政府民政部门登记。通过法定程序收养未成年子女的收养人符合“负有收养职责人员”的身份特征毋庸置疑。法定收养手续严格复杂导致我国事实收养现象诸多，事实收养是指以亲子名义长期共居生活，被周围群众知悉，但没有办理登记手续的事实关系。根据国务院办公厅《关于解决无户口人员登记户口问题的意见》的相关规定，依法为无户口人员登记常住户口，未办理收养手续的事实收养无户口人员可凭事实收养文件申请办理常住户口。[①] 从这个角度来看，这种事实收养更像是有瑕疵的民事法律关系，瑕疵补正后完全可以转化为法定收养关系。

负有照护职责人员性侵罪中的“收养”应该包含事实收养。目前我国收养领域存在大量的事实收养现象，此处刑法应该作出独立于民法的判断，认为事实收养人属于“负有收养职责人员”的范围。首先，根据《民法典》的规定，法定收养关系成立后，收养人取得监护资格后，二者的收养关系演变为监护关系，那么按照此处逻辑如果“负有收养职责人员”仅指法定收养关系，本罪无须单独列举“收养”的种类。其次，被事实收养甚至违法收养（如拐卖后被收养）的未成年人，更应该受到刑法的保护。经济不发达或法律观念落后的地区尤其是农村，由于人口流出大，留在农村的人口传统观念根深蒂固，导致部分人没有相关的法律意识，这便造成这些地区存在事实收养和违法收养的现象更为普遍。所以虽然事实收养不符合法律规定的形式要件，但这种事实收养关系下的双方之间的抚养关系仍然值得保护。最后，虽然事实收养不具备法定的程序要件，但实质上事实收养人抚养未成年子女应当认为其负有保护义务。双方在生活与教育上同法定收养、监护关系相同，因此事实收养人在面对行为对象时同样呈优势性。并且从刑法的角度来看，事实收养关系中的未成年人的特定性权益与法定收养中未成年人的特定性权利是没有差别的，事实收养关系与违法收养关系的“收养人”也应该属于本罪的主体范围。

（四）“负有看护职责人员”的认定

目前我国《刑法》中除本罪外，涉及“看护”一词的就是虐待被监护、

---

① 国务院办公厅《关于解决无户口人员登记户口问题的意见》规定：“未办理收养登记的事实收养无户口人员，当事人可以向民政部门申请按照规定办理收养登记，凭申领的《收养登记证》、收养人的居民户口簿，申请办理常住户口登记。1999 年 4 月 1 日《全国人民代表大会常务委员会关于修改〈中华人民共和国收养法〉的决定》施行前，国内公民私自收养子女未办理收养登记的，当事人可以按照规定向公证机构申请办理事实收养公证，经公安机关调查核实尚未办理户口登记的，可以凭事实收养公证书、收养人的居民户口簿，申请办理常住户口登记。”

看护人罪①，但刑法对“看护”一词并未作具体的释义。《民法典》也未明确“看护”一词的概念，但根据我国《精神卫生法》相关规定，“看护”可以解释为看守和保护之意。② 精神障碍患者与低龄未成年人都是限制民事行为能力人，那么看护人对精神障碍患者的看护职责根据同类解释规则同样适合看护未成年人。“看护”与“监护”具有高度相似性，对于未成年人都有保护的义务，因此二者的核心区别要从责任来源的角度来区分。当二者是以契约形式建立关系时，应当认为行为人是负有“看护”职责的人员。保姆、护工通常是以签订合同的法律关系，这里的“看护”职责来源是依照契约规定、行业规定和其他法律规定，此时双方关系虽然不如“监护”关系亲密，但是仍具有长期且稳定的关系，二者虽然没有血缘纽带连接，但是因为长期共同相处，足以建立稳定的信任关系，对低龄未成年女性就应该负有保护其身心健康与性健全发展的义务，相较于被保护和照料的未成年人具有优势性。

结合虐待被监护、看护人罪的主体范围，本罪的“看护”职业主要是下列人员：（1）家庭聘请的保姆等家政人员。（2）家庭聘请上门未成年病人护理生活的护工等人员。（3）在医院为未成年人聘请的护工。（4）服务于福利机构、未成年人保护协会等福利机构中负责照料未成年人生活日常的人员。“负有看护职责人员”的认定同样需要结合本文前述的身份特征进行个案分析。短暂的“临时看护”是否能成为本罪的适格主体？比如，家长委托朋友照料在附近读书的未成年子女，双方约定偶尔抽空照顾未成年人的生活起居。这里的“临时看护”与上文提到的“临时监护”不同，这里不具有持续性、经常性的状态，主要发生于亲属或者朋友之间，而且一般都是无偿照顾。这

---

① 《刑法》第二百六十条之一第一款规定：“对未成年人、老年人、患病的人、残疾人等负有监护、看护职责的人虐待被监护、看护的人，情节恶劣的，处三年以下有期徒刑或者拘役。”

② 《精神卫生法》第二十一条规定：“……发现家庭成员可能患有精神障碍的，应当帮助其及时就诊，照顾其生活，做好看护管理。”第四十九条规定：“精神障碍患者的监护人应当妥善看护未住院治疗的患者……村民委员会、居民委员会、患者所在单位等应当依患者或者其监护人的请求，对监护人看护患者提供必要的帮助。”第五十五条第二款规定：“社区卫生服务机构、乡镇卫生院、村卫生室应当……并对患者的监护人进行精神卫生知识和看护知识的培训……”第五十九条第二款规定：“精神障碍患者的监护人在看护患者过程中需要技术指导的，社区卫生服务机构或者乡镇卫生院、村卫生室、社区康复机构应当提供。”

里虽然因为法定监护人委托短暂地形成了看护关系，但由于时间存续较短，通常是几小时到一两天，很难说临时看护人具有优势性。仅仅是短暂、间歇性的看护一次并没有使未成年女性对临时看护人产生足够的信任和生活、精神上的依赖，无法对低龄未成年女性造成影响力和支配力。因此短暂的“临时看护”不具备成为本罪主体的条件。

（五）“负有医疗职责人员”的认定

根据《基本医疗卫生与健康促进法》的规定，医疗卫生人员的具体范围有：执业医师，执业助理医师；注册护士；药师；检验技师；影像技师；乡村医生；其他卫生专业人员。未成年人对“医生、护士”这类特殊职业存在天然的畏惧感，这就造成这一职业本身就具有一定的优势性。在诊疗关系中，由于医疗卫生人员处于专业的优势地位，且未成年人往往欠缺相关知识，当行为人谎称性接触具有医学上的必要性时，未成年人可能会选择尊重对方的判断。且由于医疗卫生人员职业的特殊性易与行为对象身体频繁接触，在医疗卫生人员的治疗与照顾下，患者很容易卸下心理防备去依赖对方。基于这种绝对优势下，医疗卫生人员很容易诱使未成年女性“爱上”自己，进而达到自己的违法目的。因此与低龄未成年女性病患长期且直接接触的医疗卫生人员应属于本罪犯罪主体范围。

“医疗”的职业范围和“教育”职业范围一样较为宽泛，因此应当将负有医疗职责人员的范围进行适当性限缩。第一，病人在医院进行就诊时，通常会接触到较为多数的医疗卫生人员，但并不能将接触到的所有医疗卫生人员涵盖在内。比如，体检过程负责体检项目的医师、技师等因为与行为对象的接触时间短暂，对受检查的低龄未成年女性的影响力较弱，很难认定其对该低龄未成年女性负有保护其身心健康和性健全发展的职责，因此通常情况下不能认定为本罪的主体范围。第二，校医院的校医因为身处校园这种特殊的环境，其作为学校医疗卫生工作的专职人员，日常工作主要为组织实施对在校师生的体检与疾病防治、卫生教育宣传和卫生监督等。因为这种环境和工作的特殊性，其对在校学生自然负有保护其身心健康和性健全发展的职责，再加上低龄未成年女性此刻对于校医是具备“学生 + 病人”的双重身份，校医的优势性不言而喻，因此校医应该被认定为是本罪主体范围。

（六）本罪主体身份的限制性扩充

对“等”字的解释，关系着对本罪的正确理解认定。“等”在刑法中通常有两种含义，即列举未尽和列举穷尽。大多数学者认为，“等”一般是列举未尽的意思。[①] 负有照护职责人员具体范围，《惩治性侵害未成年人犯罪意见》共列举了“监护、教育、训练、救助、看护、医疗”6 种身份，本罪条文列举了“监护、教育、收养、医疗、看护”5 种身份。两处规定指向同一特殊主体，但列举种类存在异同，因此这里的“等”字应当是列举未尽的意思。分析“等”指代的对象时需要遵循同类解释规则与目的性解释，这两种解释规则不可分割，相辅相成。那么其他类型的特殊职责人员应该与本罪列举的 5 个种类在职责以及身份特征上具有一致性，目前本罪所列举的主体几乎包含了对未成年人负有照护职责的常见范围，因此应该认为只有对未成年人负有保护其身心健康与性健全发展的职责，且面对行为对象明显具有法律性、义务性、优势性的行为人才能与前面 5 种特殊身份相当。

目前针对不同的照护对象，尚未明确规定的其他负有照护职责人员主要有以下两种。

其一，针对普通的低龄未成年女性。依照《未成年人保护法》相关规定涉及的部分单位团体对未成年人履行的同样是保护职责。[②] 本罪列举的主体范

---

① 参见刘风景：《例示规定的法理与创制》，载《中国社会科学》2009 年第 4 期。

② 《未成年人保护法》第九条规定：“县级以上人民政府应当建立未成年人保护工作协调机制，统筹、协调、督促和指导有关部门在各自职责范围内做好未成年人保护工作。协调机制具体工作由县级以上人民政府民政部门承担，省级人民政府也可以根据本地实际情况确定由其他有关部门承担。”第十条规定：“共产主义青年团、妇女联合会、工会、残疾人联合会、关心下一代工作委员会、青年联合会、学生联合会、少年先锋队以及其他人民团体、有关社会组织，应当协助各级人民政府及其有关部门、人民检察院、人民法院做好未成年人保护工作，维护未成年人合法权益。”第十一条第二款规定：“国家机关、居民委员会、村民委员会、密切接触未成年人的单位及其工作人员，在工作中发现未成年人身心健康受到侵害、疑似受到侵害或者面临其他危险情形的，应当立即向公安、民政、教育等有关部门报告。”

围不需要外力介入，是双方平等主体之间的民事法律关系。《未成年人保护法》第九条至第十一条规定中所涉及的行为主体主要是国家机关或者有公权力介入的相关单位组织，因此上述提到的具有公权力属性的特殊主体与受其保护的低龄未成年女性发生性关系情况会比前者更为恶劣，特别是国家工作人员。行为人代表国家的身份具备明显的权威，又因工作属性使低龄未成年女性更为容易地与其产生较深的信任感。在“桑某刚强奸案”中，审理法院认为“被告为从事未成年人教育、管理行政部门的国家工作人员，其本应以保护未成年人健康成长为己任，但却在其明知被害人为在读高中学生，强行与之发生性关系，应当依法从严惩治”①。因此本文认为，负有保护未成年人职责的国家机关和协助国家单位开展未成年人保护工作的社会团体组织，这类主体中与低龄未成年女性密切接触的工作人员应当符合本罪的主体范围。

其二，针对少年犯和矫治教育对象。② 根据我国《监狱法》相关规定，③ 未成年犯管教所工作人员对低龄未成年女性罪犯进行监管，负有保护低龄未成年女性罪犯身心健康和性健全发展的义务。域外刑法有的将监狱工作人员纳入特殊职责人员范围，如葡萄牙《刑法典》中“对被容留者进行性侵犯罪”规定了监狱执行职务的行为人这一特殊主体。④ 在我国，未成年犯管教所工作人员与少年犯相较明显持优势性这点毋庸置疑，因此未成年犯管教所工作人员应该被纳入本罪主体范围。另外，矫治教育人员也应该被纳入本罪主

---

① 桑某刚强奸案，北京市第一中级人民法院刑事裁定书，(2019) 京01刑终237号。

② 矫治教育制度的适用对象是指实施了严重危害社会的行为，因其不满刑事责任年龄，所以不受刑事处罚的未成年人。

③ 《监狱法》第三十九条第一款规定：“监狱……对未成年犯和女犯的改造，应当照顾其生理、心理特点。”第七十四条规定：“对未成年犯应当在未成年犯管教所执行刑罚。”第七十五条规定：“对未成年犯执行刑罚应当以教育改造为主。未成年犯的劳动，应当符合未成年人的特点，以学习文化和生产技能为主。监狱应当配合国家、社会、学校等教育机构，为未成年犯接受义务教育提供必要的条件。”

④ 参见黄尔梅主编，最高人民法院刑事审判第一庭编著：《最高人民法院、最高人民检察院、公安部、司法部性侵害未成年人犯罪司法政策案例指导与理解适用》，人民法院出版社2014年版，第441－445页。

体范围。根据《刑法》相关规定，[①] 低龄未成年女性符合被矫治教育对象的年龄范围。当其满足《预防未成年人犯罪法》相关规定时，则需要送入专门学校进行矫治教育，由国家机关负责开展矫治与教育工作。[②] 矫治教育的场地呈封闭式管理，矫治教育人员作为保护者，有保护其身心健康和性健全发展，以及监督其接受矫正与教育等职责。虽然对矫治教育对象的监管相较少年犯而言较为宽松，但由于其场所的封闭性，以及监护人无法过多接触被矫治教育的低龄未成年人，矫治教育人员与矫治教育对象之间很容易产生权威以及形成信任关系，即矫治教育人员仍然明显持优势性。因此当矫治教育人员与被矫治教育的低龄未成年女性发生性关系时，也应该被本罪规制。

---

① 《刑法》第十七条第五款规定："因不满十六周岁不予刑事处罚的，责令其父母或者其他监护人加以管教，在必要的时候，依法进行专门矫治教育。"

② 《预防未成年人犯罪法》第四十三条规定："对有严重不良行为的未成年人，未成年人的父母或者其他监护人、所在学校无力管教或者管教无效的，可以向教育行政部门提出申请，经专门教育指导委员会评估同意后，由教育行政部门决定送入专门学校接受专门教育。"

低龄未成年人犯罪核准追诉制度审思

曾莉鑫[*]　陈兴琼[**]　邓君韬[***]

摘　要　《刑法修正案（十一）》附条件降低刑事责任年龄，确立低龄未成年人犯罪核准追诉制度，既贯彻未成年人犯罪“教育为主，惩罚为辅”刑事政策，也适应低龄未成年人恶性案件频发的社会现状。宜尽快出台细化《刑法》第十七条第三款的司法解释，完善相关配套制度、统一司法尺度；不应止步于立法上降低刑事责任年龄，还应完善对罪错未成年人分类处置措施，健全罪错未成年人分级预防体系。

关键词　低龄未成年人犯罪　刑事责任年龄　核准追诉　分类处置

一、问题的提出

低龄未成年人实施恶性犯罪行为的事实是客观存在的。一段时期以来，未满 14 周岁的低龄未成年人实施的杀人、伤害、强奸等恶性犯罪案件时有发生，引发全社会高度关切。大连 13 岁男孩杀害 10 岁女孩案，更是将舆论关

---

* 曾莉鑫，中铁二十三局第三工程有限公司法律合规部部员、公司合规官，西南交通大学公共管理学院 2020 级法学硕士。

** 陈兴琼，四川省洪雅县人民检察院副检察长。

*** 邓君韬，西南交通大学公共管理学院法学系副教授、法学博士。

注推向顶峰。[①]

从立法上看，国家层面出台《预防未成年人犯罪法》，对预防未成年人犯罪工作发挥着统领和指导作用；地方层面则是相关省（市）权力机关颁行预防未成年人犯罪地方性法规或者实施办法，并根据地方实际情况制定有关配套政策，进而开展预防未成年人犯罪工作。但由于有关立法呈现框架性特征，具体内容不甚明确，配套实施细则阙如或不完善，专门学校建管和办学模式不适应新时代发展等因素，总体而言，我国预防和治理低龄未成年人犯罪工作现状不尽如人意，并未建立起区别于成人犯罪治理模式的罪错未成年人分类处置及分级预防体系。

在此背景下，公众呼吁降低刑事责任年龄的声音此起彼伏，理论界提出要确立本土化未成年人刑事司法政策，并以预防、防控犯罪与保护、教育挽救未成年人为重要目标。[②] 实践困境、理论交锋和社会舆情最终导致《刑法修正案（十一）》附条件下调了刑事责任年龄，建立起低龄未成年人犯罪核准追诉制度。

从法条本身来看，《刑法》第十七条第三款从实体要件和程序要件对刑事责任年龄的下调作出规定：实体要件上，规定已满 12 周岁不满 14 周岁的人“犯故意杀人、故意伤害罪”“致人死亡或者以特别残忍手段致人重伤造成严重残疾”“情节恶劣”，三者是并列关系，需要同时满足；程序要件上，需“经最高人民检察院核准追诉”。

降低刑事责任年龄并附实体要件和程序要件，是对原最低刑事责任年龄制度的扬弃与转型，将最低刑事责任年龄由刚性规定转为弹性适用，具有深

---

① 2019 年 10 月 20 日，13 岁大连男孩蔡某某将在同小区内居住的 10 岁女孩小淇杀害，并抛尸于灌木丛。因蔡某某未达到法定刑事责任年龄，警方依法不予追究刑事责任，对其进行 3 年收容教养。2020 年 8 月 10 日，大连市沙河口区人民法院对小淇案作出民事诉讼判决，判处蔡某某、庄某某于判决生效之日起 10 日内在辽宁省级平面媒体上向原告小淇母亲及家人公开赔礼道歉（道歉内容需经法院审核），此外关于民事赔偿部分，判处蔡某某、庄某某于判决生效之日起 10 日内赔偿原告合计 1286024 元。参见《大连 13 岁男孩杀害 10 岁女孩案宣判：不追究刑责，赔偿 128 万》，载百家号“环球时报” 2020 年 8 月 10 日，https：//baijiahao. baidu. com/s？ id = 1674640292848631042&wfr = spider&for = pc。

② 参见沈颖尹：《关于〈刑法〉第十七条的审思与完善——以〈刑法修正案（十一）〉为视角》，载《北方法学》2021 年第 3 期。

远的理论意义和实践价值。但由于立法并未对低龄未成年人犯罪核准追诉制度的实体内容和程序内容详细规定，低龄未成年人犯罪核准制度在实体和程序上应如何把握与适用，值得探讨。

二、低龄未成年人犯罪核准追诉的实体要件

低龄未成年人犯罪核准追诉的实体要件包括“犯故意杀人、故意伤害罪”“致人死亡或者以特别残忍手段致人重伤造成严重残疾”“情节恶劣”，要同时满足以上三点才有可能对涉案未成年人进行追诉。

（一）对“犯故意杀人、故意伤害罪”的理解与适用

对“犯故意杀人、故意伤害罪”如何理解和适用，需要注意以下两点。

1. 实施故意杀人、故意伤害行为

在此之前，全国人民代表大会常务委员会法制工作委员会针对《刑法》第十七条的理解发布《关于已满十四周岁不满十六周岁的人承担刑事责任范围问题的答复意见》，其中明确：《刑法》第十七条第二款规定的 8 种犯罪是指具体犯罪行为而不是具体罪名。由此可见，行为人若存在《刑法》第十七条第二款规定的 8 种犯罪行为，即使并非该 8 种具体罪名，符合构成要件的情况下也应当承担刑事责任。

因此，关于《刑法》第十七条第三款的适用，多数学者认为其规定的“犯故意杀人、故意伤害罪”也应当是指实施故意杀人、故意伤害行为而非具体罪名。同时，若其他罪行包含《刑法》第十七条第三款规定的罪行情形，涉案未成年人也应当负刑事责任，但并非只能认定为故意杀人罪、故意伤害罪，只是在司法实务中被认定为故意杀人罪、故意伤害罪的情形占大多数。①

此外，已满 12 周岁而未满 14 周岁的未成年人对于转化型故意杀人罪和故意伤害罪是否应当承担刑事责任，持否定态度的学者认为，转化型故意杀

---

① 参见王登辉：《〈刑法修正案（十一）〉下调最低刑事责任年龄的正当根据与司法适用》，载《西南政法大学学报》2021 年第 4 期。

人罪或者故意伤害罪既有注意规定的情形，也有部分拟制规定的情形，应当承担刑事责任的仅限于符合《刑法》第二百三十二条和第二百三十四条规定的故意杀人罪或者故意伤害罪构成要件的属于注意规定的情形，而将拟制规定的情形排除在应承担刑事责任之外。[1]

我们认为，遵循体系解释，《关于已满十四周岁不满十六周岁的人承担刑事责任范围问题的答复意见》对第十七条第二款的解释逻辑同样适用于第三款。因此，第三款规定应当理解为行为人实施了故意杀人、故意伤害的行为，即第三款规定的犯罪是指具体犯罪行为而不是特定罪名。同时，未成年人在实施其他犯罪行为过程中，若同时实施了故意杀人、故意伤害行为，构成转化型故意杀人罪或者故意伤害罪，也应当依法追究刑事责任。

2. 转化型故意杀人罪和故意伤害罪

现行《刑法》规定的转化型故意杀人罪和故意伤害罪有：第二百三十四条之一（组织出卖人体器官罪）[2]、第二百三十八条（非法拘禁罪）[3]、第二百四十七条（刑讯逼供罪、暴力取证罪）[4]、第二百四十八条（虐待被监管人罪）[5]、第二百八十九条（聚众“打砸抢”）[6] 和第二百九十二条（聚众斗殴罪）[7]。

从上述罪行来看，已满 12 周岁未满 14 周岁的未成年人不会单独构成刑讯逼供罪、暴力取证罪、虐待被监管人罪，因为其不符合身份主体资格要求。但是，如果已满 12 周岁不满 14 周岁的未成年人在实施组织出卖人体器官罪、非法拘禁罪与聚众斗殴罪时，实施了故意杀人或者故意伤害行为，符合《刑法》第十七条第三款规定，则以转化犯承担刑事责任。

---

① 参见陈志军：《最低刑事责任年龄三元模式的形成与适用》，载《检察日报》2020 年 12 月 22 日，第 3 版。

② 《刑法》（2020 年修正）第二百三十四条之一。

③ 《刑法》（2020 年修正）第二百三十八条。

④ 《刑法》（2020 年修正）第二百四十七条。

⑤ 《刑法》（2020 年修正）第二百四十八条。

⑥ 《刑法》（2020 年修正）第二百八十九条。

⑦ 《刑法》（2020 年修正）第二百九十二条。

（二）对结果及情节的限制

结合未成年人身心特点并依据最有利于未成年人原则，在刑事责任年龄设定上要优先实现对罪错未成年人教育矫治与特殊预防的刑罚目的，并兼顾通过惩罚体现出来的对未成年犯罪人的报应与一般威慑目的。[①] 一方面，坚持贯彻“教育为主”，已满12周岁未满14周岁的未成年人要承担刑事责任，其罪行需达到“致人死亡或者以特别残忍手段致人重伤造成严重残疾”，强调矫治教育；另一方面，对满足条件的罪错未成年人施以刑罚处罚，又体现了兼顾“惩罚为辅”。

1. 犯罪结果限制：特别残忍

《刑法》第十七条第三款对犯罪结果的限制体现在要么犯罪行为致人死亡，要么犯罪行为致人重伤造成严重残疾且需为特别残忍手段，才有可能承担刑事责任。也就是说，如果没有造成特定的犯罪结果，即使实施了故意杀人或故意伤害的行为，已满12周岁未满14周岁的未成年人也无须承担刑事责任。

实践中，对“特别残忍手段”如何认定，需要检察机关在行使核准追诉权时根据社会现状和具体个案进行综合考察。

首先，注重侵害行为过程。检察机关应审查犯罪手段是否足够恶劣、犯罪持续时间长短以及犯罪工具性质等。有学者认为，如果犯罪手段较为平和，即使造成重伤或者严重残疾的犯罪结果，也不应当承担刑事责任。[②] 其次，参考侵害结果。犯罪行为导致的死亡、重伤或者残疾结果可以作为认定是否构成手段“特别残忍”的参考因素。最后，对“特别残忍”的主观认知应当以现有主流价值观念和一般道德水平为衡量标准，辅以被害人主观感受，这样更有利于实现司法公正。[③]

---

① 参见李川：《从刑罚论视角看刑事责任年龄的修正根据与适用》，载《环球法律评论》2021年第4期。

② 参见姜敏：《〈刑法修正案（十一）〉新增最低刑龄条款的正当根据与司法适用》，载《中国刑事法杂志》2021年第3期。

③ 参见王译萱、张垚：《低龄未成年人核准追诉的立法审视与范围厘定——兼论〈刑法修正案（十一）〉第1条》，载《山东青年政治学院学报》2022年第1期。

对特别残忍手段的综合认定，符合刑罚个别化原则，即刑罚适用应由人身危险性和社会危害性“双纬度”决定，既注重刑罚预防，也注重刑罚报应。[①] 由于低龄未成年人在年龄、身体状况、心理状况、教育程度等方面与成年人都有所差别，通常情况下，及时进行矫治教育使其复归社会，其再犯可能性会大大降低，容易实现个别预防效果，完成预防与报应的融合：一方面，通过刑罚让未成年人暂时丧失自由而不能犯罪；另一方面，通过刑罚使未成年人感受到生理和心理痛苦而不敢再犯，不愿再犯，降低人身危险性。

2. 行为方式限制：情节恶劣

认定行为方式是否属于情节恶劣，应当结合主客观情况综合考虑：从主观方面看，应当考虑涉案未成年人基本情况、犯罪动机是否恶劣、是否为有预谋的犯罪、犯罪前后态度、犯罪后是否悔罪、被害人有无过错等；从客观方面看，应当考虑犯罪工具性质、侵害对象、作案时间、作案地点、作案方式以及造成的社会影响等。[②]

同时，“情节恶劣”作为犯故意杀人罪、故意伤害罪等罪行条件的限制判断要素，应当体现为比致人死亡、重伤、严重残疾等犯罪结果更为严重的犯罪情形，如多次故意杀人、伤害的情形，故意杀死、伤害多人的情形等。[③] 此外，“故意杀害直系血亲尊亲属者”等严重违背伦理道德的犯罪也应纳入“情节恶劣”情形之一，因为法律规定应当与我国的文化理念、社会风俗相适应。[④]

三、低龄未成年人犯罪核准追诉的程序要件

低龄未成年人犯罪核准追诉制度的程序要件，即是否符合前述实体内容

---

① 参见杨琳、赵明一：《浅论刑罚个别化》，载《法学杂志》2013 年第 4 期。

② 参见姜敏：《〈刑法修正案（十一）〉新增最低刑龄条款的正当根据与司法适用》，载《中国刑事法杂志》2021 年第 3 期。

③ 参见李川：《从刑罚论视角看刑事责任年龄的修正根据与适用》，载《环球法律评论》2021 年第 4 期。

④ 参见沈颖尹：《关于〈刑法〉第十七条的审思与完善——以〈刑法修正案（十一）〉为视角》，载《北方法学》2021 年第 3 期。

的规定还需经最高人民检察院核准。对检察机关来说，这既是坚持“教育为主，惩罚为辅”原则的要求，也是贯彻落实“少捕慎诉慎押”刑事司法政策的体现，能有效地减少社会对抗、修复社会关系。

但《刑法修正案（十一）》仅规定最高人民检察院为核准机关，没有规定核准追诉的具体内容和程序，因此对于该程序要件的理解与适用也需要加以讨论，亟须最高人民检察院出台相应的司法解释、发布相关指导性案例和典型案例以统一司法尺度。

（一）核准追诉的实质：最低刑事责任年龄的弹性化

在《刑法修正案（十一）》出台之前，我国最低刑事责任年龄是刚性的，司法机关只能通过年龄这一因素来确定低龄未成年人犯罪行为是否应当适用刑法，而对最低刑事责任年龄的适用没有裁量权。刚性最低刑事责任年龄的弊端显露在近年来频发的低龄未成年人恶性犯罪事件中。

《刑法修正案（十一）》使最低刑事责任年龄适用具有弹性特征。换言之，尽管立法机关把最低刑事责任年龄下调至 12 周岁，却给最高人民检察院留下了自由裁量空间，使其可以根据所接触的具体个案决定是否追诉，避免了刑事责任年龄“一刀切”的情形。

（二）核准追诉的内容

核准追诉内容取决于《刑法》第十七条第三款规定的实体事实以及对核准追诉的程序定位。

从规定来看，核准追诉的证明对象应当是“人”与“事”统一。[①] 从“人”的方面来看，即审查被追诉人自身是否符合法定追诉条件。最高人民检察院需核实是否有明确的被追诉人、年龄是否符合已满 12 周岁未满 14 周岁、是否有刑事责任能力、是否有刑事受审能力等。从“事”的方面来看，即审

① 参见吴光升：《核准追诉低龄未成年人刑事责任的程序定位及其重要展开》，载《政治与法律》2022 年第 1 期。

查案件实体事实。最高人民检察院需要针对《刑法》第十七条第三款中规定的实体要件所对应的案件事实进行核实。对于地方检察院移交的材料，最高人民检察院应当仔细核实所有证据的真实性、合法性和关联性，判断能否形成完整的证据链，能否基本还原案件事实，能否达到刑事案件所要求排除合理怀疑的证明标准。最后，最高人民检察院必须将涉案未成年人与案件实体事实联系起来，必须有证据证明故意杀人行为或故意伤害行为是该涉案未成年人实施的行为。

（三）核准追诉的程序

1. 核准追诉的程序定位

根据我国《刑事诉讼法》，公诉案件一般需经过立案、侦查、审查起诉、审判等阶段，才能确定被追诉人是否承担刑事责任。由此带来一个问题——低龄未成年人刑事责任核准追诉是属于哪一阶段的行为？

以超诉讼时效核准追诉程序定位为例，学界有三种不同的观点，分别为“立案行为说”[①]“审查起诉行为说”[②]“起诉前诉讼行为说”[③]。2019 年最高人民检察院发布《人民检察院刑事诉讼规则》，[④] 将超诉讼时效核准追诉放在第十章“审查逮捕与审查起诉”中加以规定，且在《人民检察院刑事诉讼规则》第三百二十一条第三款规定：“未经最高人民检察院核准，不得对案件提

---

① 该观点认为，最高人民检察院的核准追诉行为是一种核准立案行为，因为追诉是指追究刑事责任，追诉过程包括立案、侦查、审查起诉、审判等全过程，既然追诉始于立案，核准追诉就是指核准立案。参见朱孝清：《“核准追诉”若干问题之我见》，载《人民检察》2011 年第 12 期。

② 该观点认为，追诉的核心是起诉，因而核准追诉就是指核准起诉，即只有经过最高人民检察院核准后，才能导入后续的起诉和审判程序。参见王牧、张萍：《核准追诉制度实务问题研究》，载《法学杂志》2018 年第 3 期。

③ 该观点认为，核准追诉是对已作出决定的事后确认，即核准追诉的核准对象是侦查机关已经启动的追诉程序，这个核准追诉的对象不是诉讼中的一个“点”，而是一个“区间”，这个“区间”原则上指从立案至侦查终结，特殊情况下可延至起诉前，即作为核准对象的追诉行为是起诉前的立案、侦查与部分审查起诉行为。参见朱孝清：《“核准追诉”若干问题之我见》，载《人民检察》2011 年第 12 期。

④ 参见《人民检察院刑事诉讼规则》，载最高人民检察院官网 2019 年 12 月 30 日，https：//www. spp. gov. cn/spp/xwfbh/wsfbh/201912/t20191230_ 451490. shtml#1。

起公诉。”因此，我们认为超诉讼时效核准追诉更有可能是指核准移送审查起诉，即最高人民检察院对超诉讼时效核准追诉行为发生在侦查阶段，是侦查机关将案件移送审查起诉前的诉讼行为。在侦查阶段，最高人民检察院对案件进行核准，同意追诉的，由相应的检察院将案件移送审查起诉，不同意追诉的，应当将案件退回侦查机关。① 参照最高人民检察院对超诉讼时效核准追诉行为的程序定位，我们认为，最高人民检察院对于低龄未成年人犯罪核准追诉行为，也应当是发生在侦查阶段，属于侦查机关将案件移送审查起诉前的诉讼行为。

2. 参考超诉讼时效核准追诉与死刑复核程序

对低龄未成年人恶性犯罪案件核准追诉具有双重目的：一方面，可以预防犯罪、震慑犯罪、维护社会安定；另一方面，最大限度地保护低龄未成年人权益，发挥核准追诉制度保障人权的功能。在我国司法制度中，超诉讼时效核准追诉与死刑复核制度在不同程度上也体现了上述目的。

超诉讼时效核准追诉制度建立于2012年最高人民检察院发布的《关于办理核准追诉案件若干问题的规定》（以下简称《标准追诉案件规定》），② 而死刑复核权于2007年收归最高人民法院统一行使。“若无必要，勿增实体。”对于低龄未成年人犯罪核准追诉程序问题，可以部分参考超诉讼时效核准追诉制度和死刑复核制度中已建立的、适合借鉴的程序，以提高司法效率，节约司法资源。同时，由于制度内容不同以及低龄未成年人犯罪核准追诉案件主体的特殊性，新增区别于超诉讼时效核准追诉制度与死刑复核制度的特殊程序有其必要。

（1）可供借鉴的程序和思路

由于超诉讼时效核准追诉制度在核准主体、核准目的等方面与低龄未成年人犯罪核准追诉制度趋同，构建低龄未成年人犯罪核准追诉程序可以主要

---

① 参见吴光升：《核准追诉低龄未成年人刑事责任的程序定位及其重要展开》，载《政治与法律》2022年第1期。

② 参见《关于办理核准追诉案件若干问题的规定》，载北大法律信息网2022年3月3日，https://www.pkulaw.com/chl/60bd2155bf915407bdfb.html。

参考超诉讼时效核准追诉程序，同时适当参考死刑复核程序的构建思路。总体而言可归纳为以下几点：

①公安机关可以在向最高人民检察院报请核准之前，对涉案未成年人采取强制措施。

②公安机关提请逮捕涉案未成年人的，需经同级检察机关审查。同级检察机关经审查认为必须追诉而且符合法定逮捕条件的，可以依法批准逮捕涉案未成年人。

③公安机关报请低龄未成年人犯罪核准追诉的案件，由同级检察机关受理、整理材料后层报最高人民检察院。上级检察机关在层报最高人民检察院之前，应当先对案件进行复核，经复核后认为必须追诉的，再报最高人民检察院核准。

④对拟报请核准的案件需经检察委员会审议。检察委员会审议后，不同意核准追诉的，应当将案件退回公安机关；同意核准追诉的，应当制作报请核准追诉案件报告书，连同案卷材料一并层报最高人民检察院。

⑤最高人民检察院收到地方各级检察机关报送的报请核准追诉案件报告书及案卷材料后，应当及时审查，必要时指派检察人员到案发地了解案件有关情况。

⑥由最高人民检察院检察长作出是否对涉案未成年人核准追诉的决定，并制作核准追诉决定书或者不予核准追诉决定书，逐级下达至最初受理案件的人民检察院，由其送达报请核准追诉的公安机关。

⑦最高人民检察院决定核准追诉的案件，最初受理案件的检察机关应当监督公安机关的侦查工作。最高人民检察院决定不予核准追诉的案件，公安机关应当及时撤销案件。公安机关未及时撤销案件的，同级检察机关应当提出纠正意见，涉案未成年人在押的，应当立即释放。

⑧在最高人民检察院对低龄未成年人犯罪案件核准追诉的过程中，公安部可以向最高人民检察院提出意见。核准追诉决定作出后，最高人民检察院应当将核准追诉结果通知公安部。

（2）特殊的程序措施：保障未成年人程序参与权

《标准追诉案件规定》和《人民检察院刑事诉讼规则》中，均未明确侦查机关在报请核准追诉之前需要保障未成年人的程序参与权，即最高人民检察院在作出核准追诉决定之前需要讯问被追诉人或听取其辩护律师的意见。

笔者认为，虽然核准追诉并不是决定被追诉人需要承担刑事责任能力的最终环节，但仍然会对被追诉人的实体权利产生重大影响。同时，低龄未成年人犯罪案件主体特殊、案情复杂、社会影响巨大，最高人民检察院在行使核准追诉权时应当慎之又慎。因此，为了核准追诉的准确性，在办理低龄未成年人犯罪核准追诉案件时，最高人民检察院应当讯问未成年人，听取其本人及辩护律师的意见，保障涉案未成年人的程序参与权，综合考量涉案未成年人主观恶性、社会危害性、被害人有无过错等因素，最终决定是否对其进行核准追诉。

同时，由于未成年人身心发育尚未健全，“有限的认知与理解能力不足以支撑其在封闭、高压的讯问程序中以较为稳定的情绪状态接受办案人员的讯问并充分表达自己的意见”①。因此，最高人民检察院在行使核准追诉权讯问涉案未成年人时还应适用“合适成年人在场制度”②。让涉案未成年人较为熟悉和信任的合适成年人参与讯问环节，有利于缓解未成年人的紧张情绪，使其更容易稳定而完整地陈述案件过程。在核准阶段引入合适成年人在场制度，体现了对未成年人的保护，既贯彻了“教育、感化、挽救”方针，也是实现未成年人回归社会的有效途径。

四、低龄未成年人犯罪分类处置

总体而言，近年来国家在立法层面越来越重视未成年人犯罪、预防和保

---

① 尹泠然：《合适成年人讯问时在场：以参与讯问为中心的讨论》，载《国家检察官学院学报》2021 年第 2 期。

② 2012 年，《刑事诉讼法》在吸收多年试点经验基础上，建立起我国合适成年人在场制度，要求在讯问和审判未成年人刑事案件时，应当通知涉案未成年人的法定代理人到场；无法通知、法定代理人不能到场或者法定代理人是共犯的，也可以通知涉案未成年人其他成年亲属，所在学校、单位、居住地基层组织或者未成年人保护组织的代表到场，并将有关情况记录在案。

护问题，除《刑法修正案（十一）》中对未成年人犯罪内容的规定外，2020年，《预防未成年人犯罪法》《未成年人保护法》也先后修订通过，并于2021年6月1日起施行。此外，2021年10月23日，《家庭教育促进法》公布，进一步明确、规范家庭、国家和社会在未成年人成长过程中的权利与义务。

未成年人心理成熟年龄在逐步前移，而导致其犯罪的原因存在多样性。家庭、社会、学校皆可能是诱发未成年人犯罪的因素。实质上，接受刑罚处罚并不能从根本上减少低龄未成年人刑事恶性案件的发生，降低刑事责任年龄只是一种“治标不治本”的辅助手段。要想将未成年人犯罪行为遏制在萌芽阶段，需要从源头治理，加强家庭教育、学校教育、社会教育、国家教育，明确家庭、学校、社会、国家在保护和预防未成年人犯罪过程中应当承担的责任与义务，才是治本之法。

因此，《刑法修正案（十一）》在调整刑事责任年龄的同时，也将充满弊端的收容教养制度修改为专门矫治教育。专门矫治教育是针对未达刑事责任年龄，或者某些已达刑事责任年龄但没有刑事责任能力的未成年人采取的非刑罚矫治措施。现有立法对于专门矫治教育在适用对象、适用程序、部门职责、配套措施等规定还有待建设和完善。

《预防未成年人犯罪法》出台后，广西壮族自治区柳州市建立起未成年人专门矫治教育学校。为实现教育矫治的最佳效果，该校拟实施四个阶段教育模式，实现“进得来、留得住、学得会、出得去”的教育目标。第一阶段，主要开设法治教育、纪律教育、行为规范教育、礼仪教育和心理辅导教育等课程进行行为矫治；第二阶段，主要开设义务教育课程、传统文化、法治教育等课程进行文化教育；第三阶段，主要开设美育、体育、劳动教育等课程进行综合素养教育；第四阶段，将计划开设适合学生的职业教育课程。该校学生在校学习时间一般为3个月，最长不超过3年。①

---

① 参见欧金昌、韦柳林、郑梅丽：《广西柳州成立未成年人专门矫治教育学校》，载中国教育新闻网2021年6月9日，http：//m. jyb. cn/rmtzcg/xwy/wzxw/202106/t20210609_ 596460_ wap. html。第十三届全国人民代表大会第五次会议召开期间，有代表提出应尽快设立未成年人专门教育矫治学校，参见林焕新、唐琪：《崔建梅代表：建议尽快设立未成年人专门教育矫治学校》，载中国教育新闻网2022年3月7日，https：//baijiahao. baidu. com/s？ id = 1726604371370529254&wfr = spider&for = pc。

专门矫治教育对罪错未成年人的救治是一个长期过程。对于某些已经实施了严重犯罪行为的未成年人而言，相应的刑罚惩治措施仍有存在的必要性。

目前，《预防未成年人犯罪法》采用分级预防思路，对未成年人的不良行为、严重不良行为和犯罪行为采取不同的预防和处置措施。参考该思路，对于《刑法》第十七条第三款规定的已满 12 周岁不满 14 周岁的低龄未成年人实施的犯罪行为，也应分类治理。

（一）符合追诉要件，采取刑罚措施

对于符合《刑法》第十七条第三款规定需要核准追诉的低龄未成年人，经检察机关审查起诉及法院审判后，需要承担刑事责任的，应当对其采取刑罚措施，以维护司法公正。当然，因为其年龄较小，对其处以的刑罚惩罚应当与成年人有所区别。有学者认为至少应当为该类受到刑罚制裁的未成年人提供以下三种保障：第一，未成年人的父母或者监护人参与刑事司法程序；第二，建立适合未成年人机构、相关机制和制度；第三，保障未成年人拥有获得法律援助的权利。①

为了更好地实现未成年人的再社会化，应尽快构建我国未成年人前科消灭制度。虽然现行未成年人前科报告义务免除规定与未成年人犯罪记录封存制度对未成年人的社会复归具有积极意义，但是与真正的未成年人前科消灭制度之间尚有不小的差距。与未成年人前科报告义务免除制度和犯罪记录封存制度相比，建立前科消灭制度的优势在于：其一，注销未成年人犯罪记录。它与犯罪记录封存制度的区别在于永久消灭犯罪记录，消除了日后被查询和被引用的可能，也意味着曾经的犯罪事实不得在此后的诉讼中引用，消除了未成年人复归社会的后顾之忧。其二，免除前科报告义务，在犯罪前科记录被消灭的基础上，已无犯罪前科可供报告。其三，恢复被限

---

① 参见姜敏：《〈刑法修正案（十一）〉新增最低刑龄条款的正当根据与司法适用》，载《中国刑事法杂志》2021 年第 3 期。

制、剥夺的资格与权利。但法律是否会允许消灭前科者从事特定职业，仍是一个未知之数。①

（二）不符合追诉要件，采取非刑罚矫治措施

对于不符合《刑法》第十七条第三款规定需要核准追诉的低龄未成年人，虽然不能采取刑罚惩罚措施，但并不意味着“一放了之”。从现状来看，国家把最低刑事责任年龄视为刑罚惩罚措施实施的边界，但对未达刑事责任年龄以及已达刑事责任年龄却没有刑事责任能力的未成年人如何处理，尚未有实质性规定，使上述两种未成年人在实施了不良行为、严重不良行为甚至犯罪行为后没有有效的处置措施。

正因对边界之外的行为尚无有效处置措施，学界和公众频繁抓住刑事责任年龄这根“救命稻草”，这也成为最低刑事责任年龄不稳定和遭受舆情质疑的重要原因。

1. 采用分级预防司法处遇机制

在《预防未成年人犯罪法》构建起罪错未成年人分级预防体系后，应当同步构建起与分级预防制度相匹配的分级处遇体系。根据《未成年人保护法》第四条提出的最有利于未成年人原则，罪错未成年人分级处遇体系应当采取保护未成年人与维护社会秩序动态结合的双重保护理念。针对不良行为，由于其罪错程度较轻，尚未造成社会危险性或者造成的社会危险性较小，在此阶段未成年人的错误认识尚不严重，有较大的悔改可能性，应当以保护理念为主，以责任理念为辅，通过家庭、学校、公安机关、居（村）民委员会、社区等对实施不良行为的未成年人及时制止并加强沟通、教育和管理，尽快引导未成年人改正错误。针对严重不良行为，此时未成年人的罪错程度已经远高于实施不良行为时的罪错程度，应以保护理念为辅，以责任理念为主，要让其认识到触犯刑法的报应性后果，承担与严重不良行为相适应的责任。

① 参见李颖峰：《构建我国未成年人前科消灭制度的若干思考》，载《河南大学学报（社会科学版）》2018 年第 4 期。

针对严重不良行为，2020年修订的《预防未成年人犯罪法》采用专门矫治教育代替之前的收容教养，更具科学性和可行性。

2. 加强临界预防，重视专门矫治教育

分级处遇体系中，对实施严重不良行为未成年人的临界预防尤为重要。之前采用的收容教养是一种机构性的非刑罚处遇措施，较大程度上剥夺或限制了未成年人的人身自由。为解决收容教养重惩罚轻矫正、重义务轻权利的问题，国家在2020年《预防未成年人犯罪法》修订中采用专门矫治教育代替收容教养制度对未成年人进行预防、教育和矫治。

专门矫治教育采取保护理念和责任理念动态整合的原则开展预防未成年人犯罪工作，既注重对未成年人的特殊保护，又兼顾保障社会安全秩序，其性质为保护处分措施。专门矫治教育作为保护处分措施应当具有以下三重功能。

第一，以教育和保护未成年人为主要功能。专门矫治教育是以福利保护为本位，以增进未成年人的福祉为主要目的，是对“教育为主，惩罚为辅”原则的贯彻。未成年人心智不成熟，具有较大的可塑性，用专门矫治教育替代收容教养，是未成年人犯罪治理科学化的重要体现，也体现了预防未成年人犯罪教育和保护相结合的理念。

第二，让未成年人承担应有的责任。为避免一放了之，未成年人也应当对其严重不良行为付出与该行为社会危害程度相适应的代价，因此专门矫治教育也应具有一定的强制性，重视对实施严重不良行为未成年人的责任追究。需要注意的是，此处的责任应当是观护责任而非刑事责任，如责令具结悔过、参加公益劳动等，主要体现为一种强制性义务，主要目的在于培养和增强未成年人的责任意识与责任能力。同时，这种观护责任的承担并不会对未成年人权利造成侵害，与第一点以教育与保护为主的功能并行不悖。

第三，修复严重不良行为对受害人、未成年人及社会造成的创伤，体现恢复性司法功能。恢复性司法通过罪错未成年人积极的道歉、赔偿等行为，使被害人在物质和精神方面得到补偿，争取获得被害人的谅解从而最终重新融入正常社区生活。[①] 专门矫治教育通过责令未成年人赔礼道歉、赔偿损失以及建立沟通协商机制等，促进受害人对其接纳和谅解，修复破损的社会关系，促进未成年人正常发展，使其不但为自己的罪错负责，补偿受害人，更能够积极地对社会有所裨益，有利于其重返社会。

五、余论：不应止步于降低刑事责任年龄

“刑事责任年龄的调整不仅应考虑罪责的适当性，更重要的是结合罪错未成年人特殊的刑罚目的与刑罚适应能力，考量刑罚上的必要价值。”[②] “立法的仁慈最终演变为一些人选择作恶的机会和理由。”[③] 《刑法修正案（十一）》附条件地降低刑事责任年龄，一方面使部分已满 12 周岁未满 14 周岁的未成年人在符合实体要件和程序要件的情况下承担起其应负的刑事责任，另一方面也是对未成年人以“教育为主、惩罚为辅”和践行最有利于未成年人原则的落实，是依法保护未成年人的重要内容。

附条件下调最低刑事责任年龄并不是终点，司法机关和政府部门还应当继续完善相关配套措施，做好源头治理、综合治理，做好家庭教育、学校教育、社会教育，建立健全强制亲职教育、罪错未成年人分级预防体系、未成年人检察公益诉讼、未成年人司法社会工作服务体系等机制，巩固现有成果，进一步保障未成年人合法权益。

---

① 参见黄延峰：《恢复性司法视域下未成年犯社区矫正研究》，载《学术探索》2014 年第 10 期。

② 李川：《从刑罚论视角看刑事责任年龄的修正根据与适用》，载《环球法律评论》2021 年第 4 期。

③ 李玫瑾：《从刑事责任年龄之争反思刑事责任能力判断根据——由大连少年恶性案件引发的思考》，载《中国青年社会科学》2020 年第 1 期。

未成年人检察

“两未法”修改背景下未检工作的路径反思

丛　林*

摘　要　新中国未检工作历经30余年的发展历程，其角色从单一刑事属性到当下综合保护模式始终在探索过程中。尤其是在当下，《未成年人保护法》《预防未成年人犯罪法》修改后未成年人保护工作发展进入“深水区”，厘清未检检察官的定位对于下一步确定检察机关在未成年人司法中的发展方向有着相当重要的作用。伴随2020年《未成年人保护法》《预防未成年人犯罪法》的修订，未成年人检察集中统一办理工作落实，未检工作进入了新的发展阶段和新的履职模式。本文拟通过对当下未检工作的梳理，梳理未检检察官的定位、功能，对我国未检工作的提出合理化建议。

关键词　中国特色　职能　困境　出路

一、逻辑起点——“儿童保护官”的司法核心

（一）地位特色——未成年人检察是中国未成年人司法核心

从我国未检机构的角色定位来看，检察权以国家利益或者公共利益作为根本出发点，本身就有着“法律守护者”或是“公共利益守护人”的定位。

* 丛林，法学博士，成都市人民检察院第九检察部主任。研究方向：诉讼法学、少年司法、证据学、司法制度。

尤其是在转隶之后，检察机关既当运动员又当裁判员的身份尴尬问题基本得到解决，公益诉讼制度的确立更是使“护法机关”这一定位更为明确。同时检察机关作为法律监督机关本身又具有“国家监护人”的属性。张军在全国检察长会议上也提出了推动四大检察全面协调充分发展以及未成年人检察工作“1 +5 >6”的工作思路。这一定位势必要求检察职权不只是在刑事范畴，而在与社会利益涉及的诸多方面发挥作用，保护法律的正确实施。未成年人司法本身就是保护属性强烈的司法工作，同时具有较强的社会属性，与未检机构天然契合。

从我国未检机构的诉讼地位来看，在刑事诉讼过程中，检察机关前承公安，后接法院，起到“阀门”的作用。这一地位在未成年人司法中更为凸显，一方面对侦查部门移送起诉的刑事案件，从事实、证据、定罪、量刑等方面进行全面的审查把关，对案件进行“质检”和“过滤”；另一方面行使先议权，对未成年人的处理进行过滤，将不必承担刑事责任的未成年人排除于刑事追诉之外。同时未检机构“捕诉监防”的一体化工作模式贯穿整个刑事诉讼始终，有条件从刑事诉讼程序的起点介入开展工作直至诉讼终点，从纵向上较侦查、审判、执行机关有着地位上的优势和便利。

从我国未检机构的工作职能来看，未检工作具有涉未成年人案件审查逮捕、审查起诉的刑事审查职能；对于对诉讼活动实行法律监督中发现司法工作人员利用职权实施侵犯公民权利、损害司法公正的犯罪侦查职能；对于侦查、审判、执行机关的刑事诉讼监督职能；对于涉未成年人民事案件的支持起诉、民事抗诉以及再审检察建议的民事、行政诉讼监督职能；对于涉及未成年人公共利益的民事、行政公益诉讼的调查及起诉职能；对于行政机关履职的督促职能；对于社会综合治理的建议与参与职能，从横向上较其他行政及司法机关也有着广度上的优势。

从我国未检机构、人员来看，我国未成年人检察工作虽然较法院起步较晚，但经过 30 多年的发展，最高人民检察院建立第九检察厅，专门负责未成年人检察工作，全国设立独立未检机构的省级检察院已实现全覆盖，现有 7000 余名检察人员从事未检工作，先后涌现出许多精于办案、长于帮教的优秀未检检察官和未检团队，同时链接社会资源，在北京、上海、深圳、成都等地培训了一批参与未检工作的司法社工、心理咨询师、社会志愿者等社会力量，已经形成了一支具备一定专业化、规范化的未成年人保护工作力量。

从未检工作的开展来看，各级检察机关探索完善了社会调查、合适成年人到场、法律援助、亲情会见、附条件不起诉、分案起诉、犯罪记录封存、心理干预、一站式处遇等一系列适合未成年人身心特点的办案制度，大大提高了对未成年人司法保护效果；最高人民检察院带头，全国3.3万名检察官在4.5万所各类学校担任法治副校长，实现全国四级检察院检察长担任法治副校长全覆盖；深入推进未成年人检察业务统一集中办理工作，加大未成年人全面综合司法保护力度，强化对未成年人权益的全面综合司法保护，认真落实有关未成年人的特殊政策和程序要求。同时，还先后制定了未成年人刑事检察工作指引，推动建立未检业务独立评价体系，上线运行了未成年人检察业务子系统，确定了一批全国未检工作创新实践基地；与共青团中央共同签署了《关于构建未成年人检察工作社会支持体系合作框架协议》，为社会支持体系介入司法工作提供了顶层设计；以"一号检察建议"推动落实性违法犯罪人员从业禁止、性侵强制报告、女生宿舍封闭管理等制度；以指导性案例等形式，确认了公共场所当众、非接触性猥亵、公益诉讼案件办理等办案规则，进一步推动了全国未检专业化、规范化、社会化建设。

从中国未成年人司法的发展来看，未成年人检察工作推动了中国未成年人司法的发展。2012年以来，我国涉及未成年人的规范性文件的制定与修改中，检察机关参与了24项，其中分案起诉、合适成年人到场、社会调查、附条件不起诉、犯罪记录封存等制度均是由检察机关先行试点并最终写入了刑事诉讼法。浙江杭州探索的强制报告，四川成都探索的强制亲职教育，四川、上海等地检察机关探索的高危未成年人临界预防，山东等地检察机关联合有关部门建立的未成年人权益保护检察监督信息平台，云南检察机关建立的未成年人综合保护中心无一不是对未成年人保护的探索，推动了中国未成年人司法的发展。可以说，我国未成年人检察实然处于中国未成年人司法核心地位。

（二）诉讼特色——“先议权”的中国实践

域外未成年人司法制度国家以二元制的诉讼模式为主，罪错少年往往不进入刑事司法程序而直接进入未成年人司法程序，不经检察机关起诉，统一由少年法庭或者其他类型的少年审判机构进行审查，这就是所谓的未成年人司法的“先议权”。这是因为检察官出席少年法院的审判被认为会阻碍“以恳切为宗旨，在亲切及温和的环境下”进行的审判，严重违反少年法的理念。[①]这实际上是将检察机关审查起诉的权力划归给了少年法院。只有少年法院认为情节恶劣的案件才会逆送至检察机关起诉。但是实践中，逆送至检察官的案件少之又少。以日本为例，2013 年日本家庭法院因行为人年龄超过而逆送检察官的共有 365 人。在以刑事处罚相当性为由逆送检察官的情形中，因造成被害人死亡等严重危害结果逆送检察官的仅有 14 人。在这样的程序设计中，检察机关处于被边缘化的地位。[②]

与域外未成年人司法领域“法院中心主义”有所不同，在我国未成年人司法与成人司法尚未分离的现实状况下，求刑权的启动在于检察机关，这表明检方实际掌握部分涉罪未成年人的“先议权”。具体表现为，检察官通过不批捕，可以将部分情节显著轻微不认为是犯罪或定罪证据不足的少年涉罪案件排除在刑事司法程序之外，还可以通过对部分犯罪情节轻微、不需要判处刑罚的涉罪少年决定相对不起诉以及对部分犯罪情节较轻、符合起诉条件、可能判处 1 年有期徒刑以下刑罚的未成年人决定附条件不起诉的方式，甚至针对已经起诉的案件，根据情况及时撤回起诉，或行使量刑建议权，建议法院免除或处以管制、缓刑等非羁押的刑罚措施，阻止法院对部分少年涉罪案件行使审判权和定罪权，而“少捕慎诉”的未成年人刑事检察政策为不捕、不诉权的充分行使提供了政策指引。

我国检察机关的“先议权”看似与域外“法院中心主义”有一定的区

---

① 参见陶建国：《日本少年法与检察官参与制度》，载《国家检察官学院学报》2007 年第 6 期。

② 参见［日］武内谦治：《少年法讲义》，日本评论社 2015 年版，第 419 页。

别，但从价值取向上与国外排斥检察机关参与未成年人司法殊途同归。域外未成年人司法排除检察官的参与原因为检察官的立场在于控诉犯罪，实现社会的正义，进而达到防治犯罪的目的。未成年人被犯罪追究之后，刑罚剥夺了少年继续社会化的机会，增加了少年再犯的机会，不能带来抑制犯罪进而达到社会防卫的目的。同时检察官在域外更多作为国家公诉人的身份，他们站在公诉权行使人的立场上，预防犯罪，维护社会秩序是其第一使命，没有诉前分流的价值取向与制度设计，违反少年法的基本理论与模式。我国检察机关作为“国家监护人”的身份，有着诉前分流的制度设计，其“阀门”的作用可以排除部分未成年人进入刑事审判程序，并且其享有对刑事诉讼的全面参与权，也给予了检察机关类似域外少年法院进行全流程干预的便利，因此检察机关拥有“先议权”也符合中国的司法实践。

（三）定位特色——“儿童保护官”的新探索

与域外检察职权较为单一的属性相比，我国的检察职权内涵与外延更为丰富，涉及刑事、民事、行政、社会管理等诸多方面。2015 年 1 月 1 日起施行的《关于依法处理监护人侵害未成年人权益行为若干问题的意见》，唤醒了沉睡的撤销监护权法律条款，实际上启动了全国层面上检察机关介入未成年人民事专项保护。2017 年 12 月 21 日，最高人民检察院下发了《关于开展未成年人刑事执行检察、民事行政检察业务统一集中办理试点工作的通知》，正式启动了未检部门集刑事、民事、行政、刑事执行等职能于一身，未成年人检察将仅基于刑事领域对未成年人的保护延伸至全领域保护。2021 年《未成年人保护法》确立检察机关“儿童监督官”的地位。自此，不仅在检察机关内部，乃至在未成年人司法领域内，未检检察官拥有最广泛的儿童保护职能。

从未检的身份定位上，如前文论述，未检除在刑事案件过程中的自身履职以外，通过“监护监督”的地位，督促监护人及公职部门履职，发挥各自作用，形成合力。从工作便利角度，未检部门拥有独立的未成年人保护理念、专业的机构、人员、保护手段以及有着与未成年人保护单位、组织等社会力量的有效链接，“捕诉监防”一体化的工作职责使未检部门有着得天独厚的条件在办案过程中发现未成年人被侵害的线索，独有的法律监督权也给了未检更多的延伸空间与独特的角色定位。最高人民检察院于 2019 年 2 月制定下发了《2018—2022 年检察改革工作规划》，其中第十五条指出，检察机关要深化涉罪未成年人的教育感化挽救工作，探索建立罪错未成年人临界预防、家庭教育、分级处遇和保护处分制度，推行未成年被害人“一站式”询问、救助机制，建立健全性侵害未成年人违法犯罪信息库和入职查询制度。从内容上来看涵盖了涉罪未成年人、未成年被害人以及未成年人犯罪预防等方面，这一定位越来越接近域外少年法院的地位与作用，“儿童保护官”的定位逐步确立。

二、实践反思——快速拓展与能力不足的矛盾凸显

在未检工作蓬勃开展的同时，也暴露出了仍有很多根本性问题没有得到解决。如果说在未检工作发展的前期我们解决的是“有无”问题，那么现在我们则要解决的是未检工作的“好坏”问题。美国少年司法中出现的关于路径选择的反复的经验与教训告诉我们，这些问题如果不得到足够的重视与梳理，那么我们前期取得的探索与成绩将会付诸东流。

（一）未成年人检察理论与制度体系尚未完全建立

我国的未成年人司法起源于刑事领域，逐渐辐射至民事、行政等方面，这与域外未成年人司法发展的路径基本类似。我国传统未成年人的法律地位在刑事司法领域长期被视为“小大人”，而在民事领域常被认为是成年人的附庸，因此未成年人是“无法发声的群体”。除了《未成年人保护法》与《预防未成年人犯罪法》，我国几乎没有专门针对未成年人的法律，尤其在司法领域更是如此。这就导致了我国在对未成年人适用法律时，只能参考适用成年人法律，未成年人司法长期附属于成人司法。虽然 2012 年修正的《刑事诉讼法》中将未成年人特别程序作为专章设置，近年来也陆续出台了一些保护未成年人的规范性文件，但是总体上呈现体系性与针对性不强，碎片化、成人化色彩比较浓厚的情形，没有形成独立于成年犯罪人的少年司法体系。观察

域外国家一般均有专门的立法，如德国《少年法院法》、印度《儿童法》、日本《儿童福利法》《少年院法》《少年审判规则》等有关少年的专门法规，集中规定少年案件实体与程序问题，切实做到对未成年人犯罪后受到的法律追诉、审判和实施的改造方式、处罚方法、未成年人的民事保护与成年人案件有所不同，以期实现未成年人司法制度的特有目的。

隶属于未成年人司法体系的未成年人检察制度同样面临这一问题。近年来，尤其是2012年《刑事诉讼法》修正以后，未检工作迅速发展，各地纷纷开展各领域的创新实践探索，最高人民检察院也先后出台数个规范性文件，未检工作呈现出百花齐放的景象。这种情况固然可喜，但同时带来了未检职能不统一、法律与司法实践脱节、未检实践更新过快、理论研究跟不上未检实践工作发展等问题。审视我国当下未成年人检察，尚未建立起一整套基础性、系统性、稳定性的理论与制度体系，现有的未成年人检察制度实际上是由各地未检工作的探索与实践碎片糅合而成，尚未融为一体，更缺乏统一的法理学研究作为整个未检工作的理论基础，尤其是针对未成年人民事、行政、公益诉讼检察制度尚才起步，法律法规还比较原则、零散，针对性与可操作性不强。

（二）定位模糊，职能界限不明

未检的定位与职能界限一直都处于一个模糊地带，从单纯的公诉职能到捕诉监防一体化再到统一业务集中办理，从未成年人犯罪案件到侵害未成年人权益类犯罪，从国家公诉人到国家监护人，未检的工作职能与定位处于一个不断完善与扩大的过程，导致未检工作的边界与维度未能确定。全能检察职能在发展初期会对未成年人司法工作起到促进作用，但是在发展过程中势必要求对工作职能进行精细化分工，并且检察机关自身角色定位、职能范围与现实能力也无法满足对未成年人保护的所有需求。

以未成年人犯罪案件办理为例，未检检察官的工作核心在现阶段仍然是以程序保护为主，在诉讼程序中贯穿教育矫治，前文谈到“先议权”的诉前分流以及在各种转介说明，未检检察官是“司法官”，但司法资源有限，未检检察官也不是独立的“矫治官”，不可能完成所有罪错未成年人的帮教工作，如何确定“度”的边界是摆在检察机关面前一个亟待解决问题。同时，“司法官”与“矫治官”本身的职能不同，会产生查明案件事实与实现对未成年人帮教之间的一定矛盾关系，查明案件事实有可能会导致未成年人对检察官产生距离感与畏惧感，但“矫治官”本身需要与未成年人建立良好的关系，这会造成罪错未成年人在面对检察官时无所适从。就未检工作的现状而言，检察官更多以一种柔性的角色出现在诉讼过程中，这就导致了传统的未成年人刑事检察工作对检察机关的角色定位混同，集案件办理和帮教矫正于一身，既无法保证案件办理的专业化，又不能保证帮教矫正的有效性，也会造成公众对于未检工作的不理解。

就未检工作参与未成年人权益社会保护而言，检察机关法律监督职能存在定位不准的情况。检察机关的法律监督权是对有权机关适用法律情况进行监督，从而起到督促履职的作用。但是，在实践过程中，有的地方检察机关大包大揽，承担了政法委、民政、共青团等工作职责，有的地方检察机关在统一集中办理过程中，独自前往学校周边的小卖部、KTV 等场所进行清理整顿、明察暗访，承担了部分行政机关职能，有的地方检察机关亲自参加未成年人的社区矫正的帮教过程，有的检察机关甚至还存在成为未成年人的实际照料人的情况，造成了检察机关职能范围定义过宽，甚至出现了越俎代庖的情形。这实际上反映了检察机关对法律监督职责认定不清，定位不准的现状。

（三）专业化水平尚需加强

未检工作与成年人检察工作具有显著区别，工作理念、工作要求、工作目标、工作制度、工作方法、工作评价均有着特殊的需要与规定，未成年人司法理念与成年人司法理念的根本差异也决定了司法人员很难在二者之间自如切换。因此，机构、人员的专业化是落实未成年人司法理念和未成年人刑事诉讼特殊制度的前提和保障。但是，在司法实践中，尤其是在司法体制改革之后，一些地方未检工作的专业水平还不能完全适应未成年人保护的专业需求。

一是未检专业机构减少，影响未检专业化水平。在全国大部制改革之后，改变了原有未检机构设置的整体格局。从未检发展历程来看，其是以“由下至上”的推进过程，由基层现行探索推动上级检察机关建立专门未检机构。但在大部制改革的背景下，除部分基层检察机关保留未检机构以外，绝大部分基层未检专门机构被撤销，转而以挂牌、办案组、检察官工作室，乃至所在院工作品牌、团队等形式存在。机构撤并一定程度上影响了当地检察院对未检工作独立性与专业性的认可度，也影响了未检工作领域的专业性。

二是未检人员的专业化亟待提高。从知识结构上讲，由于各地未检工作发展不平衡，全国大多数未检机构在2013年以后成立，未检工作人员大多来自公诉、侦监等部门，他们大多拥有专业的法律知识与一定的办案能力，但没有接受过系统的未检培训，未检工作的理念、思维尚未建立，对未检工作的要求尚不掌握，甚至法律规定的了解都存在一定程度的欠缺，未检工作所要求的熟悉未成年人身心特点，具有犯罪学、心理学、社会学、教育学等相关专业知识更无从谈起。即便从事多年未检工作的检察官，随着未检一体化工作的推进，对于涉未民事、行政、公益诉讼法律法规等方面的知识及能力欠缺问题也亟待解决，未检条线亦缺乏在全国有影响力、引领力的业务专家。从年龄结构上讲，未检检察官呈现两极化分布的倾向。35岁以下干警较多，这是由于各地检察机关领导认为未检工作是从事未成年人工作，年轻干警更了解未成年人的思想。年纪较大的同志，社会阅历与工作经验丰富，可以对未成年人开展矫正帮教工作，与年轻同志可以优势互补。但这实际造成了未检工作中坚力量不足。同时未检部门中女性检察官比例较高，甚至有的地方检察院未检部门均为女性检察官。女性固然与未成年人具有一定的亲和力，尤其是与性侵未成年被害人容易形成共情。但是从未成年人犯罪情况来看，80%以上未成年犯罪嫌疑人均为男性，女性检察官与男性未成年犯罪嫌疑人容易形成一定的角色错位与距离感，男性未成年犯罪嫌疑人矫正需要男性检察官角色的介入。

三是未检案件办理的专业性有待加强。案件办理是检察机关的生命线。未检规范化建设主要是通过办案来体现案件办理的精细化、精准化、精确化。

未检案件的特殊性势必要求其不论是在程序上还是在实体处理上，与普通刑事案件有着根本的区别。通过案件质量评查，我们发现在案件具体办理中，未检理念的贯彻、特别程序落实、案件实体处理、普通程序把握、法律文书制作、法律监督实施等诸多方面都存在一定的问题，并且存在未检理念与司法办案相互脱节的情况。对于未成年人犯罪案件，不遵循儿童最大利益原则，仅以案件情节作为处理的依据，不考虑未成年人的身心特点与帮教可能，一捕了之、一诉了之，缺乏跟进的帮教措施，特别程序落实存在缺漏；对于未成年人被侵害案件，尤其是针对未成年人之间发生的案件，不考虑双向保护与特殊保护，作出不适合的决定，最终导致无法实现社会的呼应；对于可能涉及法律监督与社会综合治理事项考虑不细，对于未成年人综合社会保护落实不足等情况在未检案件的办理过程中时有发生。

四是未检工作机制有待规范。未检案件办案质量存在一定瑕疵，除了因为未检承办人自身原因之外，与未检办案机制不完善、不明确也有一定关系。未成年人司法附属于成人司法，因此捕诉办案职能的履行，仍然参考成人司法的相关标准，逮捕、起诉标准如何体现未检理念，社会调查、法定代理人或合适成年人到场、附条件不起诉、犯罪记录封存与查询等未检特殊制度如何开展，仍需有细化的可操作性规定予以规范。社会支持体系的法律地位亟待明确。盗窃是否减半入刑、毒品再犯是否适用等涉及未成年人实体处理急需明确。法律监督和犯罪预防工作的开展，更需要克服随意性，需要建立规范化的操作模式与规程予以明确。

三、障碍消除——规范化与社会化的必然出路

（一）建立并完善检察机关司法分流及配套工作体系

程序分流，最早见于 1967 年美国官方文件中，目的是在正式审判程序之前使被追诉人从烦冗的程序中解脱出来，以避免不必要的折磨与痛苦。结合未成年人刑事案件则是指对涉罪未成年人采用去司法化的方式而产生的替代性措施，由司法程序传递到社会化帮教体系中。分流制度的目的在于减少涉罪未成年人与刑事司法程序的接触，通过教育、矫治等专业化、社会化方式

让其改过自新，促进其顺利回归社会。虽然我国现行法律以及司法解释没有明确对分流制度加以规定，但类似“少羁押、少监禁”的司法理念、附条件不起诉制度在已有的法律条文中已经表现出分流的内涵和意义。

就检察机关而言，在涉罪未成年人分流中，存在诸多的问题与缺陷。例如，在对未成年人适用法定不起诉时，由于配套工作体系的欠缺，检察机关只能对这些问题未成年人进行所谓的“批评教育”，试图以上述简单的方式就期望涉罪未成年人彻底悔悟和改过自新的难度较大。所以，一旦该类未成年人回到社会后，有继续成为社会的不稳定因素，存在再次犯罪的可能；如在附条件不起诉中，检察机关需要负责对未成年人的监督和考察。但检察机关的检察资源十分有限，繁重的工作任务本来已让未检检察官不堪重负。因此，在现实操作中，要求未检检察官独立承担涉罪未成年人的教育工作显然力不从心，并且检察职能的过度延伸也不利于检察职能的良性发展。有鉴于此，未检检察官应当扮演好倡导者与监督者的角色，推动建立与司法分流相配合的工作支持体系。根据公安机关触角的先行性与广泛性，建议其建立专门的未成年人案件专门内设机构或工作人员。同时，倡导建立以地方党委牵头、法院、检察、公安、司法、教育、民政、社保、共青团、妇联等相关职能部门信息共享及工作联动平台，实现“司法分流”到“社会矫治”的无缝连接。

（二）建立转介工作机制，合理确定未检检察官帮教职责

未检检察官在未来的检察工作中应是“医师”的角色，“医师”应当用最适合未成年人的方式指出涉罪未成年人的“病症”并“对症下药”，但“疾病”的“理疗师”“营养师”等角色应当由其他力量担任。配套体系的非司法化和司法机关本身的局限需要有充分的社会力量介入，只有在配套体系中充分发挥司法机关和社会支持系统的力量，并使其相互配合，才能真正托起少年司法这颗皇冠上的“明珠”。

社会化，是未成年人司法保护工作的内在需求，也是未成年人司法制度发展的必然趋势。但是由于司法程序的封闭性，社会力量难以自主介入，因

此有必要建立专门的工作机制，以实现社会资源与司法保护需求的有效对接，广泛适用于社会工作、心理咨询等领域的转介机制，不啻为一种可资借鉴的方法。

将转介这种工作模式与未成年人司法保护工作相结合，就形成了未成年人司法保护转介机制，即通过建立第三方的专业机构，将司法机关难以依靠自身力量实现的未成年人司法保护需求，转送到其他具有保护能力和资源的组织或者部门，由其向涉罪未成年人提供专业化的服务和保护的一种工作机制。这一机制，为社会力量介入在未成年人司法程序搭建了桥梁和媒介，最终实现未成年人司法教育和保护的最终目的。未成年人司法保护转介机制的建立，可以将这些未检检察官并不特别擅长的工作转介给具有专业知识和能力的单位或者个人，开展相关的权利维护、教育矫治或救助工作，从而实现未成年人司法的机构专业化、司法人员专业化与配套社会辅助体系专业化的目标。

（三）延伸检察职能，建立符合检察机关定位的未成年人刑事检察监督体系

未检检察官检察职能的延伸与发展，应当充分结合我国当前刑事司法体系与社会管理的实际情况。未检检察官的法律监督职责也应当符合检察机关的定位和本质属性。具体如下所述：

一方面，结合办案工作实现司法预防，并号召建立以政府为先导的社会化支持体系。检察机关对未成年人犯罪案件的办理全过程负有监督职责，也有义务建议、倡导建立专门的未成年人社会支持体系。从其他国家的做法来看，许多国家有专门适用于未成年人的矫正制度和模式，设置专门的管理机构，配备专业化管理人员，如美国的矫正项目包括发展与未成年人个人关系的缓刑，对犯罪青少年的居中制裁；新西兰有家族会议制度等。我国检察机关应当抛弃大包大揽的指导思想，明确工作着力点，倡导建立儿童之家、未成年人教育基地、观护基地等，建立司法机关与行政机关、国家机关与社会力量相互配合、协作的社会支持体系。

另一方面，充分发挥检察职能，建立司法行政联动机制，实现未成年人保护工作的社会化发展。一是建立未成年人犯罪司法预警机制。检察机关应当结合司法实践，定期总结分析未成年人犯罪的特点和成因，对倾向性的犯罪方式、手段以及犯罪种类向学校、家庭、社区等作出预警，延伸司法预警的职能作用，以便于相关职能机构采取有针对性的预防措施，提高预防未成年人犯罪的总体效率和效果。二是建立未成年人权利保障干预机制。检察机关应当立足检察职能，对承担相应管理职能的部门、组织发出检察建议，督促相关部门建章立制、堵塞漏洞；对违反法律或失职渎职的相关管理部门，应当及时追究法律责任，将未成年人保护提升到一个全新水平。

（四）以公益诉讼为切入，探索实践国家亲权

保护未成年人的利益，不仅要保护其刑事司法中利益，更重要的是要保护其更为广泛的民事利益，因此建立专门的未成年人保护公益诉讼是十分必要的。其必要性体现在：第一，未成年人身心特点难以适用普通民事诉讼程序。我们现有的民事诉讼程序是根据成年人主体设计的，是建立在成年行为人具有的行为认知能力和行为控制能力，以及程序的后果的判断力之上的。未成年人的控制、预知能力是有限的，因此建立未成年人保护公益诉讼确有必要。第二，监护人对未成年人保护不足。法律规定由监护人保护未成年人的权益，但在现实生活中由于疾病和经济等其他原因，监护人无法行使自己的监护权，由此造成这些未成年人的权益受到侵犯。第三，商业行为中侵犯不特定群体的案件存在案件复杂，证据收集困难，仅靠公民个人的力量无法保护未成年人合法权益的问题。

长期以来，检察机关在刑事诉讼程序中保护未成年人积累了丰富的经验，检察机关参与未成年人保护公益诉讼存在天然的优势：首先，检察机关作为法律监督机关，有义务也有权力监督保障未成年人保护相关法律法规的贯彻、落实。赋予检察机关对侵犯未成年人合法权益的违法行为提起诉讼的权力，可以有效地保证未成年人合法权益的行使。其次，检察机关有丰富的诉讼资源和司法经验，能够保证全面地收集证据，从而可以保证案件诉讼效率和胜

诉率。最后，检察机关熟悉未成年人生理、心理特点，为公益诉讼的开展奠定了坚实的基础。由此，未来未检检察官承担公益诉讼职责也是保护未成年人合法权益的必要之举。

未成年人审前非羁押诉讼研究

司左军[*]　李　智[**]

摘　要　在少捕慎诉慎押的背景下，检察机关探索未成年人审前非羁押诉讼正当其时。目前未成年人审前羁押率偏高、羁押变更率偏低。审前非羁押能够减少对未成年人的负面标签影响，落实青少年法治建设的要求，对逮捕措施功能异化进行纠偏，节约司法资源。羁押替代性措施供给不足、社会危险性证明机制和评估标准存在缺陷、缺乏相关配套机制是面临的主要困难。“恤幼”情感包容、科技提升非羁押性措施约束力、未成年人社会危险性小、犯罪形势的支撑赋予了审前非羁押可行性。通过优化审前非羁押性措施供给、优化未成年人审查逮捕工作、优化相关配套机制和优化未成年人羁押必要性审查工作建构起未成年人审前非羁押诉讼。

关键词　未成年人　审前非羁押　负面标签　审查逮捕　羁押必要性审查

审前羁押是为了保证刑事诉讼进行和预防社会危险性而采取的强制措施，有其存在的必要性。但是未成年人是社会的未来与希望，他们的心理、生理

---

* 司左军，清华大学刑事诉讼法学硕士研究生，北京市大兴区人民检察院检委会委员、第七检察部主任。研究方向：刑法学、刑事诉讼法学、少年司法。

** 李智，北京师范大学法律硕士研究生，北京市大兴区人民检察院第七检察部检察官助理。研究方向：刑法学、刑事诉讼法学、少年司法。

尚不完全成熟，理应得到社会尤其是刑事司法的特殊关怀。2021 年 4 月，中共中央全面依法治国委员会把“坚持少捕慎诉慎押刑事司法政策，依法推进非羁押强制措施适用”列为需研究推进的重大改革举措。最高人民检察院制定的《“十四五”时期检察工作发展规划》强调落实少捕慎诉慎押司法理念，推动降低审前羁押率，创新未成年人检察。检察机关是唯一参与未成年人司法保护全过程的政法机关，承担着未成年人司法保护的主导责任，随着少捕慎诉慎押正式成为一项刑事司法政策，我国未成年人刑事检察工作迎来了新的发展机遇，探索建立未成年人审前非羁押诉讼正当其时。未成年人审前的非羁押化在国际上已经成为少年司法的一项共识，对于涉嫌犯罪的未成年人应当以非羁押为原则，以羁押为例外，严格限制逮捕措施的适用，在审前阶段为更多的涉嫌犯罪未成年人提供非羁押化的处遇空间。检察机关探索建立未成年人审前非羁押诉讼，不仅有利于涉嫌犯罪的未成年人重返正轨，也有利于整个社会的长远发展，实现少捕慎诉慎押理念和未成年人司法保护的有机融合。

一、未成年人审前羁押的现状

随着我国刑事犯罪结构发生了重大变化，重罪案件占比逐年下降，轻罪案件占比显著上升。以往那种“构罪即捕”“有罪必诉”“一押到底”的传统办案模式已不能适应时代发展和社会需要。[①] 但是，未成年人审前羁押“一高一低”的现状距离少捕慎诉慎押的政策目标仍有一定的差距。

（一）审前羁押率偏高

“一高”即审前羁押率偏高，最高人民检察院历年发布的《未成年人检察工作白皮书》显示，2016 年至 2021 年未成年人犯罪不捕率分别为 31.66%、33.59%、34.13%、34.43%、39.1%、50.4%，2021 年不捕人

① 参见蒋安杰：《贯彻落实少捕慎诉慎押刑事司法政策　最高检在重庆研讨会上释放强烈信号》，载《法治日报》2021 年 10 月 18 日，第 3 版。

数首次超过了批准逮捕人数。从这一组数据中可以看出，我国的少年司法保护工作取得了显著进步，审前羁押率有了明显降低。不过与域外国家相比，审前羁押的总体水平仍然偏高。在美国，每年的保释率在70%—80%；在英国，每年的保释适用率平均在90%以上。[①] 另外，虽然未成年人犯罪不捕率逐年上升，但是逮捕的未成年人总人数仍然偏高，2021年的未成年人犯罪不捕率虽然同比增长11.3个百分点，但是逮捕总人数也由2020年的22902人增长到了2021年的27208人。而且，全国各地区之间未成年人犯罪不捕率差异较大，《未成年人检察工作白皮书（2020）》公布的2020年不捕率最高的6个省份分别是浙江60%、天津58.1%、江苏57%、贵州55.4%、宁夏55%、甘肃54.7%，而2020年全国不捕率为39.1%，据此推测，有些地区不捕率在50%甚至40%以下，各地区之间羁押不平衡的问题比较突出。

（二）羁押变更率偏低

“一低”即羁押变更率偏低，羁押必要性审查是避免对被羁押未成年人“一押到底”的重要举措，但是从实践来看，这一工作仍存在很大提升空间。有学者通过调查发现，一是羁押必要性审查未实现对未成年犯罪嫌疑人的全覆盖，2014年至2017年，某市检察机关共批准逮捕1713名未成年犯罪嫌疑人，只对672名进行了羁押必要性审查，占比39.23%；二是审查后变更强制措施比例低，2013年至2017年，某省各级检察机关共批准逮捕6953名未成年犯罪嫌疑人，审查后变更逮捕措施的有260人，占比为3.74%。[②] 这些数据在一定程度上反映出羁押决定变更难，羁押必要性审查工作亟待加强。

---

① 参见自正法：《涉罪未成年人羁押率的实证考察与程序性控制路径》，载《政法论坛》2019年第4期。

② 参见王贞会：《未成年人严格限制适用逮捕措施的现状调查》，载《国家检察官学院学报》2019年第4期。

二、未成年人审前非羁押的必要性

（一）减少负面标签影响

标签理论认为，犯罪或越轨行为不是行为本身的特质，而是社会对该行为作出标定或反应的结果。[①] 未成年人的心智仍在发育之中，往往对外界给予自己的社会评价十分敏感，当得到消极负面的评价时，在负面标签的影响下，未成年人会自觉或不自觉地朝着社会评价所认为的形象发展，他们被社会标签所塑造的形象有可能会变成现实。负面标签虽然不一定是未成年人犯罪发生的肇始，但无疑是未成年人犯罪的强化剂。问题还在于标签并不一定能客观准确地反映未成年人的真实情况，有些标签是社会错误地加在未成年人身上的，不应让这些错误的标签影响未成年人的可发展性。尤其是当前社会公众对逮捕羁押还存在一定认识误区，因长期司法实践的惯性和法治普及的不足，群众往往把“捕与不捕”当作“罪与非罪”的象征，认为逮捕就是有罪，不捕就是无罪，这样一来采取逮捕羁押措施会过早地给未成年人贴上犯罪标签，不利于未成年人走出心理阴影，甚至会使一个原本无罪的人从此背上“犯罪”的污名。因此，在定罪之前不宜对未成年人采取强制羁押措施，避免过早地给未成年人贴上犯罪标签。

（二）青少年法治建设的必然要求

关于未成年人审前羁押的问题，不论是国际法还是国内法都要求对未成年人以非羁押为原则，以羁押为例外。在国际法维度，《儿童权利公约》第三十七条 B 款规定对未成年人的逮捕、拘留或监禁应符合法律规定并仅应作为最后手段，期限应为最短的适当时间；《联合国少年司法最低限度标准规则》第十三条强调，对未成年人的审前羁押应仅作为万不得已的手段使用，而且时间应尽可能短，如有可能，应采取其他替代措施；《公民权利和政治权利国际公约》第九条第四款规定，审前羁押不应作为一般规则；《联合国保护被剥

---

① 江山河：《犯罪学理论》，格致出版社、上海人民出版社 2008 年版，第 139 页。

夺自由少年规则》作为一部专门针对未成年人羁押问题的法律系统地规定了保护被羁押未成年人的规则，要求应尽可能避免审前羁押。探索建立未成年人审前非羁押诉讼，既是落实这些国际公约的要求，也有利于提升我国的国际形象和刑事司法公信力。

在国内法层面，一直持对犯罪的未成年人实行特殊保护的立场。《未成年人保护法》第一百一十三条和《刑事诉讼法》第二百七十七条都规定了对犯罪的未成年人“实行教育、感化、挽救的方针，坚持教育为主、惩罚为辅的原则”，未成年人审前非羁押诉讼正好与这一原则相契合。《刑事诉讼法》第二百八十条明确规定，“对未成年犯罪嫌疑人、被告人应当严格限制适用逮捕措施”，《人民检察院刑事诉讼规则》《人民检察院办理未成年人刑事案件的规定》《未成年人刑事检察工作指引（试行）》等一系列司法规范性文件延续了相同的理念，为探索建立未成年人审前非羁押诉讼提供了规范指引。

（三）羁押措施适用规范化的必然选择

逮捕是刑事诉讼中最严厉的审前羁押措施，通过剥夺犯罪嫌疑人的自由来保证刑事诉讼的进行。办案机关出于办案便利性考虑天然具有适用逮捕羁押措施的倾向，一段时间以来刑事案件的侦办过度依赖逮捕羁押，强制措施功能异化，以捕代侦、久押不决造成了负面影响。随着法治理念日益深入人心，社会公众普遍希望司法机关以更有利于人权保障的方式办理刑事案件，公众越来越关注羁押是否必要、合理。[①] 在这一背景下，为了回应人民群众新需求，有必要对强制措施功能异化进行适时纠偏。本文认为基于未成年人身心的特殊性，对强制措施适用的规范化管理应当优先从未成年人涉嫌犯罪案件着手。一方面，未成年人的身心十分脆弱，不适宜对其采取强制羁押措施；另一方面，未成年人正处于学习、模仿能力最强的阶段，强制羁押的背后往往会产生交叉感染甚至互相传授犯罪技巧的问题，虽然法律规定未成年人与

---

① 参见孙长永、苗生明、彭胜坤：《少捕慎诉慎押刑事司法政策内涵功能及其落实》，载《人民检察》2021 年第 15 期。

成年人要分别关押、分别管理，但是由于羁押设施不完善的限制，有些地区仍会出现混合关押的情形。即使与成年人分别关押，未成年人之间互相感染的问题仍然无法避免，从未成年人利益最大化的角度考量，采取非羁押措施更有利于未成年人的长远健康发展。

（四）节约司法资源的重要突破口

高审前羁押率的背后往往是大量司法资源的耗费，羁押需要场地、人员、设备等各方面大量资源投入，按照法律规定未成年人还要与成年人分别关押、分别管理，不论是羁押成本还是办案机关的讯问成本、律师的会见成本都会大幅增加。除此之外，一旦未成年人被羁押，牵连的往往是整个家庭，其父母通常都无法正常生产生活、创造价值，这也是羁押的隐形成本。因此，减少逮捕羁押就是节约司法资源、减少社会负担。但是，降低逮捕羁押也不能搞“一刀切”，需要区分情况、循序渐进，探索建立未成年人审前非羁押诉讼是推动“非羁押诉讼”常态化的重要突破口，因为对未成年犯罪嫌疑人实行非羁押的阻力最小、效果最好，以未成年人审前非羁押作为试点和突破口，待积累足够的经验后逐渐把“非羁押诉讼”扩大到成年人，最终从整体上降低因逮捕羁押而产生的司法成本。

三、未成年人审前非羁押的困难性

（一）审前羁押替代性措施供给不足

审前羁押替代性措施包括取保候审和监视居住，然而，在司法实践中，这两种审前羁押替代性措施都没有发挥应有的作用。就监视居住而言，一方面，大量外来未成年人没有固定住所，在客观上限制了监视居住措施的适用；另一方面，监视居住会加重公安机关的办案成本，公安机关主观上不愿适用监视居住。就取保候审而言，实践中基本以保证人为主，但是大量外来未成年人提不出合格的保证人，导致即使符合条件的案件也无法适用取保候审。此外，取保候审和监视居住都面临约束力不足的问题。执行机关对被取保候审人缺乏监督考察手段，有时甚至是“一保了之”，难以从根本上预防被取保候审人"脱保"。[1] 为了避免约束力不足造成的脱管失控，不得不采取逮捕强制措施，这也是一种无奈之举。因此，为了建立未成年人审前非羁押诉讼，需要优化审前羁押替代性措施供给。

（二）社会危险性证明机制和评估标准存在缺陷

根据法律规定，逮捕任何犯罪嫌疑人都必须坚持事实条件、刑罚条件和社会危险性三项条件同时具备。逮捕的三项条件存在内在的逻辑关系，其中社会危险性是判断是否应当逮捕的核心条件。[2] 根据最高人民检察院、公安部《关于逮捕社会危险性条件若干问题的规定（试行）》，社会危险性的证明责任由公安机关承担，而公安机关出于办案需要，必然倾向于适用逮捕措施，要求公安机关证明不具有社会危险性是一件很矛盾的事。并且只要公安机关向检察机关提请批准逮捕，必然会重犯罪事实证明而轻社会危险性证明，致使检察机关难以全面了解未成年人的社会危险性信息。未成年人的社会调查报告对于评价人身危险性有很高参考价值，但法律并没有对调查报告的制作主体作出规定，虽然规定了在审查逮捕阶段，公安机关没有提供社会调查报告的，检察机关可以要求公安机关提供也可以自行或者委托有关组织和机构进行调查，但是审查逮捕的期限只有 7 天，在如此短的时间内，显然难以完成一份高质量的调查报告。

社会危险性本身是一种可能、概率，天然具有难以证明的特点。虽然《关于逮捕社会危险性条件若干问题的规定（试行）》试图通过细化规定，对逮捕的社会危险性条件作出列举，但是法律一经制定就已经落后于现实，案件中还将出现新的情况，始终难以完全列举。社会危险性的评价相对抽象，客观性不强，在司法实践中难以准确把握，在办案实践中各家司法机关对社会危险性评估标准缺乏统一的认识，公安机关甚至不加论证地得出具有社会危险性结论，导致检察人员在审查逮捕的过程中也很难对社会危险性进行准

---

① 参见张忠柱：《论我国羁押替代性措施的重构》，载《中国人民公安大学学报（社会科学版）》2018 年第 4 期。

② 参见孙谦：《司法改革背景下逮捕的若干问题研究》，载《中国法学》2017 年第 3 期。

确把握。

（三）缺乏相关配套机制予以支撑

审查逮捕是一个相对封闭的过程，没有检察机关之外的第三方介入，捕与不捕主要依赖于检察官综合分析案卷材料后进行主观判断。虽然最高人民检察院在全面推进检察公开听证制度，但是实践中主要是将不起诉案件纳入了听证范围，如不少检察机关实现了不起诉案件公开听证的全覆盖，却较少有批捕案件进行公开听证。在这种情况下，捕与不捕的风险全由检察官承担，为了避免不捕后的风险，有部分检察官会以取保候审约束力不足为由，对涉案未成年人采取逮捕强制措施，导致了审前羁押率的人为拉高。因此，十分有必要建立相关配套机制，分散办案风险，消除检察官的顾虑。

四、未成年人审前非羁押的可行性

（一）情感包容：符合“恤幼”传统，社会认可度高

自古以来我国就有“恤幼”的传统，如《周礼・司刺》中记载：“壹赦曰幼弱”，《法经》中“罪人年十五以下，罪高三减，罪卑一减”。在清朝，即使身犯命案的儿童，仍能够获得不被拷讯和不戴械具的优待。[①] 未成年人是特殊的弱势群体，对法律的认知能力不足，所以人们对其具有天然的同情心和包容心，即使未成年人实施了犯罪行为，人们通常也能够以宽容的心态来看待，生活中在孩子犯错之后经常听到的“孩子小，不懂事”这句话，就反映了人们对未成年人的包容，这也是我国自古以来“恤幼”传统的一种体现。人类普遍的自然情感中原始存在一种恤幼情感，要求对未成年人进行必要的照护，对犯错的未成年人给予适当的宽宥，这是人类善良本性和道德传统使然。[②] 对成年人实行审前非羁押可能会招致相当大的非议，但是对未成年人则

① 参见景风华：《“矜弱”的逻辑：清代儿童致毙人命案的法律谱系》，载《法学家》2017 年第 6 期。

② 参见孙谦：《中国未成年人司法制度的建构路径》，载《政治与法律》2021 年第 6 期。

没有这方面的顾虑，因为从我国古代法律演进的历史脉络就可以发现，不论何朝何代，未成年人都会得到刑事上的优待。以古论今，未成年人审前非羁押诉讼必然能够获得公众的情感认同。

（二）科技赋能：有效提升非羁押措施的约束力

科学技术的发展为未成年人审前非羁押诉讼在具体实施层面赋予了可能性。例如，浙江的非羁押人员数字监控系统（又称非羁码）在不使用强制羁押措施的情况下，实现了办案机关对犯罪嫌疑人的有效管控，从而大幅降低了审前羁押率。目前非羁码的适用范围已经覆盖了可能判处10年以下有期徒刑的犯罪嫌疑人，通过定时打卡检查、随机打卡抽查、人员轨迹查询、在线申报审批、定时定点传唤、电子围栏标定预警以及禁入场所标定预警等方式实现了对被监管对象的全方位监督。[①] 非羁码是科技赋能检察创新的典型例证，在未成年人审前非羁押方面，可以借鉴非羁码的经验，运用科技手段，既防止未成年犯罪嫌疑人再次犯罪、保证刑事诉讼的正常进行，又实现对未成年犯罪嫌疑人的非羁押处置，实现追诉犯罪和保障未成年人权益的双赢。

（三）条件支撑：未成年人整体社会危险性小

适用逮捕措施并不是刑事诉讼的必经程序，而是要根据社会危险性的大小采取相应的强制措施。结合《刑事诉讼法》明确规定的5种社会危险性情形，社会危险性可以概括地解释为在不采取逮捕措施的情况下，犯罪嫌疑人实施新的危害行为或者妨碍刑事诉讼的可能性。社会危险性要从犯罪嫌疑人的生理、心理、累犯、所处的社会环境等多种因素进行综合判断，需要注意的是，不能用犯罪嫌疑人已经实施的危害行为来判断社会危险性的大小，这样会错误地将重罪案件和社会危险性大画等号，使重罪案件失去不羁押的可能性。因为未成年人尤其是低龄未成年人生理和心理发育都未成熟，一般来

---

① 参见谢添、李洋：《刑事诉讼非羁押人员数字监控的实践与探索——以浙江省杭州市西湖区“非羁码”使用为视角》，载《中国检察官》2021年第7期。

说，未成年人的社会危险性要明显小于成年人，不羁押后不太可能实施危害行为或者妨碍刑事诉讼的进行。从常理来看，在未成年人涉嫌犯罪之后，他的父母大多都会对其进行有效的管控，对之前造成的后果进行弥补，配合办案机关的工作以换取对其的宽缓处理。不可否认，司法实践中也存在个别未成年犯罪嫌疑人社会危险性大的情形，但是整体而言，未成年人的社会危险性相对较小，具备实施审前非羁押诉讼的条件。

（四）实证保障：未成年人犯罪形势的持续好转

没有社会现实条件的保障，未成年人审前非羁押只能是空中楼阁，未成年人犯罪形势的持续好转为未成年人审前非羁押诉讼奠定了现实基础。一是认罪认罚率高，《未成年人检察工作白皮书（2021）》数据显示，2021 年未成年人犯罪案件认罪认罚从宽制度适用率为 94.1%，高于同期刑事犯罪整体适用率 4.7 个百分点，反映出认罪认罚从宽制度在未成年人犯罪案件中适用情况更好。在认罪认罚案件中，未成年犯罪嫌疑人配合度高，办案机关基本能够高效、高质地完成对案件事实的侦查工作，对这部分未成年犯罪嫌疑人在审前没有太大的羁押必要性，最高人民法院、最高人民检察院、公安部、国家安全部、司法部《关于适用认罪认罚从宽制度的指导意见》中也明确规定将认罪认罚作为评估社会危险性的重要因素。二是被判处 3 年有期徒刑以下刑罚的未成年人占比高，《未成年人检察工作白皮书（2020）》数据显示，2020 年检察机关提起公诉后，法院对未成年被告人作出生效判决 31743 人，其中 3 年有期徒刑以下刑罚 27328 人，占比为 86.09%，1 年有期徒刑以下刑罚 12057 人，占比为 37.98%。被判处 3 年有期徒刑以下刑罚在一定程度上代表着罪行较轻，不采取逮捕羁押措施不会产生社会危险，这部分未成年人占到了大多数。

五、未成年人审前非羁押诉讼的建构

（一）优化审前非羁押措施供给

1. 激活合适保证人制度

《未成年人检察工作白皮书（2020）》数据显示，流动未成年人犯罪占比超一半，2020 年各地检察机关受理审查起诉未成年人犯罪案件中非本县 13923 人、非本市 8729 人、非本省 5213 人，占全部受理审查起诉人数的 50.71%。这一数据反映出做好流动未成年人审前非羁押工作对于降低未成年人审前羁押率的重要性和迫切性，流动未成年人大多为无监护条件、无固定住所、无经济来源的“三无”人员，因不具备有效监管条件，只能采取羁押措施。其实，《人民检察院刑事诉讼规则》第四百六十三条第三款已经规定了合适保证人制度，“对于没有固定住所、无法提供保证人的未成年犯罪嫌疑人适用取保候审的，可以指定合适的成年人作为保证人”，只是在实践中这一规定被虚置，较少启动。通过激活合适保证人制度，解决流动未成年人因无法提出合格保证人而无法享受严格限制逮捕的制度红利。在保证人的选任上，应指定具备监管能力同时具有一定法律专业知识的成年人，可以联合团委、妇联、社区、学校等组织共同开展这一工作。

2. 增强现有非羁押性措施的约束力

通过增强现有非羁押性措施的约束力，使取保候审和监视居住焕发新的生命力，节约制度成本。科学技术的发展很大程度上解决了以往非羁押措施监管难的问题，要充分利用网络技术和大数据为司法带来的便利化条件，在全国范围内推广浙江非羁码的成功经验，利用非羁码加强对未成年人的实时监督，通过人脸识别、定位追踪、设置电子围栏、定期打卡、随机打卡等方式确保监管的有效性和刚性，赋予非羁押措施更强的约束力。

3. 进行适当的非羁押措施创新

优化审前非羁押性措施的供给，除了用好现有的措施、制度之外，还可以进行适当的非羁押措施创新。有观点认为，应当将保证人的范围由自然人扩大到法人和其他社会团队，将保证金保证方式拓宽至其他形式的财产担保，如金银首饰、汽车、有价证券等财产形式。[①] 有调查显示，观护基地在减少审前羁押方面具有良好的效果，应当建立和完善以观护基地为基础的审前非羁

---

① 参见张忠柱：《论我国羁押替代性措施的重构》，载《中国人民公安大学学报（社会科学版）》2018 年第 4 期。

押支持体系。[①] 有观点认为，可以借助企业观护基地确立附条件不逮捕制度，要求嫌疑人在企业观护基地中工作，不限制人身自由，直至案件审结，若期间违反规定或者再犯新罪即径行逮捕。[②] 有观点认为，突出家庭监护的主体责任，明确未成年人的父母或者其他监护人对被取保候审未成年人或被监视居住未成年人的家庭监护职责，及其怠于履行监护职责应当承担的法律责任。[③] 以上观点都是增加羁押替代性措施的创新性探索，能够促进羁押替代措施的多元化，对于探索建立未成年人审前非羁押诉讼十分有益。

（二）优化未成年人审查逮捕工作

1. 切实贯彻少捕慎诉慎押刑事司法政策

所谓理念，就是指导、引领我们办好检察案件的思想、灵魂。[④] 检察人员在办理未成年人审查逮捕案件中，要充分考虑对未成年人身心健康和人格重塑方面的影响，对其适用逮捕措施应当慎之又慎，切实贯彻少捕慎诉慎押刑事司法政策，改变“重打击轻保护”“重实体轻程序”的司法观念，从未成年人利益最大化的角度出发，切实履行“严格限制适用逮捕措施”的法律责任，依法能不捕的不捕，尽量对其适用非羁押性措施，减少审前羁押。

2. 从严把握逮捕标准，分类施策

逮捕是最后才能采取的例外措施，在未成年人涉嫌犯罪案件中，应当从严把握逮捕标准，以可能判处的刑罚为尺度，分类施策。第一，3 年有期徒刑以下一般不捕。在未成年人可能被判处 3 年有期徒刑以下刑罚的轻罪案件中，除非有证据证明未成年人社会危险性大，一般不采取逮捕措施。[⑤]《未成年人

---

① 参见宋英辉、上官春光、王贞会：《涉罪未成年人审前非羁押支持体系实证研究》，载《政法论坛》2014 年第 1 期。

② 参见叶慧琴、张洋、陈中丁：《未成年人审查逮捕制度运行中的矛盾及其化解——以 C 市 N 区检察院为样本》，载《中国检察官》2021 年第 11 期。

③ 参见王贞会：《未成年人严格限制适用逮捕措施的现状调查》，载《国家检察官学院学报》2019 年第 4 期。

④ 张军：《关于检察工作的若干问题》，载《人民检察》2019 年第 13 期。

⑤ 参见孙长永、苗生明、彭胜坤：《少捕慎诉慎押刑事司法政策内涵功能及其落实》，载《人民检察》2021 年第 15 期。

检察工作白皮书（2020）》数据显示，这部分未成年人占比达到了86.09%，做好这一工作，将会大幅提高未成年人审前非羁押率。第二，3～10年尽量少捕。在未成年人可能被判处3年以上10年以下有期徒刑刑罚的案件中，尽量少采取逮捕措施，如过失犯罪，有自首、立功情节，初犯、偶犯等，尽量少捕。第三，10年以上必须要捕。未成年人审前非羁押是以“非羁押为原则，羁押为例外”，而非绝对的不捕，这既不利于有效治理犯罪，也不符合法律的相关规定。《刑事诉讼法》第八十一条第三款明确规定：“对有证据证明有犯罪事实，可能判处十年有期徒刑以上刑罚的……应当予以逮捕”，因此对于可能判处10年有期徒刑以上刑罚的未成年人必须要捕。此外，《刑事诉讼法》第八十一条第三款还规定：“……有证据证明有犯罪事实，可能判处徒刑以上刑罚，曾经故意犯罪或者身份不明的，应当予以逮捕”，未成年人审前非羁押诉讼的探索必须要在法律的框架内开展，对于《刑事诉讼法》明确规定的几种情形，必须予以逮捕，不能有违反法律规定的行为。

3. 突出对社会危险性的审查

社会危险性条件是判断应否羁押的关键，要突出对这一条件的审查，完善证明机制和评估标准。首先，强化检警合作，克服机制缺陷。良性互动的检警关系是未成年人审前非羁押的必备要素，按照现在的法律规定，社会危险性的证明责任在公安机关，但是侦查阶段公安机关任务繁重，存在难以对社会危险性进行充分取证的客观情况，这就需要强化检警合作，通过对未成年人涉嫌犯罪案件提前介入、引导侦查来克服机制缺陷。一方面，引导公安机关强化对社会危险性的证明，切实承担起证明责任，从而进一步降低审前羁押率。① 另一方面，通过提前介入，检察官在侦查阶段就对案件事实、未成年犯罪嫌疑人的情况进行了解，有助于更及时全面了解社会危险性条件。此外，通过检警合作，提前沟通未成年人社会调查报告的制作情况，不能等到案件已经提请逮捕之后，发现公安机关没制作，再要求公安机关提供或自行调查，时间已经来不及了。

① 参见孙谦：《司法改革背景下逮捕的若干问题研究》，载《中国法学》2017年第3期。

其次，社会危险性评估标准的实务界定。社会危险性的评估应当按照一定的标准来进行，设置更为明确具体、可操作性强的评估要素，实现评估结果客观化，提高审查结论的可信度。在实务中，对社会危险性的证明应重点考虑以下几个方面：第一，涉案证据固定情况。未成年人案件罪名集中分布在盗窃、聚众斗殴、寻衅滋事、强奸、抢劫、故意伤害、诈骗，《未成年人检察工作白皮书（2020）》披露这 7 类犯罪占比超八成，客观地讲，这 7 类犯罪证据固定难度不大，在提请逮捕前完成全部案件证据固定的可能性很大，而且从办案角度来讲，这几类犯罪越早固定证据，证据的质量越高，越有利于作出准确的判断。第二，脱保的可能性。主要从未成年犯罪嫌疑人是否流窜作案、住所是否相对固定、保证人的管控力等情况进行判断。第三，过往行为。未成年犯罪嫌疑人是否累犯、连续作案、多次作案、前科劣迹等情况。第四，认罪认罚。应当将认罪认罚情节作为社会危险性审查判断的重要考量因素，慎重把握逮捕的必要性。[①] 以认罪认罚的制度红利引导未成年犯罪嫌疑人认罪悔罪，切实降低逮捕率。第五，和解情况。在审查未成年人涉嫌犯罪案件中，听取双方当事人的意见，注重“三个效果”的统一，积极促成刑事和解，化解矛盾的同时提升审前非羁押率。

（三）优化相关配套机制

1. 引入检察听证

在未成年人审查逮捕案件中，充分运用检察听证方式，以公开促公正。坚持“应听证尽听证”，对不捕有争议的案件，听取多方意见，主动接受监督，促进矛盾化解。通过不捕听证程序，有利于做好不捕风险的评估，减少不捕的诉讼风险，其意义是值得充分肯定的。[②] 通过不捕听证，实现审查逮捕从相对封闭走向兼听则明，更好地保障未成年犯罪嫌疑人的诉讼权利，分散

---

① 参见孙长永、苗生明、彭胜坤：《少捕慎诉慎押刑事司法政策内涵功能及其落实》，载《人民检察》2021 年第 15 期。

② 参见刘福谦：《未成年犯罪嫌疑人在侦查阶段的非监禁化——以减少逮捕为视角的分析》，载《青少年犯罪问题》2004 年第 5 期。

检察官办案风险，确保不捕公开透明。

2. 建立容错制度

审查逮捕是主观性很强的司法活动，受到专业能力、人生阅历、工作经验甚至性别等因素的影响，每个人的主观判断都会有一定的局限性，对于在未成年人审查逮捕案件中作出不捕决定的，可以建立必要的容错机制，捕之后还有诉的环节，只要在诉的环节没有让未成年犯罪嫌疑人逃避应受的法律制裁就不应当追责，以此最大限度发挥检察官不捕的积极性。在捕诉一体的办案机制下，捕后如果不诉会有被追责的顾虑，因此捕后往往一定会诉，通过容错机制引导检察官尽量采取非羁押措施，诉的环节就不会再受到捕的环节影响，能够在一定程度上改变这种捕诉挂钩的现象。

3. 加强类案指引

未成年人案件罪名分布较为集中，通过发布指导性案例的方式，重点就未成年人常见犯罪的不捕条件、社会危险性的评估和强制措施适用等问题进行规范化指引，既能够增强检察官对未成年人涉嫌犯罪案件的判断能力，又对于统一审查逮捕尺度、避免“同案异判”问题具有积极意义。

（四）优化未成年人羁押必要性审查工作

1. 实现羁押必要性审查全覆盖

对被羁押的未成年犯罪嫌疑人进行羁押必要性审查的案件数量少、占比低是必须要解决的问题，要切实发挥羁押必要性审查解决“一押到底”问题的积极意义，实现羁押必要性审查全覆盖。《未成年人检察工作白皮书(2021)》显示，2021 年检察机关共对 20045 名涉罪未成年人开展羁押必要性审查，同比上升 3.8 倍，这一数据表明涉罪未成年人的羁押必要性审查工作已经取得了积极进步。从案件数量上来看，未成年人案件数量占全部刑事案件数量的比例并不高，是有条件实现羁押必要性审查全覆盖的。

2. 实现羁押必要性动态审查

逮捕强制措施是一个长期的羁押过程，而羁押必要性是一个动态指标，会随着各种因素的变化而变化，尤其是在未成年人涉嫌犯罪案件中，检察机关更应当根据情形的变化及时变更强制措施，避免“一押到底”。在捕后，应注重案件的变化情况，如出现认罪认罚、刑事和解等新事实，更应注重未成年人的身体状况、心理状态，及时开展羁押必要性审查工作，实现审前羁押的动态调整。

六、结语

对未成年人进行特殊的刑事司法保护已经成为共识，未成年人涉嫌犯罪案件应当是贯彻少捕慎诉慎押刑事司法政策的重点领域，探索未成年人审前非羁押诉讼具有充足的必要性和可行性。从我国当前的实际情况看，彻底取消审前羁押既不合理又不科学，但“非羁押诉讼”是未来刑事司法的发展趋势，本文不失为一种有益的探索。审前非羁押诉讼，是以“非羁押为原则、羁押为例外”，依法当宽则宽的同时该捕即捕。检察机关要科学设定未成年人不捕的绩效考评机制，不能鼓励单纯追求降低批捕率、羁押率，[①] 未成年人审前非羁押诉讼的探索要在法律的框架内有序开展，注重“三效合一”，真正实现未成年人检察工作的高质量发展。

---

① 参见苗生明、程晓璐：《中国未成年人刑事检察政策》，载《国家检察官学院学报》2014 年第 6 期。

未成年人检察中强制性令状的一体化构建

——以亲职教育令为例[*]

陈　汇[**]　明　天[***]

摘　要　2020年修订的《未成年人保护法》和《预防未成年人犯罪法》及2021年《家庭教育促进法》颁布后，亲职教育令作为强制性令状的典型之一具备了更丰富的法理与规范基础。经过10年的实践探索，囿于立法供给缺失与理论上的争议，亲职教育令面临强制性阙如和定位不清的双重困境，深层次上反映出一体化思维的缺失。检察机关在构建亲职教育令制度体系时，应立足于检察横向一体化理念，探索将令状作为程序衔接与实体中介要素来实现制度间嵌合，以程序与实体两个面向上的一体化构建形成制度合力，充分发挥“四大检察”融合一体履职优势，并借此实现令状强制性的重塑，为亲职教育令制度的有力实施提供保障。

关键词　强制亲职教育　家庭教育　未成年人检察　未成年人犯罪预防　令状　检察一体化

---

* 本文系2022年度浙江省人民检察院专题调研重点课题“强制亲职教育制度的实证分析及进路构建”（项目编号：zjdy202281）的阶段性成果。

** 陈汇，杭州铁路运输检察院检察官助理。

*** 明天，浙江省人民检察院检察官助理。

一、亲职教育令：强制性令状的研究样本

令状起源于普通法系，最初系中世纪英国王室发出的单方强制性命令（writ），旨在纠正非法行为与救济当事人权利，并基于王权而具备强制性。随着历史演进，王室令状逐步出现功能二分化，即由处分实体权利的行政命令逐渐过渡为启动特定诉讼程序的司法命令。在当代中国，强制性令状以不同形态在行政与司法领域广泛存在，呈现丰富的实体与程序价值。围绕涉未成年人犯罪治理工作，以强制性令状督促、指导失职监护人自我改正比可能导致家庭关系受损的外部国家干预更具适用性，亦更能发挥强制性令状的双重价值，推动未成年人问题实现综合治理。

（一）强制性令状的概念厘定

强制性令状系国家机关向特定行为人发出的为或不为特定行为的命令，该命令以国家强制力为保障。强制性可在两个层面上理解：一是国家机关基于宪法授权，通过司法裁判或行政管理等方式命令国民，国民应当遵守，此乃国家权力题中应有之义；二是依据法律对不遵守特定命令的国民施加不利益，迫使国民遵守命令，从而为司法权或行政权的有效运行提供保障；本文所界定的强制性令状之强制性属后者。

在行政领域，典型的强制性令状如行政命令，可作为基础行政决定被强制执行，同时，部分行政命令也以“命令 + 拒不 + 制裁措施”的形式额外设置了罚则，[①] 确保其强制性；在司法领域，法院作出的人身保护令、禁止令等强制性司法令状并不鲜见，如法院以裁定形式出具人身保护令，不履行该令将被法院处以训诫、罚款、拘留等处罚或追究刑事责任。在未成年人检察领域，强制性令状仍处于萌芽阶段，较为典型的为督促监护令与亲职教育令[②]，

---

① 如《道路交通安全法》第一百零二条规定：“对六个月内发生二次以上特大交通事故负有主要责任或者全部责任的专业运输单位，由公安机关交通管理部门责令消除安全隐患，未消除安全隐患的机动车，禁止上道路行驶。”

② 本文所指的亲职教育令制度，与强制亲职教育制度具有内涵的同一性。

前者起源于2019年福州市检察机关的试点，是指检察机关在办理涉未成年人犯罪案件中，当监护人对子女的不良行为未及时有效干预、不当履行监护职责或者监护缺失，由检察机关向监护人发出要求其依法履行监护职责的工作文书；[①] 后者起源于2012年登封市检察机关的探索，是指检察机关对不履行或不正确履行家庭教育职责的监护人，向其发出责令接受家庭教育指导（亲职教育）的令状，实践中又称家庭教育令、强制家庭教育令等。由于督促监护令暂无明确立法授权，现阶段主要依据《刑事诉讼法》与《人民检察院刑事诉讼规则》中关于附条件不起诉考察中"未成年犯罪嫌疑人的监护人应当对未成年犯罪嫌疑人加强管教，配合人民检察院做好监督考察工作"之规定发出，[②] 适用面较窄、规范基础不稳固。亲职教育令有《未成年人保护法》、《预防未成年人犯罪法》与《家庭教育促进法》（以下简称"三法"）明确授权，更具规范性，且适用面不局限于附条件不起诉，因此选取亲职教育令作为研究样本更为适宜。

作为亲职教育令制发主体之一的检察机关系法律监督机关，缺乏行政权及相应执法权，且其自身力量与资源相当有限，难以单独推动和保障亲职教育令被有效执行。通过检察能动履职撬动社会合力，实现检察权与社会支持体系的有效对接，形成"司法先行、政府借力、社会参与"的未成年人综合保护局面，可确保亲职教育工作走深走实。具体而言，制发亲职教育令不仅可启动程序，而且与现有制度衔接，激发制度间形成一体融合的体系效应，在构建亲职教育令强制性的同时，使强制亲职教育制度内涵更丰富、功能更健全、实施更有效。此外，检察权与社会支持体系的有效对接有赖于检察一体化优势的充分发挥，其关键路径在于通过不同检察业务调动不同面向的制度资源与国家权力，落脚于"四大检察"的融合推进。

---

① 参见杨宇冠、李艳涛、雷利娜：《拓展检察路径，充分发挥"督促监护令"功能》，载《检察日报》2021年10月8日，第3版。

② 参见张时贵：《督促监护令：法理基础与制度完善建议》，载《检察日报》2020年5月11日，第3版。

（二）法理与规范基础阐释

亲职教育令在法理上根植于国家亲权主义与儿童福利最大化原则。监护滥觞于罗马法传统，彼时子女依附于家长，监护是家长对家庭成员支配权的客观附生效果。[①] 随着人权保障运动的兴盛和对未成年人平等保护的认识深化，监护制度由家长本位向子女本位转变，监护成为家长的义务而非权利，[②] 继而催生出儿童福利最大化原则（又称子女最大利益原则），并集中体现于联合国《儿童权利公约》。为未成年子女利益之考虑，家长应尽力养育、监护未成年子女，提供良好的家庭环境和家庭教育以促进子女生存和发展。同时，西方经济领域由自由主义向凯恩斯主义转变，在政治形态上体现为国家干预—福利国家政策，而国家亲权主义是国家依法强制干预家庭监护的理论表达。国家亲权要求克服家庭自治这一假设前提的弊端。[③] 当家庭功能失灵、家庭对内形成压迫与剥削时，国家作为“最终监护人”，基于对未成年子女利益之保护，以国家力量干预监护、完善家庭环境，并在监护失职时替代监护。需注意的是，以儿童福利最大化为宗旨的国家亲权意味着国家有责任发动并整合各种形式、各种部门分配的权力，以最大的综合实效进行国家干预。这天然要求检察机关应能动地向外借力，与其他职能部门达成协调行动，并在法律框架下依托现有各项制度启动不同形式的外部权力，形成体系性的制度合力，继而推动强制亲职教育工作有力开展。

亲职教育令之规范基础散见于“三法”中。首先，《未成年人保护法》第七条第一款规定：“未成年人的父母或者其他监护人依法对未成年人承担监护职责”；第十五条第一款规定：“未成年人的父母或者其他监护人应当学习家庭教育知识，接受家庭教育指导，创造良好、和睦、文明的家庭环境”；

---

① 参见史尚宽：《亲属法论》，中国政法大学出版社2000年版，第694页。

② 各国修法中体现出此转变，如德国《亲属法》将亲权改称为父母照顾、英国《儿童法》将父母监护改称为父母责任，强调父母身份是责任而非权利等。

③ 参见郑净方：《国家亲权的理论基础与立法体现》，载《预防青少年犯罪研究》2014年第3期。

《家庭教育促进法》第四条第一款规定："未成年人的父母或者其他监护人负责实施家庭教育。"此为监护人的第一性义务，即依法履行监护职责、实施良好家庭教育之义务，其中包括接受非强制性的一般家庭教育指导。其次，根据相关法条规定，[①] 当公安机关、检察院、法院在办案中发现由于监护人违反第一性义务，侵害未成年人合法权益或致使未成年人实施严重不良行为或犯罪的，可发出亲职教育令责令监护人接受家庭教育指导，强制监护人通过亲职教育来恢复正确的义务履行，此为监护人的第二性义务；此处未成年人实施严重不良行为或犯罪的，应理解为监护人不履行家庭教育义务所致，这也符合家庭教育的普遍规律，若监护人确实充分、正确履行该义务则可不制发令状。最后，《家庭教育促进法》第四条第二款规定："国家和社会为家庭教育提供指导、支持和服务。"第八条规定："人民法院、人民检察院发挥职能作用，配合同级人民政府及其有关部门建立家庭教育工作联动机制，共同做好家庭教育工作。"家庭教育工作应采广义理解，包括启动和保障强制亲职教育令及相关工作。在此过程中，国家机关和社会支持体系要全面参与、综合发力，各司法和行政机关间相互联系、相互依托、各司其职、优势互补，从不同角度、不同方面推动业务融合与制度嵌合，围绕亲职教育令建构工作联动机制。

二、微观与宏观：强制性令状实施的双重困境

尽管滥觞于十年前的亲职教育令制度已初具规模，各地司法机关、公安

---

① 《未成年人保护法》（2020 年修订）第一百一十八条第二款规定："公安机关接到报告或者公安机关、人民检察院、人民法院在办理案件过程中发现未成年人的父母或者其他监护人存在上述情形的，应当予以训诫，并可以责令其接受家庭教育指导。"《预防未成年人犯罪法》（2020 年修订）第六十一条规定："公安机关、人民检察院、人民法院在办理案件过程中发现实施严重不良行为的未成年人的父母或者其他监护人不依法履行监护职责的，应当予以训诫，并可以责令其接受家庭教育指导。"《家庭教育促进法》第四十九条规定："公安机关、人民检察院、人民法院在办理案件过程中，发现未成年人存在严重不良行为或者实施犯罪行为，或者未成年人的父母或者其他监护人不正确实施家庭教育侵害未成年人合法权益的，根据情况对父母或者其他监护人予以训诫，并可以责令其接受家庭教育指导。"

机关也进行了大量有益探索，但制度实践中所面临的微观与宏观层面之双重困境，桎梏了其价值的有效发挥。

（一）微观困境：强制性阙如

微观上，亲职教育令强制性阙如，现今缺乏违反令状的法律责任，也未明确是否可强制执行，桎梏了其有力生效。一方面，“三法”没有规定刚性条款，未明确赋予其强制性。实践中有地方立法授权检察机关对拒不接受强制亲职教育的监护人予以警告、训诫等处罚，或纳入社会征信系统，①但检察机关无警告等行政处罚权，亦无权向央行报送征信记录，因而合法性存疑；同时，警告、训诫相较罚款、拘留等处罚的强制力也略显不足。事实上，由于亲职教育令缺乏强制性，监护人更多的是基于国家机关权威性自觉履行相关义务，其履行之程度与效果较难监督。《家庭教育促进法（草案）》中虽然规定了对拒绝、怠于或不正确实施亲职教育的监护人，有关机关可进行罚款、拘留等以保障强制亲职教育顺利实施，但遗憾的是《家庭教育促进法（草案二次审议稿）》将其全部删减，改为可对家长进行批评教育、劝诫制止、予以训诫等软性措施，最后被《家庭教育促进法》（2021 年）所采纳。

另一方面，亲职教育令的规范属性存有争议。有观点认为其是一种国家福利供给，因而不具有强制性，② 也有观点认为其系具有惩戒性的强制措施，但对检察机关如何强制则语焉不详。③ 亲职教育令在功能与形式上接近于行政命令，但作为令状制发主体之一的检察机关并非行政机关，无权对相对人作出具有强制性的行政命令；法院可以裁定形式作出亲职教育令，继而以罚款、拘留等强制措施来保障裁定执行，但受制于诉讼请求不可主动作出，同为执法主体的检察机关并无此权力。反观域外，亲职教育令往往以司法令状形式

---

① 参见王贞会、范琳：《涉罪未成年人强制亲职教育制度构建》，载《青少年犯罪问题》2017 年第 3 期。

② 参见李洎毅：《家庭教育指导令的规范化》，载《预防青少年犯罪研究》2022 年第 3 期。

③ 参见谭佐财：《“依法带娃”：家庭教育令的法律实现》，载《兰州学刊》2022 年第 10 期。

作出，具备明确强制性。[①] 因此，如何在现行法律框架下构建亲职教育令的强制性，为提升强制性令状之效力提供有力抓手，成为实践中亟须解决的命题。

（二）宏观困境：制度定位不清

宏观上，亲职教育令定位不清，即在涉检法律制度体系中所扮演的程序和实体的功能性角色模糊，沦为“制度孤岛”，实践中易“单打独斗”，无法与其他现有制度、程序互相嵌合形成体系，难以向其他业务条线和其他职能部门借力或形成合力，更遑论构建社会化的综合监督格局。比如，亲职教育令是否系其他制度的启动程序或衔接程序？亲职教育令与其他制度是否存在某种联动？亲职教育令的制发和履行情况是否可在其他制度中作为实体考察？等等。一方面是由于亲职教育令不像羁押必要性审查、刑拘直诉等制度一样有明确、翔实的法律规范，检察机关也暂未出台相关司法解释或办案规则；另一方面则因为授权亲职教育令的“三法”本身法律属性模糊，[②] 就其该归入哪个部门法，或在检察工作中该归入“四大检察”中哪一业务条线尚存争议，使承办人难以在对应领域内“上下求索”，找到相关规则一并适用。事实上，由于未能向其他制度借力，如与支持起诉、附条件不起诉等制度衔接、联动形成间接的强制力，实践中仅凭亲职教育令的单独适用，难以保障其强制性。归根结底，这反映出当前理论和实务部门缺乏一体化思维，更多是割裂、孤立地看待亲职教育令这一制度创新，着重讨论亲职教育令的理论和现实意义或亲职教育该如何落实，忽略了对亲职教育令的体系性思考，未能将

---

① 在英国，根据1998年《犯罪与扰乱治安法》之规定，亲职令由法庭以令状（order，限于法庭裁判中发出的司法令状）形式发出，要求特定未成年人的父母依亲职令参加一定期限的咨询或辅导，如果父母没有合理理由违反亲职令中的要求或指示，则会被以简易程序定罪，处以不超过三级标准尺度的罚金。参见刘承涛、梅文娟：《英国少年犯罪父母责任之立法考察与借鉴》，载《青少年犯罪问题》2016年第2期。在我国台湾地区，根据1997年“少年事件处理法”之规定，少年法庭可裁定特定未成年人的监护人或法定代理人接受强制亲职教育辅导，亲违者处以罚款、连续罚款或公告姓名处罚。参见肖振国、裴章艺：《少年司法语境下强制亲职教育制度之优化——以台湾地区强制亲职教育制度为镜鉴》，载《人民检察》2019年第8期。

② 如《未成年人保护法》既涉及行政管理，又涉及刑事、民事司法活动；既涉及实体内容，又涉及诉讼程序，因此法律属性暂无定论。

亲职教育令放入“四大检察”所涵括的法律制度体系中重新定位，汲取各业务面向的实施规则加以整合，亦未通过一体化构建填补立法供给空白，实现亲职教育令的最大功效。

三、基础与沿革：未检中一体化理念的发展逻辑

针对实践中强制性令状适用过程中的强制性阙如和制度定位不清的双重困境，可探索利用检察横向一体化机制，借助“四大检察”融合高质量发展的规模效应和各业务条线的职能优势，使未检的强制性令状衔接其他检察业务，形成监督的规模效应，重塑亲职教育令之强制性。

（一）检察一体化的理论基础及实践样态

我国的检察一体化根源于《宪法》第一百三十七条确定的检察机关上下级领导体制，即下级检察机关在依法独立履行司法职能过程中，应当自觉接受上级检察机关的领导和指导，达到上下一体、上命下从，充分发挥检察纵向一体化的办案优势。2007 年最高人民检察院印发《关于加强上级人民检察院对下级人民检察院工作领导的意见》，正式构建纵向一体化机制，旨在发挥不同层级检察机关的履职合力。

近年来，随着“四大检察”“十大业务”的协同高质量发展，检察横向一体化办案机制逐渐完善。横向一体化主要体现于检察办案人员职务上的可承接、可移转和可代理性，即检察建议和抗诉书等对外文书均以检察机关名义作出，体现检察机关整体意识，而非某个承办检察官或某个检察办案组的意志，即检察官在办案过程中具有整体性。同时，内设各部门之间相互监督配合，各条线业务也具备关联性。通过案件信息共享、线索移送整合、证据同步适用等，提高对交叉型案件的监督效率，并可借单一监督方式启动或衔接其他办案程序，形成检察职能闭环。纵向和横向一体化机制的逐步完善，丰富了检察一体化的新时代内涵。

新时代检察一体化主要指检察机关在行使检察权过程中形成的“整体统

筹、上下一体、横向协作、内部整合”的一体化检察办案模式。[①] 实践中，纵向一体化办案模式常见于上级检察机关对部分重特大案件采取交办、提办、领办或督办形式，统一调配辖区内下级检察机关的办案资源，集中力量办理以提升质效。例如，上级检察机关异地异级调派检察官参与本院办案；上级检察机关开展监督专项行动要求下级机关贯彻执行；上下级检察机关共同构建专案组办案。[②] 横向一体化则强调同一机关不同业务部门之间通过法律监督程序的紧密衔接，实现精密协作、聚合检察资源、形成监督合力。横向一体化办案模式在侦查司法人员职务犯罪中被广泛适用：当侦查部门发现司法工作人员涉嫌职务犯罪时，可将线索交由业务部门，由其对涉及的系列案件进行大范围、全链条式排查，发现确有问题的再由侦查部门立案跟进；民事、行政、公益诉讼检察部门在个案监督中若发现法院的审判、执行人员或行政机关工作人员涉嫌犯罪，也应及时将犯罪线索和证据移送侦查部门，并通过审查报告全面展现案件情况，实现“案件—线索”统筹管理，节约侦查资源，助力精准出击。[③]

（二）未检一体化理念的沿革

未成年人检察是较早探索一体化办案模式的检察业务。1986 年上海检察机关构建各区县少年刑事案件起诉组并施行“捕诉防一体化”以来，[④] 经过二十多年司法实践的经验积累，2012 年 10 月最高人民检察院发布《关于进一步加强未成年人刑事检察工作的决定》，正式确立了未检一体化工作模式，即职能一体化和办案模式一体化。职能一体化是将涉及未成年人的批捕、起诉、预防、执行以及民事行政检察等职能统归未检部门开展，办案模式一体化则

---

① 参见姜昕、李成林等：《检察一体化机制建设的推进与落实》，载《人民检察》2022 年第 3 期。

② 如检例第 166 号“最高人民检察院督促整治万峰湖流域生态环境受损公益诉讼案”，即为检察机关使用纵向一体化办案机制的典型代表。

③ 参见刘晖、徐伟勇、桑先军：《司法工作人员相关职务犯罪侦查机制中检察一体化的完善》，载《人民检察》2020 年第 18 期。

④ 参见樊庆荣：《改革视野下的未成年人检察工作一体化构建研究》，载《预防青少年犯罪研究》2018 年第 6 期。

是指由同一检察官全程负责同一案件的上述工作。[①] 根据工作模式的主要内容可知，未检中的一体化理念聚焦于横向一体化机制。

少年司法是集刑事、民事、行政于一体的制度体系，[②] 新时代的未检部门可通过实践集“刑民行”为一体的多元检察职能，[③] 实现多重法律效果和社会效果。当前，未检部门在办理未成年人犯罪案件时应注重使用“捕诉监防一体化”工作模式，并秉持多种价值取向：既要惩治过错少年、维护社会稳定，又要尽力通过感化教育和心理辅导挽救未成年人，使其回归正途，同时还应督促指导监护人履行管教职责、提高家庭教育能力水平、预防涉罪未成年人再犯罪。对于怠于履职并构成实质性“遗弃”的监护人，还可通过支持起诉撤销其监护权。此外，罪错未成年人矫治过程中往往会牵涉教育、民政等行政部门和妇联、关工委等群团组织，需要检察机关与行政机关保持沟通联系并实时开展督导。这些原因致使未成年人案件凸显复杂性和特殊性，亦促使新时代未检工作与“四大检察”趋向高度融合。

但是，囿于部分未检干警对未检横向一体化工作模式所囊括的刑事执行、民事、行政检察等业务知识和程序规则缺乏专业基础，其司法理念的转变具有滞后性，办案质效尚有不足。[④] 尤其是前文所述的亲职教育令强制性阙如和定位不清的双重困境，即可借助检察横向一体化机制中高效、专业的跨部门协作和资源整合等特点予以破题。检察机关可探索将亲职教育令与“四大检察”中的民事支持起诉、行政执法监督、刑事案件办理和刑事执行监督等业务有机融合，形成监督合力，重塑亲职教育令的强制性。

---

① 参见马迪、李小倩、郭鑫：《未成年人检察工作一体化模式的探索与完善》，载《预防青少年犯罪研究》2012年第10期。

② 参见宋凯利：《未成年人检察一体化工作模式完善路径探析》，载《中国检察官》2018年第4期。

③ 上海长宁检察机关作为全国未检制度发源地，于1998年率先在全国开展未检“捕诉防一体化”办案模式探索。

④ 参见张士彬：《“未检一体化”发展困境与破解——基于上海未成年人检察工作的探索实践》，载《人民检察》2017年第8期。

四、程序到实体：亲职教育令的一体化构建

理想中，亲职教育令在程序上可衔接现有其他制度，与各检察业务条线乃至各职能部门的职权、机制等形成时间上的先后和功能上的联动；在实体上则扮演适用其他监督方式的中介因素，其遵守情状将作为衡量监护人是否依法履职的关键标准，纳入有关部门执法办案的考察范畴。这种兼具衔接性和中介性的特质，使之天然须从一体化构建角度进行通盘考虑，立足于制度间的协调一致。同时，一体化构建还可反哺亲职教育令的强制性，以程序衔接与实体中介凝聚制度合力，克服强制性令状刚性不足的困境。

（一）程序衔接的构建

程序方面，亲职教育令可衔接支持起诉、行政执法检察监督、刑事附条件不起诉及社区矫正四项制度，分别作为支持撤销监护之诉的前置程序、建议行政机关强制执行的基础决定、附条件不起诉的考察及社区矫正监管的附随义务。

其一，将制发亲职教育令前置于民事支持起诉，符合比例原则与家庭监护优先原则。对于监护人不正确履行监护职责并构成撤销监护之情形，[①] 检察机关可建议民政部门或未成年人保护组织发起撤销监护之诉，[②] 或依据《民事诉讼法》第十五条支持适格主体发起撤销监护之诉。司法实践中，对于监护人的监护失职行为，检察机关除批评教育、训诫外，仅可启动对监护人权利剥夺程度甚高的支持撤销监护之诉；前后两类监督方式缺乏梯度性。对于两者之间的“真空地带”，即较为严重的违反监护义务但无须撤销监护，检察机关可及时制发亲职教育令，使国家对监护权的干预与监护失职严重程度成比例，具有逐步提高的梯度性，符合比例原则。若令状被监护人及时、全面履行，则无须启动支持起诉程序；若令状未被监护人正确履行，则足可说明监

---

① 《民法典》第三十六条及《关于依法处理监护人侵害未成年人权益行为若干问题的意见》第三十五条。

② 《关于依法处理监护人侵害未成年人权益行为若干问题的意见》第三十条。

护人监护失职，随之为启动更严厉的支持撤销监护之诉提供正当性。应注意，从《家庭教育促进法》就可管窥立法倾向，即家庭教育及监护具有优先性，国家干预是补位性的。因此，应优先通过令状督促监护人正确履职，给其自我改正机会，并将国家深度介入、彻底解构家庭的撤销监护权之诉作为迫不得已之举。前置程序发挥对支持撤销监护之诉的限制、把关之功效，防止严重侵权的高风险权力被滥用，充分体现国家对家庭监护优先性的尊重。同时，撤销监护之诉因其严厉性而成为高悬的“达摩克利斯之剑”，当监护人罔顾亲职教育令以致情势升级，检察机关通过及时支持未成年人撤销监护权，可为令状提供强制力保障。

其二，亲职教育令可为行政执法检察监督提供有力抓手。《宪法》明确了行政机关和司法机关的属性和职能范围，两者间互相制衡、互不僭越。检察机关作为宪法规定的法律监督机关，应尊重行政机关的首次判断权，并依托平等权利主体间的法定程序来监督、协助、支持后者正确实施法律。一说认为，亲职教育令具有鲜明的行政属性，具有补救性、指令性、强制性、自履行性特征，属于责令改正行为的变体，应归入行政命令行为。[①] 基于此，视该令状为行政行为时，检察机关依权力分置原则不直接参与执法，应建议民政、公安等行政机关制发亲职教育令，并说明案件事实及制发理由，即检察机关借由后者“间接制发”亲职教育令。通过对《家庭教育促进法》第四十九条等进行符合立法目的与实践需求的限缩解释，[②] 即将“责令其接受家庭教育指导”解释为“建议或移送有关行政机关责令其接受家庭教育指导”，可为前述路径提供教义学基础。同时，亲职教育令乃可资行政强制执行的基础行政决定，在其不被履行或不被正确履行时，检察机关应建议行政机关实施强制执行。在亲职教育令的制度逻辑中，检察机关应坚持其监督者的法律定位，对行政机关是否依法履职、及时干预监护等进行监督和敦促，并依托令状这一

---

① 参见陈汇、王施施：《责令亲职教育行为规范属性之厘定：基于司法与行政的双重语境》，载《预防青少年犯罪研究》2022 年第 5 期。

② 亦可依据《未成年人保护法》（2020 年修订）第一百一十八条和《预防未成年人犯罪法》（2020 年修订）第六十一条。

基础决定启动行政强制执行制度，以“他山之石攻玉”，强化令状刚性。

其三，刑事附条件不起诉与社区矫正制度为亲职教育令提供另一程序路径。在对未成年犯罪嫌疑人适用附条件不起诉时，检察机关可基于《刑事诉讼法》第二百八十三条[①]之规定，结合《家庭教育促进法》第四十九条，向监护人制发亲职教育令，以责令监护人接受家庭教育指导的方式来促使其加强管教。事实上，若未成年人因家庭教育失职而犯罪，则加强管教当然包含接受家庭教育指导、恢复有效家庭教育的要求。这是《刑事诉讼法》赋予失职监护人的法定义务，该义务与亲职教育令内涵一致，并通过附条件不起诉决定的作出而生效，因此系附条件不起诉的附随法律效果之一。类似的还有管制、缓刑、假释制度中的社区矫正程序。接受家庭教育指导乃实施有效帮教的前提，该义务附随于刑事执行决定产生。检察机关虽并非管制、缓刑、假释的决定或执行主体，但依法对刑事执行进行法律监督，因此也有权责令监护人接受亲职教育，履行前述义务。通过程序上弥合强制亲职教育制度与附条件不起诉、社区矫正制度，检察机关在这两个环节能“做得更多”，也为亲职教育令提供更多元的应用场景与启动路径。

（二）实体中介的构建

实体方面，在特定行政、刑事案件办理与犯罪未成年人附条件不起诉、社区矫正的考察评估中，可将亲职教育令作为中介因素，从实体上考察令状履行情况，以此衡量监护人的家庭教育与监护义务是否得以有效履行，继而作为判断行政、刑事责任是否成立或者附条件不起诉、社区矫正的考察是否通过的重要标准。

就前者而言，亲职教育令的履行情况对于认定“遗弃”行为及其情节有着重要影响。《治安管理处罚法》第四十五条规定的“遗弃”，与《刑法》第二百六十一条“遗弃罪”之成立，两者规制的对象均为“遗弃”行为，罪状

---

① 《刑事诉讼法》（2018 年修正）第二百八十三条第一款规定，在附条件不起诉的考验期内……未成年犯罪嫌疑人的监护人，应当对未成年犯罪嫌疑人加强管教，配合人民检察院做好监督考察工作。

基本一致，均系逃避法定抚养义务所构成的不作为行为，区别在于情节严重程度不同。扶养义务应采广义理解，即不局限于物质供养，针对年幼的未成年子女之扶养还应包括身心照顾、教育引导、行为管束，而不正确实施家庭教育以致监护失职无疑是对该扶养义务的违反。由于未成年子女缺乏独立生活能力和对自身行为完全的辨认控制能力，该种不作为的遗弃行为极可能诱发未成年子女的不良行为，其对未成年子女人身权利的危险性十分接近于直接侵害行为。当监护人已被制发亲职教育令，制发机关实则通过令状向监护人明示了“实施良好家庭教育”的扶养义务，并提供了必要指导和帮助，若监护人仍拒不履行该义务，则可证明其在客观上属能为而不为，系对扶养义务的不作为；主观上明知扶养义务违反可能损害子女身心健康而放任，系故意。此外，亲职教育令制发的前提是已出现监护人侵害子女权益或子女存在严重不良行为、实施犯罪等情形，再经令状敦促仍拒不作为，足见情节之恶劣。从这个意义上说，令状不履行可能导致行政处罚或刑事处罚的不利后果，形成对监护人的心理强制，为令状的强制性提供了有力保障。应当注意的是，限制人身自由的行政处罚与刑罚均具有强惩戒性，尤其是后者，不仅导致家庭关系难以修复，甚至可能对子女升学、就业等产生不利影响，使被遗弃的子女反遭二次伤害，因此须谨慎适用。因此，应区分不适当履行亲职教育令、多次拒绝接受亲职教育课程或完全不履行亲职教育令等情形，对于前两种或符合第三种但情节较轻的，检察机关可以建议公安机关处以警告或 3 日以内行政拘留；同时，相对人经批评教育后及时改正，可不处罚或仅警告；对于符合第三种且情节严重，或导致子女权利被进一步侵害的，可建议处以 3 日至 5 日行政拘留；对符合该情况，同时存在严重侵害未成年子女人身权利的其他情形，在达到刑事立案追诉标准的情况下应予刑事追诉。

如前文所述，亲职教育令作为附条件不起诉与社区矫正的附随义务而制发，可借由这一程序路径将该令状的履行情况纳入附条件不起诉和社区矫正的考察评估中，使其同时有了实体意味。以附条件不起诉为例，依据《刑事诉讼法》第二百八十四条第一款第二项之规定，考验期间“违反治安管理规定或者考察机关有关附条件不起诉的监督管理规定，情节严重的”，可撤销附条件不起诉决定，径行起诉。附条件不起诉的监督核心在于附带考察条件，包括“按照考察机关的要求接受矫治和教育”，即通过个别化和针对性的附带条件实现人格矫正、消除其人身危险性，继而起到特殊预防功能，预防未成年嫌疑人再犯。家庭教育对于未成年嫌疑人的行为与人格形成有重要意义，不良家庭结构与不良家庭教养关系均是青少年违法犯罪的重要诱因。[①] 因此，根据未成年嫌疑人具体情况，责令其监护人接受个别化、针对性的家庭教育指导，从而恢复正确、有效的家庭教育是附带考察条件的题中应有之义。检察机关在作出附条件不起诉决定的同时可向监护人制发亲职教育令，并明确将亲职教育令的履行情况纳入附带考察条件，作为不起诉决定的重要考察因素，倒逼监护人正确履行令状。应注意的是，附条件不起诉的目的在于消除未成年嫌疑人的人身危险性而非对其归责，即使考验期间因他人之故导致附带考察条件未满足，无论其本身过错与否，只要考验期间未实施有效的教育矫治，未成年人人身危险性仍未降低、特殊预防目的难以实现，概不满足附带考察条件之要求，检察机关不应放弃追诉。因此，当考验期间监护人不履行或不正确履行亲职教育令，致使未成年嫌疑人无法“按照考察机关的要求接受矫治和教育”，因属对监督管理规定之违反；若多次违反令状或完全罔顾令状，致使未成年嫌疑人从事进一步的严重不良行为或再次犯罪，经承办人裁量达“情节严重”者，可考虑撤销附条件不起诉决定，径行起诉。同时，考验期间还应对亲职教育令的履行情况予以跟踪考察、阶段性评估，并结合其他考察帮教情况，对考验期长短、亲职教育令具体要求乃至其他附带考察条件进行动态调整。在社区矫正的考察中也应充分考量亲职教育令的履行情况，从而为管制、缓刑、假释制度中实体性决定的作出提供准确依据。

五、余论

随着中国特色社会主义法律体系的不断完善与检察机关法律监督工作的

---

① 参见姚建龙、陈子航：《罪错未成年人监护人强制亲职教育的立法省思——主要以〈中华人民共和国家庭教育促进法〉为研究对象》，载《中华家教》2022 年第 3 期。

不断深化，强制性令状的种类与功能也将更为丰富，呼唤检察机关以业务融合、一体履职为强制性令状的有效实施提供制度动力。既然司法实践已对一体化理念的贯彻提出明确要求，各级检察机关应尽快树立起兼为“追诉者、监督者、保护者”的自我定位，推动检察办案横跨“四大检察”“十大业务”，形成对未成年人检察在内的公共法益的综合、全面保护，更加能动地服务好经济社会发展的中心大局。

同时，我们应当积极审视制度互动及其背后的一体化思维。既然不同价值概念间应当并存共生——正如埃德蒙·伯克所言，“自由不仅要同制度和道德并存，而且还须臾缺不了它们”——那么制度与制度之间何尝不是如此？互相平衡、互相交融、互为依托，制度间开展普遍而多样的对话，在互动的实践中走向共同发展，这或许是制度化治理的规律之一，也是法治体系不断健全的标志。因此，当代法学人尤其是司法实务者的一项重要任务，即是跳出个案思维的桎梏，在现有制度、规范的字里行间“上下求索”，以更宽广的视野与胸襟找寻制度间的互动话语与内在联系，基于一体化思维应对现实挑战，并从程序与实体的双重面向上构建起“融合共治”的工作局面。